"十四五"国家重点出版物出版规划项目

湖北省公益学术著作
Hubei Special Funds 出版专项资金
for Academic and Public-interest
Publications

"一带一路"倡议与中国国家权益问题研究丛书
总主编／杨泽伟

直线基线适用的法律问题研究

申钟秀　著

WUHAN UNIVERSITY PRESS
武汉大学出版社

图书在版编目(CIP)数据

直线基线适用的法律问题研究/申钟秀著.—武汉：武汉大学出版社,2023.12

"一带一路"倡议与中国国家权益问题研究丛书/杨泽伟总主编

2020年度湖北省公益学术著作出版专项资金项目 "十四五"国家重点出版物出版规划项目

ISBN 978-7-307-24076-6

Ⅰ.直… Ⅱ.申… Ⅲ.海洋—划界—法律—研究 Ⅳ.D993.5

中国国家版本馆 CIP 数据核字(2023)第 202271 号

责任编辑:张 欣 责任校对:鄢春梅 版式设计:马 佳

出版发行:**武汉大学出版社** (430072 武昌 珞珈山)

(电子邮箱:cbs22@whu.edu.cn 网址:www.wdp.com.cn)

印刷:武汉市金港彩印有限公司

开本:720×1000 1/16 印张:24.75 字数:354千字 插页:2

版次:2023年12月第1版 2023年12月第1次印刷

ISBN 978-7-307-24076-6 定价:88.00元

本书系杨泽伟教授主持的 2022 年度教育部哲学社会科学研究重大课题攻关项目"全球治理的区域转向与中国参与亚洲区域组织实践研究"（项目批准号为：22JZD040）阶段性成果之一

"'一带一路'倡议与中国国家权益问题研究丛书"总序

　　"一带一路"倡议自 2013 年提出以来，迄今已取得了举世瞩目的成就，并产生了广泛的国际影响。截至 2022 年 2 月中国已累计同 148 个国家、32 个国际组织签署了 200 多份政府间共建"一带一路"合作文件。可以说，"一带一路"倡议顺应了进入 21 世纪以来国际合作发展的新趋势，昭示了新一轮的国际政治新秩序的变革进程，并且是增强中国国际话语权的有益尝试；共建"一带一路"正在成为中国参与全球开放合作、改善全球经济治理体系、促进全球共同发展繁荣、推动构建人类命运共同体的中国方案。况且，作为现代国际法上一种国际合作的新形态、全球治理的新平台和跨区域国际合作的新维度，"一带一路"倡议对现代国际法的发展产生了多方面的影响。①

　　同时，中国已成为世界第二大经济体、第一大制造国、第一大外汇储备国、第一大债权国、第一大货物贸易国、第一大石油进口国、第一大造船大国、全球最大的投资者，经济对外依存度长期保持在 60% 左右；中国有 3 万多家企业遍布世界各地，几百万中国公民工作学习生活在全球各个角落，2019 年中国公民出境旅游人数高达 1.55 亿人次，且呈逐年上升趋势。可见，中国国家权益涉及的范围越来越广，特别是海外利益已成为中国国家利益的重要组成部分。因此，在这一背景下出版"'一带一路'倡议与中国国家权益问题研究丛书"，具有重要意义。

　　首先，它将为落实"十四五"规划和实现 2035 年远景目标提

---

　　① 杨泽伟等：《"一带一路"倡议与国际规则体系研究》，法律出版社 2020 年版，第 22 页。

供理论支撑。习近平总书记在 2020 年 11 月中央全面依法治国工作会议上强调,"要坚持统筹推进国内法治和涉外法治"。《中华人民共和国国民经济和社会发展第十四个五年规划和 2035 年远景目标纲要》提出要"加强涉外法治体系建设,加强涉外法律人才培养"。中国 2035 年的远景目标包括"基本实现国家治理体系和治理能力现代化""基本建成法治国家、法治政府、法治社会"。涉外法治体系是实现国家治理体系和治理能力现代化,基本建成法治国家、法治政府、法治社会的重要方面。本丛书重点研究"全球海洋治理法律问题""海上共同开发争端解决机制的国际法问题"以及"直线基线适用的法律问题"等,将有助于统筹运用国际法完善中国涉外立法体系,从而与国内法治形成一个相辅相成且运行良好的系统,以助力实现"十四五"规划和 2035 年远景目标。

其次,它将为推动共建"一带一路"高质量发展提供国际法方面的智力支持。十九届五中全会明确提出继续扩大开放,坚持多边主义和共商共建共享原则,推动全球治理变革,推动构建人类命运共同体。本丛书涉及"'一带一路'倡议与中国国际法治话语权问题""'一带一路'背景下油气管道过境法律问题"等。深入研究这些问题,既是对中国国际法学界重大关切的回应,又将为推动共建"一带一路"高质量发展提供国际法方面的智力支持。

再次,它将为中国国家权益的维护提供国际法律保障。如何有效维护中国的国家主权、安全与发展利益,切实保障国家权益,共同应对全球性风险和挑战,这是"十四五"规划的重要任务之一。习近平总书记特别指出"要强化法治思维,运用法治方式,有效应对挑战、防范风险,综合利用立法、执法、司法等手段开展斗争,坚决维护国家主权、尊严和核心利益"。[①] 有鉴于此,本丛书涵盖了"中国国家身份变动与利益保护的协调性问题""国际法中有效控制规则研究"等内容,能为积极运用国际法有效回应外部挑战、维护中国国家权益找到答案。

[①] 习近平:《坚定不移走中国特色社会主义道路 为全面建设社会主义现代化国家提供有力法治保障 习近平在中央全面依法治国工作会议上的讲话》,载《求是》2021 年第 5 期。

最后，它还有助于进一步完善中国特色的对外关系法律体系。对外关系法是中国特色社会主义法律体系的重要组成部分，也是处理各类涉外争议的法律依据。涉外法治是全面依法治国的重要内容，是维护中国国家权益的"巧实力"。然而，新中国成立以来，中国对外关系法律体系不断发展，但依然存在不足。随着"一带一路"倡议的深入推进，中国对外关系法律体系有待进一步完善。而本丛书探讨的"'一带一路'倡议与中国国际法治话语权问题""全球海洋治理法律问题""'一带一路'背景下油气管道过境法律问题""海上共同开发争端解决机制的国际法问题"等，既有利于中国对外关系法律体系的完善，也将为中国积极参与全球治理体系变革、推动构建人类命运共同体提供国际法律保障。

总之，"'一带一路'倡议与中国国家权益问题研究丛书"的出版，既有助于深化国际法相关理论问题的研究，也有利于进一步提升中国在国际法律秩序发展和完善过程中的话语权、有益于更好地维护和保障中国的国家权益。

作为享誉海内外的出版社，武汉大学出版社一直对学术著作出版鼎力支持；张欣老师是一位充满学术情怀的责任编辑。这些得天独厚的优势，保证了本丛书的顺利出版。趁此机会，本丛书的所有作者向出版社的领导和张欣老师表示衷心的感谢！另外，"'一带一路'倡议与中国国家权益问题研究丛书"，议题新颖、涉及面广，且大部分作者为学术新秀，因此，该丛书难免会存在不足和错漏，敬请读者斧正。

杨泽伟 ①

2022 年 2 月 19 日

武汉大学国际法研究所

---

① 教育部国家重大人才计划特聘教授，武汉大学珞珈杰出学者、二级教授、法学博士、武汉大学国际法研究所博士生导师，国家高端智库武汉大学国际法治研究院团队首席专家，国家社科基金重大招标项目、国家社科基金重大研究专项和教育部哲学社会科学研究重大课题攻关项目首席专家。

目　　录

绪论 ……………………………………………………………… 1

第一节　选题的背景与意义 …………………………………… 1

一、选题的背景 …………………………………………… 1

二、选题的意义 …………………………………………… 4

第二节　国内外研究综述 ……………………………………… 5

一、国内研究主要成就与不足 ………………………… 5

二、国外研究主要成就和不足 ……………………… 16

三、研究的内容和方法 ……………………………… 22

第一章　领海基线概述 ……………………………………… 25

第一节　领海基线的概念、演进与比较 ………………… 25

一、领海基线的概念 ………………………………… 25

二、领海基线的演进 ………………………………… 26

三、不同基线类型之间的比较 ……………………… 38

第二节　直线基线制度的编纂 …………………………… 50

一、第一次联合国海洋法会议 ……………………… 50

二、第二次联合国海洋法会议 ……………………… 54

三、第三次联合国海洋法会议 ……………………… 55

第三节　直线基线的采用情况 …………………………… 59

一、大多数沿海国采用直线基线的实践及其原因分析 …… 59

二、美国等少数沿海国不采用直线基线及其原因分析 …… 62

三、"严格"适用直线基线的国家实践与条约规则的

局限性 ……………………………………………… 65

四、灵活适用直线基线的国家实践、评价标准和
分类考察 ……………………………………………… 67

五、海洋划界中对直线基线的考虑情况及相关差异 ……… 72

本章小结 ……………………………………………………… 74

第二章　适用直线基线存在的主要争议 ………………… 76

一、关于"极为曲折"的争议：平缓海岸能否适用
直线基线 ……………………………………………… 76

二、关于"紧接海岸有一系列岛屿"的争议：仅有小岛
或岩礁能否构成一系列岛屿 ………………………… 81

三、关于"海岸的一般方向"的争议：沿岸群岛的
外缘线能否被视为海岸线 …………………………… 86

本章小结 ……………………………………………………… 91

第三章　对适用直线基线主要争议的分析 …………………… 92

第一节　对"极为曲折"分析：在一定条件下平缓海岸
能够适用直线基线 …………………………………… 92

一、国家实践分析：对平缓海岸适用直线基线的
习惯法考察 …………………………………………… 92

二、国际司法裁判分析 ……………………………………… 114

三、国家实践与国际司法裁判的比较 …………………… 120

第二节　对"紧接海岸有一系列岛屿"分析：仅有若干
小岛或岩礁能够构成一系列岛屿 ………………… 122

一、国家实践分析 …………………………………………… 122

二、国际司法裁判分析 ……………………………………… 128

三、国家实践与国际司法裁判的比较 …………………… 141

第三节　对"海岸的一般方向"分析：满足一定条件时
群岛的"外缘线"能够被视为海岸线 …………… 142

一、国家实践分析 …………………………………………… 142

二、国际司法裁判分析 ……………………………………… 145

三、国家实践与国际司法裁判的比较 …………………… 149

第四节　洋中群岛适用直线基线的一个前提：1982 年
　　　　《公约》第 5 条并不具有绝对排他性 …………… 149
　一、立法史显示第 5 条不具有绝对排他性 …………… 150
　二、司法判例证明第 5 条不具有绝对排他性 ………… 151
　三、国家实践说明第 5 条不具有绝对排他性 ………… 152
第五节　洋中群岛整体适用 1982 年《公约》
　　　　第 7 条分析 ……………………………………… 154
　一、洋中群岛整体适用 1982 年《公约》第 7 条的
　　　国家实践分析 ……………………………………… 154
　二、洋中群岛整体适用 1982 年《公约》第 7 条的
　　　特点 ………………………………………………… 163
　三、说明的问题："南海仲裁案"最终裁决相关观点的
　　　错误性 ……………………………………………… 164
第六节　洋中群岛适用直线基线的习惯法考察及
　　　　习惯法内容 ……………………………………… 164
　一、洋中群岛适用直线基线的习惯法考察：正在形成的
　　　习惯法 ……………………………………………… 164
　二、正在形成的习惯法的内涵 ………………………… 187
　三、适用条件的规范化路径 …………………………… 188
本章小结 …………………………………………………… 188

第四章　适用直线基线应注意的问题 …………………… 190
　第一节　应注意各方利益的平衡问题 ………………… 190
　一、应综合考量各方面的因素确保沿海国划定直线
　　　基线的权利 ………………………………………… 191
　二、应促进划定直线基线的国家与邻国之间利益的
　　　平衡 ………………………………………………… 195
　三、应促进划定直线基线的国家与国际社会之间
　　　利益的平衡 ………………………………………… 195
　第二节　应注意直线基线长度的合理性问题 ………… 197
　一、对直线基线最大长度作出限制具有必要性 ……… 197

二、对直线基线最大长度作出限制目前尚缺乏可行性······ 200

三、一种妥协：实现直线基线长度合理化的方法·········· 203

本章小结·· 206

第五章　对我国领海基线的分析和建议·············· 207

第一节　对我国大陆沿岸与海南岛直线基线的

合法性分析·································· 207

一、我国大陆沿岸与海南岛的直线基线立法概况········· 207

二、我国大陆沿岸与海南岛直线基线的整体分析········· 211

三、我国大陆沿岸与海南岛直线基线局部分析········· 215

第二节　对我国部分洋中群岛直线基线的合法性分析···· 223

一、西沙群岛直线基线的合法性分析·············· 223

二、钓鱼岛及其附属岛屿直线基线的合法性分析········· 226

第三节　对我国未公布基线海岸的建议············· 229

一、大陆海岸公布基线的时机··················· 229

二、南沙群岛、东沙群岛和中沙群岛的基线方案········· 232

本章小结·· 237

结论·· 239

附表一　沿海国领海基线主张一览表··············· 242

附表二　海洋划界协定中基线方面的考虑············· 290

参考文献·· 361

后记·· 381

绪　　论

第一节　选题的背景与意义

一、选题的背景

（一）国际背景

领海基线问题是一个与国家领土主权和海洋权益密切相关的重要问题。截至 2008 年 5 月，共有约 90 个国家采用了直线基线法划定领海，① 直线基线已经成为包括我国在内的绝大多数沿海国采用的领海基线。然而，1951 年英挪渔业案判决、1958 年《领海及毗连区公约》（以下简称：1958 年《公约》）和 1982 年《联合国海洋法公约》（以下简称：1982 年《公约》）对直线基线的阐述或规定均采用了较为抽象的描述性语言，因此直线基线规则在解释和适用中产生了诸多争议。与此同时，实践中正在形成的一些新的规则使争议变得更加复杂。在建设"21 世纪海上丝绸之路"和构建海洋命运共同体的大背景下，我国直线基线问题的重要性进一步凸显。2022 年 1 月，美国发布的《海洋界限第 150 号：中华人民共和国在南海的海洋主张》指责：南海诸岛四个岛屿或群岛不符合 1982

---

① 参见梁西原著主编、曾令良修订主编：《国际法》，武汉大学出版社 2011 年版，第 155 页。另据本书综合各方资料作出的最新统计，目前采用直线基线的国家有 97 个，详见本书附表一。

年《联合国海洋法公约》第 7 条所规定的直线基线地理条件。①

尽管直线基线问题错综复杂，但是，梳理其历史根源，探究其现实原因，定能够为当下和未来带来诸多重要启示。挪威王国 1889 年颁布的敕令中最早提到用直线基线来划分领海和内水的边界。② 国际法院在 1951 年英挪渔业案判决中确认了直线基线的合法性。③ 国际法院在 1951 年英挪渔业案判决中就曾指出："海域的划界通常具有国际性；它不能仅仅取决于沿海国在其国内法中所表达的意愿。虽然划界行为确实必然是一种单方面行为，因为只有沿海国才有能力进行这种行为，但划界行为对其他国家的有效性取决于国际法。"④ 然而 1958 年《公约》和 1982 年《公约》并没有对直线基线的长度作出规定，国际法院和仲裁庭至今也没有对直线基线的最大许可长度作出明确的说明，沿海国领海基线的确定因此出现了许多问题。⑤

此外，由于 1958 年《公约》和 1982 年《公约》等国际公约对直线基线适用条件的规定过于笼统（如"在海岸线极为曲折的地方"和"紧接海岸有一系列岛屿"），沿海国在国家利益的驱使下，作出了各种灵活适用直线基线的实践，诸如沿着非曲折海岸划定直线基线，封闭单一岛屿或不构成岸礁的一组岛屿划定直线基线，封闭非法律上的海湾的划定直线基线，围绕大陆国家洋中群岛（以下简称：洋中群岛）划定直线基线等。⑥ 关于如何规范这些实

---

① 参见 US Department of State, Limits in the Seas No. 150: People's Republic of China: Maritime Claims in the South China Sea, US, 2022, p. 29。

② 参见［苏］尼古拉耶夫:《国际法中的领水问题》，法律出版社 1956 年版，第 141~142 页，转引自屈广清、曲波主编:《海洋法》，中国人民大学出版社 2014 年版，第 41 页。

③ 参见 Fisheries Case, Judgment, I. C. J. Reports, 1951, p. 132。

④ Fisheries Case, Judgment, I. C. J. Reports, 1951, p. 132.

⑤ 参见何学武、李令华:《我国及周边海洋国家领海基点和基线的基本状况》，载《中国海洋大学学报（社会科学版）》2008 年第 3 期，第 6 页。

⑥ 参见 J. Ashley Roach and Robert W. Smith, Excessive Maritime Claims, 3rd ed, Martinus Nijhoff Publishers, 2012, pp. 72-132。

践，学界存在不同的看法，有的学者主张制定统一的标准对划定直线基线进行严格的限制，①也有学者认为以宽松灵活的标准适用直线基线正在形成习惯法。②

（二）国内背景

1958 年 9 月 4 日发表的《中华人民共和国政府关于领海的声明》规定："中国大陆及其沿海岛屿的领海连接大陆岸上和沿海岸外缘岛屿上各基点之间的各直线为基线。"1992 年 2 月 25 日颁布的《中华人民共和国领海及毗连区法》第 3 条规定："中华人民共和国领海基线采用直线基线法划定，由各相邻基点之间的直线连线组成。"1996 年 5 月 15 日，我国发表《中华人民共和国政府关于中华人民共和国领海基线的声明》，宣布了我国大陆海岸从山东半岛东端到海南岛西海岸的直线基线和西沙群岛的直线基线。2012年 9 月 10 日，我国公布了钓鱼岛及其附属岛屿的直线基线。我国目前已公布的所有领海基线均为直线基线。我国尚未公布黄海北部沿岸、北部湾沿岸、台湾岛及其附属岛屿、南沙群岛和中沙群岛等地区的领海基线。未来我国还可能公布其他地区的领海基线，而且可能继续采用直线基线。③然而，我国已公布的甚至尚未公布的直线基线均受到了某些挑战，例如以美国 2018 财年"航行自由行动"报告为例，美国海军对我国的直线基线进行了"挑战"；④而非法无效的"南海仲裁案"所谓"最终裁决"对南沙群岛划定直

---

① 参见 J. Ashley Roach and Robert W. Smith, Straight Baselines：The Need for a Universally Applied Norm, Ocean Development & International Law, Vol. 31, No. 1-2, 2000, pp. 49-51。

② 参见 Tullio Scovazzi, The Establishment of Straight Baselines Systems：The Rules and the Practice, Davor Vidas and Willy Ostreng（ed.）, Order for the Oceans at the Turn of the Century, Kluwer Law International, 1999, pp. 445-456。

③ 参见黄瑶：《中国在南海断续线内的合法权益——以南海仲裁案裁决评析为视角》，载《人民论坛·学术前沿》2012 年第 23 期，第 13 页。

④ 参见 US Department of Defense, Freedom of Navigation（FON）Report for Fiscal Year（FY）2018, United States, 2018。

线基线的权利进行了否定。①

与我国存在争议的海上邻国均采用直线基线（包括群岛直线基线），那么我国后续领海基线的划定也完全有理由采用直线基线。这些国家的基线划定方法，直接决定着其拥有管辖权的海域面积的大小，及这些国家的海域与我国海域重叠面积的大小。因此，采用直线基线对我国未来的海域划界问题具有重要作用和影响。

在上述国际和国内背景下，对直线基线制度的研究具有重要的现实意义。

二、选题的意义

（一）理论意义

首先，本书将深化领海基线演进规律、领海基线共同遵循的限制条件等基本理论方面的研究，这有利于丰富领海基线基本理论方面的研究。

其次，本书将丰富直线基线国际法渊源方面的研究。无论是对平缓海岸适用直线基线国际法依据的探讨，还是对洋中群岛适用直线基线的习惯法考察，都将丰富直线基线国际法渊源方面的研究，为判断我国直线基线的合法性提供参考和依据。

最后，本书将丰富直线基线条约解释方面的研究。本书将对直线基线的典型国家实践和司法判例进行深入分析和总结，考察嗣后实践对直线基线规则的"修正"和"改变"，从而丰富对直线基线规则的演进解释。

（二）现实意义

在国际立法方面，本书希望能够为 1982 年《公约》直线基线规则的进一步完善或未来制定新的基线规则提供某些参考。本书将

---

① 参见 In the Matter of the South China Sea Arbitration（Philippines v. China），award，July 12, 2016, p. 237, paras. 575-576。

对直线基线的国家实践发展情况作出总结,对相关习惯法的形成情况作出判断,从而可以为直线基线规则的修订完善或制定新的基线规则提供参考。

在国际司法方面,本书希望能够为相关的国际司法或仲裁提供某些参考。本书将对与直线基线相关的一些重要案例作出剖析,并指出相关国际司法裁判中的不足,希望能够对未来的司法实践有所裨益。

在沿海国海洋立法和海洋划界方面,本书希望能够为沿海国制定或完善本国的领海基线规则提供参考,为沿海国划定领海基线提供参考,为沿海国之间的海洋划界提供参考。

第二节 国内外研究综述

一、国内研究主要成就与不足

国内对这些问题的研究起步较晚,但近十几年来,随着越来越多的学者和研究生加入对该问题的研究,这一原本空白的领域已经变得热门起来。

(一) 主要成就

1. 专著方面

马得懿所著《直线基线规则研究:成案实践与法理》一书是目前国内第一本关于直线基线的专著。该书第一章在梳理英挪渔业案判决、尼加拉瓜诉洪都拉斯案、1958 年《公约》和 1982 年《公约》缔约文件以及分析多国沿海地貌的基础上,提出了不同于已有解释论调的直线基线解释规则。[1] 该书认为,"根据文义解释和善意解释等条约解释方法,(1982 年)《公约》第 7 条第 2 款是独立于第 1 款适用的直线基线规则适用前提。该适用规则在全球气候

---

① 参见马得懿:《直线基线规则研究:成案实践与法理》,上海远东出版社 2021 年版,第 87 页。

变暖、海平面上升的环境背景下被赋予了新的价值,地势低洼的洋中岛国可能得适用该规则划直线基线"①。刘楠来等在《国际海洋法》一书中认为,17世纪初期英国宣布用直线连接英国海岸的27个海岬,直线之外为英国的沿海地区,这条直线并不是英国的领海基线,而只是英国中立海域的标志。② 该书还指出,1805年"安娜号"(the Anna)案件之后,领海基线问题才引起各国的重视,领海基线才作为一个法律概念被采用。至20世纪20年代,领海基线已经突破最初地理海岸上的概念而跃为法律概念上的海岸线。在1930年海牙国际法编纂会议期间,国家实践一般采用正常基线法(即低潮线法)。至1958年《领海与毗连区公约》之前,直线基线、混合基线均已出现,领海基线的概念日臻完善。③ 周忠海在《国际海洋法》一书中指出测算领海最初使用的是高潮线,由于低潮线可以把领海外部界限推至远离海岸的地方去且更易于测量,所以它慢慢取代了高潮线。④ 傅崐成在《国际海洋法:衡平划界论》一书中考察了海域划界协定及判例中的考量因素,其中包括基线。⑤ 高伟浓在《国际海洋法与太平洋地区海洋管辖权》一书中介绍了一般情况下直线基线的确立和"特殊情形的直线基线的确立",后者包括河口、海湾、港口、泊船处、低潮高地的基线的划定。⑥ 袁古洁在《国际海洋划界的理论与实践》一书中认为,可

---

① 马得懿:《直线基线规则研究:成案实践与法理》,上海远东出版社2021年版,第88页。

② 有观点认为上述行为说明英国最先采用直线基线。参见陈致中编著:《国际法案例》,法律出版社1998年版,第197页;另见陈德恭:《现代国际海洋法》,海洋出版社2009年版,第56页。

③ 参见刘楠来等:《国际海洋法》,海洋出版社1986年版,第52~54页。

④ 参见周忠海:《国际海洋法》,中国政法大学出版社1987年版,第32~33页。

⑤ 参见傅崐成:《国际海洋法:衡平划界论》,台湾三民书局1992年版,第60~116页。

⑥ 参见高伟浓:《国际海洋法与太平洋地区海洋管辖权》,广东高等教育出版社1999年版,第3~15页。

以对南中国海的一些或全部岛屿建立正常基线和直线基线。① 贾宇在其主编的《极地周边国家海洋划界图文辑要》一书中，扼要概括了南北两极相关国家的国内立法和划界实践，并通过大量图件形象地说明了这些国家的海洋权利主张，其中包含其领海基线；② 沈文周在《海域划界技术方法》一书中介绍了朝鲜、韩国、日本、菲律宾、越南、印度尼西亚、马来西亚和文莱共八个国家有关领海基线的立法情况。③ 姜皇池在《国际海洋法》一书中对中国大陆、中国台湾地区和国外研究基点和基线有代表性的文献都有所引用。该书系统地梳理了基线概念的发展、基线的划定方法、特殊地理特征基线问题、海图的制作与公布等内容；考察了第一届海洋法会议和第三届海洋法会议对基线问题的讨论，指出 1955 年以后任何对基线长度进行限制或对基点与海岸的距离进行限制的尝试均遭失败，到 1974 年，越来越多的国家支持扩张论，不仅支持扩大领海宽度，而且倾向于划定领海基线更大的自由裁量权。该书对 1982 年《公约》第 7 条中的各个术语都依据不同的解释方法进行了分析，并将"宽松"适用第 7 条的情况分为 7 类。④ 张海文在其主编的《〈联合国海洋法公约〉释义集》一书中分析了洋中群岛的法律地位及直线基线在南沙群岛的可适用性。⑤ 陈德恭在《现代国际海洋法》一书中对大陆国家远洋群岛的基线划定提出了解决方案，即基于广泛的国际实践，可以按照习惯国际法的原则比照适用群岛

---

① 参见袁古洁：《国际海洋划界的理论与实践》，法律出版社 2001 年版，第 28~240 页。

② 参见贾宇：《极地周边国家海洋划界图文辑要》，社会科学文献出版社 2015 年版，第 1~99 页。

③ 参见沈文周主编：《海域划界技术方法》，海洋出版社 2003 年版，第 406~414，420~442 页。

④ 参见姜皇池：《国际海洋法》，台湾学林文化事业有限公司 2004 年版，第 123~226 页。

⑤ 参见张海文：《〈联合国海洋法公约〉释义集》，海洋出版社 2006 年版，第 82-98 页。

国的有关规定。① 黄伟在《单一海洋划界的法律问题研究》一书中指出，为了达到划界的公平解决，可以允许国际法院或仲裁庭重新界定基点和基线，基点对适用等距离方法的影响更大更直接，留给国家法院和仲裁庭的自由裁量空间也更多。② 王秀英在《海洋权益论：中日东海争议解决机制研究》一书中对中日两国直线基线的合法性及其对海洋划界的影响进行了分析。③ 王泽林在《北极航道法律地位研究》一书中分析了加拿大北极群岛直线基线和俄罗斯北极大陆与岛屿直线基线的合法性问题。④ 这些著作为国内基点和基线研究提供了比较全面的知识和值得借鉴的思路。

2. 论文方面

目前，研究基点和基线的学术论文有数十篇。此外，在一些以海洋划界为主题的论文中也涉及对基点和基线问题的探讨。论文数量较多，题目较长，为了行文方便，该部分以作者为主语介绍其论文。

（1）关于基线规则的介绍与基线实践存在的问题及其发展趋势

这类论文的考察面较广，但深度有所欠缺。蒋新宁介绍了正常基线、直线基线、河口与海湾的领海基线，认为基点和基线应当统一和规范化。⑤ 赵少群介绍了正常基线和基点，直线基线和基点，及我国的基线和基点。⑥ 何学武、李令华介绍了朝鲜、韩国、日

---

① 参见陈德恭：《现代国际海洋法》，海洋出版社 2009 年版，第 117 页。

② 参见黄伟：《单一海洋划界的法律问题研究》，社会科学文献出版社 2011 年版，第 196，204 页。

③ 参见王秀英：《海洋权益论：中日东海争议解决机制研究》，中国民主法制出版社 2012 年版，第 131~145 页。

④ 参见王泽林：《北极航道法律地位研究》，上海交通大学出版社 2014 年版，第 195~241 页。

⑤ 参见蒋新宁：《有关领海基线的国际法规则》，载《求实》2005 年第 S2 期，第 203~204 页。

⑥ 参见赵少群：《论领海基线和基点的划定》，载《当代法学论坛》2007 年第 4 辑，第 1~6 页。

本、越南、菲律宾、马来西亚、文莱、印尼及我国的领海基点和基线情况，指出朝鲜、日本、越南等国基线长度太大、基点选择不合理及基线偏离海岸的一般方向等问题。① 曹英志和范晓婷分析了领海基线制度对国际海洋边界的影响，当前领海基线制度存在的问题，及领海基点和基线问题的发展趋势，其认为不合理的领海基线导致对 1982 年《公约》的普遍贬低和蔑视，及领海基点和基线确定上的不合理引发国际冲突；并指出沿海国对领海基点岛屿的管理更加严格，国际法院和法庭开始重视领海基线准确运用的问题，海洋法专家们也建议起草和制定新的领海基线规则。② 侯丽维分析了各国在直线基线划定中存在问题的原因，即国家的自利性，没有善意解释 1982 年《公约》，及 1982 年《公约》和国际法院对适用直线基线均缺乏限定。对此，她还从立法、执法、司法等方面提出完善的对策。③ 其措施全面，但略显宽泛。不难发现，部分早期论文缺乏对广泛国家实践的深入考察，受国外论调和论据影响，片面主张对直线基线的适用进行严格限制。

（2）关于灵活适用直线基线的合法性或洋中群岛适用直线基线的合法性

这类论文一般通过解释条约、分析国际判例、梳理国家实践、识别国际习惯等路径来论证大陆国家灵活适用直线基线的合法性，论证大陆国家洋中群岛适用直线基线的合法性，或为我国南沙群岛设计直线基线提出方案。张正认为，洋中群岛适用直线基线已经形成习惯法，为了论证这一观点，他运用了关于沿海国直线基线立法

① 参见何学武、李令华：《我国及周边海洋国家领海基点和基线的基本状况》，载《中国海洋大学学报（社会科学版）》2008 年第 3 期，第 6 ~ 9 页。

② 参见曹英志、范晓婷：《论领海基点和基线问题的发展趋势》，载《太平洋学报》2009 年第 1 期，第 66 ~ 73 页。

③ 参见侯丽维：《〈联合国海洋法公约〉中直线基线的划定研究》，载《海南广播电视大学学报》2016 年第 1 期，第 67 ~ 72 页。

及国际社会相关反应等方面的大量资料。①

王志坚认为只要符合"历史"特征就构成群岛，因此南海诸岛符合群岛的定义，并提出将南沙群岛分为双子群礁、中业群礁等12组来划定直线基线的方案。② 这种方案将南沙群岛分组较多，基线长度不大，思路务实，态度温和。梁淑英认为直线基线法在1982年《公约》群岛国制度之前就已得到国际法及国际实践的认可；1982年《公约》并没有规定适用直线基线法的地理范围限制；群岛制度没有禁止或不允许大陆国家远洋群岛采用直线基线：基于这三个条件，我国可以在南沙群岛及其他群岛选择适用直线基线，但我国不能享有比群岛国更宽松的条件。③ 卜凌嘉和黄靖文通过考察分析起草1982年《公约》的准备文件发现，1982年《公约》回避大陆国家在远洋群岛适用直线基线这一问题并非因为缺乏相关的事实和法理基础；通过考察相关实践发现，不少大陆国家还对这一问题进行了立法，有些国家的相关立法还得到其他国家承认，还有些国家以其远洋群岛直线基线为基础提交了外大陆架界限方案且没有遭到其他国家的反对。因此，大陆国家远洋群岛适用直线基线正在形成习惯国际法规则。④ 邹立刚认为，在南沙群岛确定领海基线最可能和最适当的做法是仿效确定钓鱼岛及其周边列屿的领海基线的划法。⑤ 张华认为大陆国家远洋群岛适用直线基线已经形成国际习惯法规则，并认为远洋群岛适用直线基线需要满足具有整体性和尊重其他国家以往在

① 张正：《大陆国远洋群岛制度法律地位研究》，武汉大学博士学位论文，2019年。

② 参见王志坚：《论基线制度在南海的适用》，高之国等主编：《国际海洋法问题研究》，海洋出版社2011年版，第127~148页。

③ 参见梁淑英：《我国南海诸岛领海基线的选择问题——以南沙群岛为例》，载《中国国际法年刊》，法律出版社2013年版，第343~360页。

④ 卜凌嘉、黄靖文：《大陆国家在其远洋群岛适用直线基线问题》，载《中山大学法律评论》2013年第2期，第97~117页。

⑤ 参见邹立刚：《适用于南沙群岛的领海基线法律问题研究》，载《河南财经政法大学学报》2013年第3期，第134~139页。

该水域享有的海洋权利这两个限制条件。① 李鎏通过条约解释得出灵活适用直线基线符合 1982 年《公约》第 7 条的立法意图这一结论，并通过对国家实践和法律确信的考察得出灵活适用直线基线已经形成了国际习惯法这一结论。② 周江认为对于大陆国家远洋群岛适用直线基线面临的规则障碍，条约解释的方法优于修改条约；通过条约解释可知上述做法不违背国际法。③ 刘红霞认为，在南沙群岛领海基线划定过程中，于基点方面，需要考虑在有条件的地方建造灯塔或者类似设施，还应考虑国际社会的一般认可；于基线长度方面，应充分考虑我国的海洋权益，还应考虑其他国家的权益和国际社会的认可；于基线内海域的法律地位方面，应依据是否涉及国际航线而区别对待。④ 郑源将远洋群岛适用的直线基线称为"远洋群岛基线"，并提出了"区块式"和"点阵式"相结合的南沙群岛基线划定方案。⑤ 李洁宇提出为了保持我国在南海权利声索的一致性，南沙群岛可参考"一体式"或"区块式"这两种基线划定方案，而排除"点阵式"方案。⑥ 谢昕认为构建远洋群岛制度的前提和原则为"公平—有关情况"原则和 1982 年《公约》中的一般性原则。⑦ 戴瑛分析了洋中群岛适用直线基线的地理条件和国家实践，以及我国洋中群岛适用

---

① 参见张华：《中国洋中群岛适用直线基线的合法性：国际习惯法的视角》，载《外交评论》2014 年第 2 期，第 129～143 页。

② 参见李鎏：《大陆国家领海划界中的直线基线问题研究》，南京大学硕士学位论文，2014 年，第 14～39 页。

③ 参加周江：《论洋中群岛的领海基线划定》，载《法商研究》2015 年第 4 期，第 159～167 页。

④ 参见刘红霞：《南沙群岛领海基线划定的法律问题研究》，中国海洋大学硕士学位论文，2015 年，第 21～22 页。

⑤ 参见郑源：《直线基线在中国远洋群岛适用的探讨》，清华大学硕士学位论文，2015 年，第 20～21 页。

⑥ 参见李洁宇：《基线研究及南海争端中的"基线"因素》，载《海南师范大学学报（社会科学版）》2015 年第 5 期，第 101 页。

⑦ 参见谢昕：《洋中群岛领海基线制度探析——兼论南海地区群岛水域法律制度的构建》，华东政法大学硕士学位论文，2016 年，第 44～48 页。

直线基线的可行性与利弊得失。①

　　需要指出的是，不少关于洋中群岛适用直线基线合法性的论文并非以"基线"为题目，而是以"群岛"为题目。姜丽和张洁认为，从直线基线与群岛基线的关系来看，不排除以远洋群岛整体划定直线基线；1982 年《公约》没有对围绕洋中群岛划定直线基线这一方法作出规定，1982 年《公约》没有规定的事情应取决于一般规则或习惯。因此，大陆国家可将远洋群岛作为一个整体来适用直线基线制度。② 贾楠认为，1951 年英挪渔业案判决中所体现的法律理念也适用于大陆国远洋群岛。③ 郑凡指出，虽然 1951 年英挪渔业案所处理的是沿海群岛的问题，但群岛国在主张群岛制度时也援引了该案中的一些原则。④ 刘新山认为，在非群岛国家划定直线基线时，远洋岛屿和大陆的法律地位没有本质区别。他还指出西方学者过于强调基线的长度，而忽视了划定直线基线是为了更好地进行海域管辖这一实质目的。⑤ 郑雨晨梳理了 1930 年以来关于洋中群岛制度的主要成果和代表性的国家立法实践，从而指出了非法无效的"南海仲裁案"中菲律宾对黄岩岛等岛屿单独定性的不合理，证明了我国南沙群岛适用直线基线的合理性。⑥ 这类论文的数量比较可观，此处不一一介绍。这类论文在探讨远洋群岛制度建构方面已经取得了不少成果，为未来南沙群岛划定基线提供了扎实的理论基础。

---

　　① 戴瑛：《论我国洋中群岛适用直线基线的国际法基础》，载《中国海洋法年刊》，中国民主法制出版社 2017 年版，第 169~178 页。

　　② 参见姜丽、张洁：《浅析群岛制度的适用及南海划界》，载《中国海洋法学评论》2010 年第 1 期，第 158 页。

　　③ 参见贾楠：《论大陆国家远洋群岛的法律地位》，载《中国海洋法学评论（中英文版）》2012 年第 1 期，第 29~57 页。

　　④ 参见郑凡：《群岛水域国家实践研讨会综述》，载《中国海洋法学评论》2013 年第 1 期，第 292 页。

　　⑤ 转引自郑凡：《群岛水域国家实践研讨会综述》，载《中国海洋法学评论》2013 年第 1 期，第 293 页。

　　⑥ 参见郑雨晨：《大陆国家的洋中群岛制度的演变及其对我国南海诸岛的影响》，外交学院硕士学位论文，2016 年，第 11~36 页。

（3）关于领海基线国别研究

这类论文采用个案研究的方法，探讨的问题比较具体。郜周伟从历史事实和（协议划界、陆地决定海洋等）国际法原则这两个方面，驳斥了菲律宾"领海基线法"依据其单方面主张的专属经济区对我国部分南海岛礁提出主权主张的做法。① 刘微认为，中国在南海诸岛的活动完全符合当时获取领土主权的条件和要求，领土获取的五种形式中根本没有临近原则，开罗宣言反映出国际社会对中国拥有南海诸岛主权的普遍确认，因此菲律宾的依据不能成立。② 李靓指出，正常基线与直线基线的不同在于，正常基线是沿着海岸线的方向，不会穿过水域，而直线基线不沿着海岸线，会穿过水域。她认为加拿大群岛基本走向与海岸线大致走向相符，陆地和海洋紧密连接，因长期使用而产生经济利益，因此可以以"直线基线"作为西北航道"历史性权利"的基础。③ 这3篇论文还只是基点和基线国别研究的初步探索。

（4）涉及基点和基线的划界研究

这类论文研究的是划界案或划界协议中的基点和基线，为基点和基线研究提供了新的方法和视角。由于这类论文的主题不是基线问题，所以仅就一些有代表性的文章进行分析。张卫彬建议不将钓鱼岛作为未来中日划界中的基点，并指出与我国存在划界争端的邻国采用远离海岸的岛屿作为领海基点划定直线基线，在这种情况下，我国片面放弃自己的主张不符合对我国主权权利的维护。④ 廖雪霞认为当事国在划界中是否适用领海基线取决于国家之间的合意，当事国对各自领海基线的不同理解不应成为海洋划界的障碍，

---

① 参见郜周伟：《菲律宾"领海基线法"之剖析》，载《温州大学学报（社会科学版）》2009年第6期，第96~98页。

② 参见刘微：《国际法视角下对菲律宾〈领海基线法案〉的反驳》，载《法制与社会》2009年第26期，第338~339页。

③ 参见李靓：《直线基线的划法及其对加拿大西北航道的历史性权利主张的影响》，载《知识经济》2015年第7期，第28~29页。

④ 参见张卫彬：《海洋划界的趋势与相关情况规则——黑海划界案对我国海域划界的启示》，载《华东政法大学学报》2010年第2期，第56页。

即使领海基线尚未公布或尚未确立也不应影响海洋划界的展开。①
项雪平通过统计分析对我国基点和基线研究进行了展望，即加强直
线基线问题研究，全面反思我国已公布的领海基线和基点，重视对
邻国领海基线和基点的研究，以及注意研究确定领海基线方法的合
理性。②

（二）主要不足

1. 对有些理论问题的研究仍然不足

基点和基线问题涉及的国际法基本理论包括条约的解释、条约
的修改、国际习惯的构成要件、历史性权利、公海自由原则、海洋
划界理论、争端的解决等。已有的研究对直线基线相关的条约解
释、国际习惯的构成要件等理论问题已经有较多的探讨，而对基线
问题涉及的历史性权利、公海自由原则、海洋划界理论、争端解决
方法等问题研究得还不够充分，如基线与中间线的关系，基线与成
比例的关系，以及基线与公平划界的关系等。

2. 对划界实践中的直线基线问题研究得不够系统

国内学者对基点和基线实践情况的研究还很零散，对基点和基
线国际司法实践的研究仅限于 1951 年英挪渔业案等几个案例，有
不少与基点和基线密切相关的判例还鲜有研究；对基点和基线国家
实践的研究同样仅限于少数国家的实践。总之，国内缺乏对基点和
基线国际实践的系统考察和精细分析。相比之下，国外对基点和基
线实践情况的研究系统且深入。虽然傅崐成、袁古洁、黄伟等学者
的研究涉及对划界实践中基线因素的分析，但还没有形成全面系统
的梳理。这一点与国外的研究具有一定差距。

3. 有的观点对国外的论调和论据盲目接受

有观点认为："世界上每一个沿海国建立国家的领海基点和基

---

① 参见廖雪霞：《南海周边国家海洋划界协议研究》，载《国际法研
究》2015 年第 6 期，第 40 页。

② 参见项雪平：《我国与邻国海洋划界研究的动向及展望——基于中国
知网的实证分析》，载《法治研究》2013 年第 6 期，第 14~17 页。

线的具体技术标准和规则的初步要求应当是……24 海里的最大直线基线长度日益成为一个合理的界限……不超过 15 度日益成为直线基线偏离海岸方向的一般方向的标准。"① 这种观点是对《海洋界限第 106 号：评估直线基线的发展中的标准指南》② 和《直线基线：需要一个普遍适用的标准》③ 等文献中严格适用直线基线论点和论据的盲目照搬。关于直线基线的长度不超过 24 海里，"这似乎是不合理的，因为挪威 1935 年划定的直线基线中有 8 段长度超过 24 海里，而国际法院指出这些直线基线并不违反国际法"。④ 海洋法专家许森安曾指出："世界上一半以上国家都有长基线，尤其是在各国的军港、政治中心、经济中心附近，其出发点就是从安全角度考虑。可见所谓'直线基线长度不能超过 24 海里'的说法只是某些人的想象，多数国家并不认同，也不符合《公约》规定。"⑤ "联合国的研究根本没有解决这个困难的问题，这也许表明，即使是联合国任命的参与起草联合国研究报告的技术专家，也无法就这个问题达成一致。鉴于现有的长度超过 50 海里的基线段的数量，美国的提议似乎只是一个勇敢的姿态。"⑥ 关于直线基线偏离海岸的一般方向不超过 15 度，"事实上，在英挪渔业案中国际法院将基线本身作为海岸的一般方向的象征。由弗朗索瓦（Francois）教授于 1952 年召集的 1953 年专家委员会最终承认，在这些条款中引

① 曹英志、范晓婷：《论领海基点和基线问题的发展趋势》，载《太平洋学报》2009 年第 1 期，第 72 页。

② 参见 US Department of State, Limits in the Seas No.106：Developing Standard Guidelines for Evaluating Straight Baselines US, 1987, pp.6-29。

③ 参见 J. Ashley Roach and Robert W. Smith, Straight Baselines：The Need for a Universally Applied Norm, Ocean Development & International Law, Vol.31, No.1-2, 2000, pp.47-80。

④ Victor Prescott and Clive Schofield, The Maritime Political Boundaries of the World, 2nd ed, Martinus Nijhoff Publishers, 2005, p.146.

⑤ 许森安：《应准确理解〈联合国海洋法公约〉》，载《中国海洋报》2010 年 11 月 5 日，第 4 版。

⑥ Victor Prescott and Clive Schofield, The Maritime Political Boundaries of the World, 2nd ed, Martinus Nijhoff Publishers, 2005, p.149.

入一些清晰性和精确性的失败"①。

4. 有观点对基本政策和精神把握不准

有观点认为："中越在没有确定北部湾领海基线的情况下就划分了北部湾的海洋国界，这是不符合常理的。"② 这种观点体现了其对 1982 年《公约》基线规则的精神和划界基本精神的把握不准。"海域划界要的是公平的结果，能达到公平结果、双方都能接受的方法就是好的，没有理由横加指责。"③ 此外，这种观点也与现实不符。未划定领海基线而进行海洋边界谈判的现象屡见不鲜，例如，1976 年 7 月 26 日古巴和墨西哥签署了《古巴共和国和墨西哥合众国关于海洋空间划界的协议》④，"划界时双方都没有在相关海岸正式划定基线"。⑤ 还有的观点认为："我国属于大陆国家，不应当也不能够在包括西沙群岛和南沙群岛划出直线（群岛）基线。"⑥ 这种观点混淆了直线基线和群岛基线这两个不同的法律概念。同时，这种观点也不符合一直以来的国际实践。1982 年《公约》生效前大陆国家已将直线基线适用于远洋群岛，1982 年《公约》生效后相关国家为其远洋群岛划设直线基线的实践也仍在继续。

二、国外研究主要成就和不足

国外对基线问题的研究起步较早，成果也比较丰富，已经出现

---

① W. Michael Reisman and Gayl S. Westerman, Straight Baselines in Maritime Boundary Delimitation, Palgrave Mac-millan, 1992, p. 95.

② 李令华：《领海基线，告别"私定终身"》，载《南风窗》2010 年第 14 期，第 41 页。

③ 许森安：《应准确理解〈联合国海洋法公约〉》，载《中国海洋报》2010 年 11 月 5 日，第 4 版。

④ 参见 Agreement by Exchange of Notes Between the Republic of Cuba and the United States of Mexico Concerning the Delimitation of Sea Space。

⑤ Jonathan Charney and Lewis M. Alexander, International Maritime Boundaries (Vol. I), Martinus Nijhoff, 1993, p. 570.

⑥ 李令华：《关于领海基点和基线的确定问题》，载《中国海洋大学学报（社会科学版）》2007 年第 3 期，第 17~18 页。

了研究直线基线的学术专著和大量关于直线基线问题的学术论文和研究报告，此外，在一些海洋法著作或海洋划界著作中也不乏对直线基线问题的深入分析和独到见解。

（一）主要成就

1. 主要著作

联合国海洋事务与海洋法办公室（UN Office for Ocean Affairs and the Law of the Sea）① 所著《基线：〈联合国海洋法公约〉有关条款研究》一书是对1982年《公约》中有关基线条款的全面细致考察。②《基线：国家立法附说明图》一书是对61个国家领海基线立法及地图的汇总。③ 斯科瓦齐（Scovazzi）所著《直线基线地图集》包含了与46个国家的直线基线系统有关的77幅地图，④ 然而该书并没有对直线基线系统进行深入分析。瑞斯曼（Reisman）与韦斯特曼（Westerman）在其合著的《海洋划界中的直线基线》一书中系统探讨了基线概念的发展，1951年英挪渔业案与直线基线的关系，基线概念的编纂，直线基线制度的解释，国家的直线基线主张以及合理的直线基线法律与政策。⑤ 查尼（Charney）等在其编著的七卷本著作《国际海洋边界》中考察了世界范围内海洋边界划定过程中的考虑因素，基线方面的考虑是其重要内容之一。⑥

---

① 后改为联合国海洋事务与海洋法司（UN Division for Ocean Affairs and the Law of the Sea）。

② 参见 UN Office for Ocean Affairs and the Law of the Sea United Nations, Baselines: An Examination of the Relevant Provisions of the United Nations Convention on the Law of the Sea, UN, 1989。

③ 参见 UN Office for Ocean Affairs and the Law of the Sea, Baselines: Baselines National Legislation With Illustrative Maps, UN, 1989。

④ 参见 Tullio Scovazzi etc., Atlas of the Straight Baselines, 2nd ed, Giuffre Editore, 1989。

⑤ 参见 W. Michael Reisman and Gayl S. Westerman, Straight Baselines in Maritime Boundary Delimitation, Palgrave Macmillan, 1992。

⑥ 参见 Jonathan I. Charney, etc. International Maritime Boundaries: (Vol. I-Ⅶ), Martinus Nijhoff, 1993-2016。

丘吉尔（Churchill）与勒韦（Lowe）在其合著的《海洋法》一书中指出，关于直线基线的规则已经形成习惯国际法，对滥用规则的普遍容忍可能最终导致规则本身的修改；1982年《公约》限制大陆国家洋中群岛适用群岛制度，似乎既不必要也不合理，只要其他国家承认大陆国家对其洋中群岛所划定的基线，就应当认为这些做法是合法有效的。① 洛奇（Roach）与史密斯（Smith）在其合著的《过度的海洋主张》一书中严格依照1982年《公约》条款的规定对沿海国的直线基线立法实践进行了分析，将所谓的"过度的基线主张"分为13种情况。② 该书既是直线基线研究专著的代表，也是严格解释和适用直线基线规则这一观点的典型代表。科佩拉（Kopela）在《海洋法中的附属群岛》一书中详细讨论了如何适当解释1982年《公约》第7条，从而在一定程度上解决了大陆国家洋中群岛的基线问题；洋中群岛的国际实践是否已经形成习惯国际法，其内容是什么；某些洋中群岛可否比照适用1982年《公约》第四部分的群岛国制度。③ 普雷斯科特（Prescott）与斯科菲尔德（Schofield）合著的《世界海洋政治边界》一书文献比较丰富，观点相对中立，详细分析了直线基线规则的含义，并对美国政府和学者观点的实际影响进行了评价。④ 田中嘉文（Yoshifumi Tanaka）在《国际海洋法》中否认国家实践产生了关于1982年《公约》的一致的解释或关于直线基线的新的习惯国际法规则，依据有二：其一，实践模式的高度多样化；其二，美国、欧盟等许多国家已经对过度的直线基线提出了抗议。⑤ 其他代表性著作还有比兹利

① 参见 R. R. Churchill and A. V. Lowe, The Law of the Sea, 3rd ed, Manchester University Press, 1999, pp. 54-57, 120-121。

② 参见 J. Ashley Roach and Robert W. Smith, Excessive Maritime Claims, 3rd ed, Martinus Nijhoff Publishers, 2012, pp. 72-132。

③ 参见 Sophia Kopela, Dependent Archipelagos in the Law of the Sea, Martinus Nijhoff Publishers, 2013。

④ 参见 Victor Prescott and Clive Schofield, The Maritime Political Boundaries of the World, 2nd ed, Martinus Nijhoff Publishers, 2005, pp. 139-166。

⑤ 参见 Yoshifumi Tanaka, The International Law of the Sea, 3rd ed, Cambridge University Press, 2019, p. 61。

（Beazley）著的《海洋界限与基线：其划定指南》①，贾亚瓦德纳
（Jayewardene）著的《国际法中的群岛制度》②，韦斯特曼
（Westerman）著的《法律上的海湾》③，奥康奈尔（O'Connell）著
的《国际海洋法》④，弗兰卡兰奇（Francalanci）和斯科瓦齐
（Scovazzi）参著的《海洋中的线》⑤，穆纳瓦尔（Munavvar）著的
《海洋国：海洋法中的群岛制度》⑥ 等，由于文献较多，此处不一
一介绍。

2. 主要论文

普雷斯科特（Prescott）在《直线基线与群岛基线》一文中指
出，事实上现在沿着世界上海岸的任何部分划直线基线同时援引一
个既存的直线基线作为先例都是可能的。⑦ 斯科瓦齐（Scovazzi）
在《直线基线系统的划定：规则与实践》一文中指出，存在以更
加灵活和宽松的标准划定直线基线的习惯法趋势；而美国抵制这一
趋势。⑧ 洛奇（Roach）在《海洋法公约制度执行中的突出问题：
概述》一文中主张对 1982 年《公约》第 7 条进行保守或限制性的

---

① 参见 P. E. Beazley, Maritime Limits and Baselines: A Guide to Their Delineation, 3rd ed, The Hydrographic Society, 1987。

② 参见 Hiran W. Jayewardene, The Regime of Islands in International Law, Martinus Nijhoff Publishers, 1990。

③ 参见 Gayl S. Westerman, The Juridical Bay, Clarendon Press, 1987。

④ 参见 D. P. O'Connell, The International Law of the Sea (Vol. I), Clarendon Press, 1992。

⑤ 参见 G. Francalanci and T. Scovazzi, Lines in the Sea, Martinus Nijhoff Publishers, 1994。

⑥ 参见 Mohamed Munavvar, Ocean States: Archipelagic Regime in the Law of the Sea, Martinus Nijhoff Publishers, 1995。

⑦ 参见 J. R. V. Prescott, Straight and Archipelagic Baselines, Gerald H. Blake (ed.), Maritime Boundaries and Ocean Resources, Croom Helm Press, 1987, p. 38。

⑧ 参见 Tullio Scovazzi, The Establishment of Straight Baselines Systems: The Rules and the Practice, Davor Vidas and Willy Ostreng (ed.), Order for the Oceans at the Turn of the Century, Kluwer Law International, 1999, p. 446。

解释，其指出美国并非唯一抵制上述习惯法趋势的国家。① 洛奇（Roach）与史密斯（Smith）参著的《直线基线：需要普遍适用的标准》一文通过对 1982 年《公约》的体系解释等方法提出了一套检验直线基线合法性的严格标准。② 美国国务院海洋及国际环境暨科学事务局从 20 世纪 70 年代以来持续发布《海洋界限》（Limits in the Seas）系列研究报告，并依据其提出的严格标准对数十个国家或地区的直线基线系统进行了详尽的分析；③ 在第 106 号报告《发展中的直线基线评估标准》中对适用直线基线的两个地理上的前提条件，即"海岸线极为曲折"和"一系列岛屿"进行了严格的量化解释。④ 这些报告集中反映了美国政府的观点。国际法协会（International Law Association，ILA）基线委员会已经召开了索菲亚会议（2012）、华盛顿会议（2014）、约翰内斯堡会议（2016）和悉尼会议（2018）等关于领海基线的国际学术研讨会，并发布了会议报告。在 2018 年发布的关于直线基线的最终报告中，关于洋中群岛部分仅仅强调大陆国家洋中群岛问题是"有争议的"，然后就片面地引用洛奇的论文和非法无效的"南海仲裁案"的所谓"实体判决"，⑤ 这一做法引起了我国学者的批评。⑥

---

① 参见 J. Ashley Roach, Salient Issues in the Implementation of Regimes Under the Law of the Sea Convention: An Overview, Davor Vidas and Willy Ostreng (ed.), Order for the Oceans at the Turn of the Century, Kluwer Law International, 1999, pp. 436-437。

② 参见 J. Ashley Roach and Robert W. Smith, Straight Baselines: The Need For a Universally Applied Norm, Ocean Development & International Law, Vol. 31, No. 1-2, 2000, pp. 49-51。

③ 参见 US Department of State, Limits in the Seas Series, US, 1970-2019。

④ 参见 US Department of State, Limits in the Seas No. 106: Developing Standard Guidelines for Evaluating Straight Baselines, US, 1987。

⑤ 参见 ILA, Reports of the International Law Association Committee on Baselines under the International Law of the Sea, Brill, 2018, p. 110。

⑥ 参见 ILA, Reports of the International Law Association Committee on Baselines under the International Law of the Sea, Brill, 2018, p. 125。

研究直线基线的学术论文还有《领海基线》①《基线划定和海洋边界》②《国际法中的直线基线：呼吁再次审查》③《海洋划界中的基点和基线》④《以直线基线封闭离岸群岛：过度的主张?》⑤《以直线基线封闭离岸群岛：对 J. A. 洛奇的回答》⑥《构成过度海洋主张的直线基线国家实践》⑦《俄罗斯北极基线的法律地位》⑧《南海的航行自由和中国直线基线》⑨ 等，此处不一一展开。

就对直线基线的基本立场来看，美国政府与学界的观点集中体现了对直线基线进行严格限制的思想。无论是美国政府的《海洋界

---

①　参见 Torsten Gihl, The Baseline of the Territorial Sea, Scandinavian Studies Law, Vol. 11, 1967, pp. 119-174。

②　参见 Lewis M. Alexander, Baseline Delimitations and Maritime Boundaries, Virginia Journal of International Law, Vol. 23, No. 4, 1983, pp. 503-536。

③　参见 W. Michael Reisman, Straight Baselines in International Law: A Call for Reconsideration, Proceedings of the Annual Meeting (American Society of International Law), Vol. 82, 1988, pp. 260-277。

④　参见 J. Ashley Roach, Base Points and Baselines in Maritime Boundary Delimitation, Myron H. Nordquist and John Norton Moore (ed.), Maritime Border Diplomacy, 2012, pp. 269-308。

⑤　参见 J. A. Roach, Offshore Archipelagos Enclosed by Straight Baselines: An Excessive Claim?, Ocean Development & International Law, Vol. 49, No. 2, 2018, pp. 178-182。

⑥　参见 Chris Whomersley, Offshore Archipelagos Enclosed By Straight Baselines: A Reply to J. Ashley Roach, Ocean Development & International Law, Vol. 49, No. 3, 2018, pp. 203-207。

⑦　参见 Waseem Ahmad Qureshi, State Practices of Straight Baselines Institute Excessive Maritime Claims, Southern Illinois University Law Journal, Vol. 42, 2018, pp. 421-450。

⑧　参见 R. Douglas Brubaker, The Legal Status of the Russian Baselines in the Arctic, Ocean Development & International Law, Vol. 30, No. 3, 1999, pp. 191-233。

⑨　参见 Kuen-chen FU, Freedom of Navigation and the Chinese Straight Baselines in the South China Sea, Myron H. Nordquist etc. (ed.), Freedom of Navigation and Globalization, Brill Nijhoff, 2015, pp. 190-195。

限》系列报告，还是美国学者的著作（以瑞斯曼与韦斯特曼的《海洋划界中的直线基线》为代表）和论文（以洛奇的一系列论文为代表），它们无不体现要求严格解释和适用直线基线的立场。美国具有无与伦比的海洋实力，如此严格的标准对维护其海上霸权和全球利益最为有利。美国政府和学者的观点与其他国家学者的观点存在差别——前文已述，意大利学者斯科瓦齐、英国学者丘吉尔与勒韦、澳大利亚学者普雷斯科特与斯科菲尔德等，这些学者对灵活宽松地适用直线基线持相对开放或客观的态度。就研究的方法来看，美国的研究相对精细和深入。《海洋划界中的直线基线》《直线基线：需要普遍适用的标准》《发展中的直线基线评估标准》等著述对1982年《公约》第7条的解释，对直线基线合法性判断标准的提出和论证均采用了比较细致和深入的分析和探讨。相比较而言，斯科瓦齐、丘吉尔与勒韦等，他们对直线基线发展趋势的把握较为宏观，对习惯国际法的识别也只是从宏观方面或主要要素进行扼要判断。换言之，美国政府和学者对直线基线精深化分析的方法是值得其他学者借鉴和学习的。

（二）主要不足

从总体上来看，国外研究的不足主要表现在以下两个方面。在研究对象方面，国外学者非常重视对直线基线规则的立法历史、条约解释、司法裁判的研究，而对沿海国直线基线实践的研究不够充分。此外，国外学者过于重视量化标准，例如，他们对直线基线的最大长度、基线与海岸之间的距离、直线基线偏离海岸一般方向的角度、所用海图的比例尺大小等均提出了理想的数值标准，然而他们对这些标准的落实情况及实际影响关注不足，反思不够。在所代表的立场方面，他们的观点充分反映了海权大国的立场，而对其他国家的立场关注不够。

三、研究的内容和方法

（一）研究的内容

第一，基线是如何演进的？对这一问题进行研究，有助于对直线基线进行恰当的历史定位，从而避免机械、片面地看待直线基线问题。

第二，在演进解释下，直线基线的适用条件发生了哪些改变？《奥本海国际法》指出，直线基线"这些标准的含义本身必定在某种程度上转而受随后的国家实践的影响"①。自1951年英挪渔业案至今，直线基线的适用条件已经随着国家实践和国际司法实践的发展发生了重要变化，厘清变化的内容对解释和适用直线基线规则至关重要。

第三，平缓海岸适用直线基线的实践是否已经形成习惯国际法？洋中群岛适用直线基线是否已经形成习惯法？

第四，适用直线基线的过程中应注意哪些问题？

第五，我国大陆海岸已公布的直线基线是否符合国际法？南沙群岛采用哪种基线方法更为恰当？

（二）研究的方法

一是文献研究的方法。关于直线基线的文献资料数量庞大，内容较为丰富：立法方面，第一次海洋法会议记录，1958年《领海及毗连区公约》第4条，第三次海洋法会议记录，1982年《公约》第7条和第47条，以及沿海国的海洋立法等；司法方面，有大量与直线相关的国际司法裁判等。本书将对上述文献进行综合考察，重点分析与主题相关的沿海国海洋立法，及国际法院判决和国际仲裁裁决等。

二是比较研究的方法。直线基线的国家实践（包括立法实践和相关的海洋划界实践）与直线基线的国际司法裁判之间存在共性和差异，本书将对一些重要的共性和差异作出总结或剖析。

三是实证研究的方法。实证研究需要把各沿海国关于直线基线的主要实践都搜集起来，进行分类和统计。同时，需要将国际法院和国际仲裁庭关于直线基线的主要裁判都搜集起来，进行分析和总

---

① ［英］奥本海著，詹宁斯、瓦茨修订：《奥本海国际法（第1卷第2分册）》，王铁崖等译，中国大百科全书出版社1998年版，第29页。

结。实证分析中的资料搜集与信息统计，工作量较大，过程相对艰难，但是实证分析的价值不言而喻。

四是案例研究的方法。案例分析法是"解剖麻雀"的方法，作用独特。本书将对与直线基线相关的典型案例进行深入细致的剖析和研究，以查明沿海国和国际司法机构在具体情况下是如何考量和处理基线问题的。

第一章　领海基线概述

作为本书的铺垫性章节，本章需要对领海基线和直线基线的概念及其他一些相关的基础性知识作出介绍和梳理。此外，本章将从历史的视角（即领海基线的演进历史与直线基线/群岛基线制度的立法史）和国家实践的视角（直线基线在全球范围内的采用情况）对直线基线问题作出梳理和介绍。宏观的视角和背景使本书的研究更具全面性和前瞻性。

第一节　领海基线的概念、演进与比较

一、领海基线的概念

（一）领海基线

"'基线'是测算沿海国领海和其他海域向海一面的起算线。在 1982 年《公约》制定之前，基线仅仅是领海的起算线，所以常被称为'领海基线'。由于《公约》还确定了毗连区、专属经济区和大陆架制度，基线也构成了这些海域的起算线。基线不仅在确定上述海域的内部和外部界限中有重要作用，在解决相邻和相向国家间领海划界中也有很大作用。"① 确定基线是海洋法中最重要的问题之一。许多海洋划界协议都规定"划一条其每一点都同两国中每一个国家测算领海宽度的基线上最近各点距离相等

---

① 张海文主编：《〈联合国海洋法公约〉释义集》，海洋出版社 2006 年版，第 24 页。

的中间线"。① 因此，有学者认为称之为"领海基线"失之过窄，应该仅称之为"基线"。纵观近年来有关论述，也有扬弃领海基线用语，而仅称之为基线的趋势。② 1982 年《公约》第 5~11、13、14 和 47 条（1958 年《公约》第 3、4、7~11 和 13 条）对领海基线的划法、基点与基线的构成、河口与海湾的封口线等均作出了规定。

（二）直线基线

作为基线的主要类型之一，直线基线是连接低潮线上指定的或离散的点的直线系统，这些点通常被称为直线基线的折点（turning points）。③ "直线"是两点之间距离最短的线。④ 相比较而言，1982 年《公约》第 7 条（直线基线）在理论和实践中引起的争议最多。1951 年英挪渔业案判决确认了沿海国适用直线基线的合法性，1958 年《公约》第 4 条首次以公约的形式对直线基线作出规定，1982 年《公约》第 7 条对前述条款予以继承和完善。关于正常基线和群岛基线的定义，可分别参考 1982 年《公约》第 5 条和第 47 条的规定，此处不一一赘述。⑤

二、领海基线的演进

（一）早期的领海基线实践：海岸（高潮线）

14 世纪欧洲已出现最初的领海观念，17 世纪已经有了初步发

---

① Jonathan I. Charney and Lewis M. Alexander, International Maritime Boundaries（Vol. Ⅰ）, Martinus Nijhoff, 1993, p. 155.

② 参见姜皇池：《国际海洋法》，台湾学林文化事业有限公司 2004 年版，第 123~124 页。

③ 参见 UN Office for Ocean Affairs and the Law of the Sea United Nations, Baselines: An Examination of the Relevant Provisions of the United Nations Convention on the Law of the Sea, UN, 1989, p. 51。

④ 参见 ILA, Reports of the International Law Association Committee on Baselines Under the International Law of the Sea, Brill, 2018, p. 70。

⑤ 参见 Article 5 of United Nations Convention on the Law of the Sea; Also Article 47 of United Nations Convention on the Law of the Sea。

展的理论。① "领海基线是在领海概念形成之后，为了测算领海范围而提出来的。起初，领海的测算都是从海岸开始的，所谓'目力所及'、'岸上武器威力所及'，都是从岸上向海上所及的一定距离，起点则是通常所说的陆地上的海岸。"② 当采用"海岸"这一不够明确的概念时，基线问题并不急迫。③ 这里的海岸一般是指高潮线。④ 换言之，最初人们将高潮线作为领海的起算线，对高潮线的使用可以追溯到罗马时代，"根据大炮射程说，认为领海的起点应在能够在其边沿的安全地方筑起海岸炮台，而且这些炮台在即使潮水最高潮时也不致遭受危险的那条海岸线上"，这一观点在一段历史时期内曾被采用，并得到许多学者的支持和拥护。⑤

（二）1805 年"安娜号"案提出的现代基线问题及嗣后发展：正常基线与海湾封口线

1. 1805 年"安娜号"案与现代基线问题的提出

在本案中，关于基线的争议仅限于特定点能否为领海基线的基点。"当诸如干出礁或浅滩和小岛的近岸地物被用作基点时，现代的基线概念在 19 世纪早期开始形成。"⑥ 1805 年，西班牙船"安娜号"在墨西哥湾内距离美国大陆 3 海里以外但距离密西西比河口的一些冲积岛屿约 2 海里的地方被一艘英国私掠船捕获。当提交英国捕获法院（Court of Prize）时，美国认为该船是在美国领海以

---

① 参见刘泽荣：《领海法概论》，世界知识出版社 1965 年版，第 17 页。

② 刘楠来等：《国际海洋法》，海洋出版社 1986 年版，第 52 页。

③ 参见姜皇池：《国际海洋法》，台湾学林文化事业有限公司 2004 年版，第 123 页。

④ 参见李鎏：《大陆国家领海划界中的直线基线问题研究》，南京大学硕士学位论文，2014 年，第 3 页。

⑤ 参见周忠海：《国际海洋法》，中国政法大学出版社 1987 年版，第 32~33 页。

⑥ UN Office for Ocean Affairs and the Law of the Sea United Nations，Baselines：An Examination of the Relevant Provisions of the United Nations Convention on the Law of the Sea, UN, 1989, p. viii.

内捕获的,应由美国管辖。问题是从何处起算美国的领海:如果从美国大陆海岸线起算,则捕获的位置在美国领海 3 海里之外;如果从密西西比河口的小岛起算,则捕获的位置在美国的领海之内。① 英国捕获法院作出判决时指出,这些岛屿是临近海岸形成的天然附属物,国家对其保有统治权,对领土的保护应从这些岛屿开始。因此,被捕获的船只位于美国领海之内,应予以释放并交由美国处理。"安娜号"之后,领海基线问题开始被各国重视,并作为一个法律概念逐渐被各国实践和国际条约所采用。②

2. 正常基线与海湾封口线

关于领海基线较为明确的适用主要存在于渔业管辖问题。"1839 年《英法渔业专约》是第一个提到基线——将低潮线作为起算领海的正常基线——的条约。它也提到海湾封口线长度不超过 10 海里及对'从属于海岸的岛屿或浅滩'的使用。这些扩大的基线在某些情况下被采用且仅用于渔业目的,低潮线仍为首要的基线。"③ 不过,也有观点认为正常基线在国际条约中出现的时间更早。"使用'平行线'即正常基线方法,比直线基线更为广泛。这种方法最早于 1825 年由英国与俄国订立的条约确认阿拉斯加海岸基线采用平行海岸的正常基线。"④ 从 19 世纪 30 年代末起,一些沿海国在有关管辖海域的国内立法、双边或多边条约中,采用沿岸低潮线作为基线,并逐渐形成国际习惯。⑤ "到 1920 年,为了海洋划界的目的,大部分沿海国将其法律上的基线定义为'海岸的低

① 美国于 1793 年接受 3 海里的领海宽度。参见 R. R. Churchill and A. V. Lowe, The Law of the Sea, 3rd ed, Manchester University Press, 1999, p. 78。

② 刘楠来等:《国际海洋法》,海洋出版社 1986 年版,第 52~53 页。

③ UN Office for Ocean Affairs and the Law of the Sea United Nations, Baselines: An Examination of the Relevant Provisions of the United Nations Convention on the Law of the Sea, UN, 1989, p. viii.

④ 陈德恭:《现代国际海洋法》,海洋出版社 2009 年版,第 56 页。

⑤ 参见华敬炘:《海洋法学教程》,中国海洋大学出版社 2009 年版,第 74 页。

潮线'。"① "在 1930 年国际法编纂会议上，低潮线被称为'通常的基线'。"② 1958 年《领海及毗连区公约》第 3 条规定："除本条款另有规定外，测算领海宽度之正常基线为沿海国官方承认之大比例尺海图所标明之海岸低潮线。" 1982 年《公约》第 5 条除了将"除本条款另有规定外"改为"除本公约另有规定外"以外，其他内容完全相同。

有观点认为，"采用低潮线作为标准基线要比采用直线基线作为标准基线简单得多，因为低潮线不会诱发任何争议"。③ 实践并非如此。尽管确定正常基线的"低潮线"规则似乎很简单，然而这一规则的适用却非常难。"低潮线"不是不变的，它们每一天每一个季节都在变化。海岸轮廓的不规则加大了确定适当低潮线的复杂性。④ "从海洋主张的角度来看，沿海国通常更倾向于使用最低的垂直基准面（vertical datum），选择的低潮线越低，正常基线就位于向海越远的位置，这使其领海的界限向海推进。然而，除非有明显的潮差或海岸线陆架非常平缓，否则采用较低的潮汐基准面对专属区域范围的影响很小。"⑤ "遗憾的是，1958 年《公约》和1982 年《公约》均未对在海图上描绘低潮线以用来确定正常基线的垂直基准面作出规定。因此，各国使用了各种各样的基准面，提供了一系列的低潮线，也产生了争议的空间。"⑥

① W. Michael Reisman and Gayl S. Westerman, Straight Baselines in Maritime Boundary Delimitation, Palgrave Macmillan, 1992, p. 10.

② 参见侯丽维：《〈联合国海洋法公约〉中直线基线的划定研究》，载《海南广播电视大学学报》2016 年第 1 期，第 67 页。

③ 高伟浓：《国际海洋法与太平洋地区海洋管辖权》，广东高等教育出版社 1999 年版，第 9 页。

④ 参见［美］路易斯·B. 宋恩等著：《海洋法精要》，傅崐成等译，上海交通大学出版社 2014 年版，第 56 页。

⑤ Victor Prescott and Clive Schofield, The Maritime Political Boundaries of the World, 2nd ed, Martinus Nijhoff Publishers, 2005, p. 95.

⑥ Victor Prescott and Clive Schofield, The Maritime Political Boundaries of the World, 2nd ed, Martinus Nijhoff Publishers, 2005, p. 96.

　　（三）1951 年英挪渔业案阐述的基线问题及嗣后发展：直线基线与群岛基线

　　1. 1951 年英挪渔业案与直线基线

　　关于现代直线基线的起源，学界还存在争议。1604 年，"英国曾经为连接英格兰沿岸的东北部的霍利岛至西部的马恩岛的 27 个地岬而画一系列的直线，在这条直线之外，是英国的沿海区域，英国享有管辖权。但一般并不认为这是测量领海的基线。当时的英国只是以这条线来作为英国的中立海域的标志，并便利这 27 个地岬之间的传统的航行"。① 英国划定的上述直线并非直线基线，这一看法应该是符合历史事实的。② 然而，也有学者认为上述直线属于直线基线。③ 一般认为，"首条现代直线基线是通过 1935 年 7 月 12 日挪威皇家法令建立的。其主要目的是准确划定挪威渔区的外部界限"④，现代国际法庭首次确认直线基线的合法性是在 1951 年英挪渔业案当中。⑤

　　（1）1951 年英挪渔业案概况。英国和挪威两国均为欧洲西部北海沿岸的国家，一南一北，隔海相望。挪威的海岸极度破碎（broken），石垒（skjærgaard, rock rampart）广布，但这一条件使其渔业资源丰富。从 1616 年到 1906 年，英国渔民长期以来并没有在挪威沿岸水域捕鱼。1906 年，几艘英国渔船出现在东芬马克

---

　　① 刘楠来等：《国际海洋法》，海洋出版社 1986 年版，第 52 页。

　　② 参见 G. Francalanci and T. Scovazzi, Lines in the Sea, Martinus Nijhoff Publishers, 1994, p. 6。

　　③ 即认为上述行为说明英国最先采用直线基线，参见陈致中编著：《国际法案例》，法律出版社 1998 年版，第 197 页；另参见陈德恭：《现代国际海洋法》，海洋出版社 2009 年版，第 56 页。

　　④ Victor Prescott and Clive Schofield, The Maritime Political Boundaries of the World, 2nd ed, Martinus Nijhoff Publishers, 2005, p. 139.

　　⑤ 另有资料显示，现代国际法庭首次确认直线基线的合法性是在 1903 年美英阿拉斯加边界仲裁案中。参见 Clive Schofield, Seokwoo Lee and Moon-Sang Kwon, The Limits of Maritime Jurisdiction, Martinus Nijhoff Publishers, 2014, p. 89。

(Eastern Finnmark) 海岸附近。从 1908 年起，它们大量出现。这些拖网渔船配备有改进的、强大的装置。当地居民深感不安，于是挪威政府采取了措施，规定禁止外国人捕鱼的范围。第一次事件发生在 1911 年，当时一艘英国拖网渔船因违反这些措施而被扣押和定罪，两国政府随后进行了谈判。1914 年战争中断了谈判。1932 年，英国的拖网渔船扩大了活动范围，出现在北角（North Cape）以西的挪威沿岸水域，被警告和逮捕的次数有所增加。1933 年 7 月 27 日，英国政府向挪威政府递交了备忘录，抗议挪威当局在划定领海中使用了不合法的基线。1935 年 7 月 12 日，挪威颁布皇家法令，在北纬 66°28. 8′以北划定挪威渔区。① 根据该法令，挪威采用在 48 个固定点之间画直线的办法划定专属渔区。"这些固定点之间的距离，有的超过 10 海里，最长的达 44 海里。"② "尽管 1935 年 7 月 12 日法令涉及的是渔区而没有特别提及领海，但是毋庸置疑，法令划定的海域正是挪威视为其领海的海域。"③ 从 1948 年 9 月开始，当挪威决定严格执行其 1935 年 7 月 12 日皇家法令时，在两国之间已经存在约 40 年的争端加剧了。④ 经过多轮谈判仍未能解决这一争端。1949 年 9 月 28 日，英国诉诸国际法院。⑤ 1951 年 12 月 18 日，国际法院判决挪威的直线基线并不违反国际法。⑥ 1951 年英挪渔业案判决确立了借助沿岸群岛划定大陆海岸领海基线的制度，同时也成为沿岸群岛适用直线基线的习惯法依据。"此后，直线基线开始被越来越多的国家所采用，并得到了国际法和国际实践的承认。直线基线法还为联合国国际法委员会所采纳并加以编纂，随后又体现在《领海及毗连区公约》第 4 条和

① 参见 Fisheries Case, Judgment, I. C. J. Reports, 1951, p. 124。

② 刘楠来等：《国际海洋法》，海洋出版社 1986 年版，第 57 页。

③ Fisheries Case, Judgment, I. C. J. Reports, 1951, p. 125.

④ 参见 D. H. N. Johnson, The Anglo-Norwegian Fisheries Case, International and Comparative Law Quarterly, Vol. 1, No. 2, 1952, p. 144。

⑤ 参见 Fisheries Case, Judgment, I. C. J. Reports, 1951, p. 118。

⑥ 参见 Fisheries Case, Judgment, I. C. J. Reports, 1951, p. 132。

《联合国海洋法公约》第 7 条中。"①

（2）判决的依据是习惯国际法。首先，国际法院对挪威的国家实践进行了分析。挪威于 1812 年颁布皇家法令，规定挪威的领海从距离大陆最远的岛屿起算。实践当中，以这些岛屿为基点连接成为直线基线。1869 年和 1889 年法令又分别对不同区域进行划界，并明确规定准用 1812 年法令中的划界规则。挪威的这一划界实践可以从 1934 年"圣·贾斯特"（St. Just）案判决和 1869—1870 年挪威和法国之间的通信中得到证明。基于上述内容，国际法院认为，挪威采用这一划界制度（system of delimitation）的实践具有一贯性。② 国家实践凸显了挪威对划定直线基线的历史性主张。③ 接着，国际法院对国际社会的态度作出了分析。"他国对挪威实践的普遍容忍是不争的事实。60 多年来，英国政府本身也没有提出异议。"④ 法院在其结论中认为，挪威的直线方法是由其海岸特殊的地理决定的，持续和足够长期的实践巩固了这一方法，各国政府的态度证明它们并不认为这一方法违反国际法。⑤ 审理本案之时，国际社会尚未制定关于直线基线的规则，国际法院从国家实践和国际社会的态度这两个方面进行分析论证，这反映了国际法院依据的是习惯国际法。

（3）判决的依据是一般习惯法而非区域习惯法。"在 1930 年之编纂会议期间，虽然大部分国家认为领海基线应采用正常基线法（亦即低潮线法），与此同时亦有五个国家（挪威、瑞典、波兰、

---

① 杨泽伟：《国际法》（第四版），高等教育出版社 2022 年版，第 166 页。

② 参见 Fisheries Case, Judgment, I. C. J. Reports, 1951, pp. 134-137。

③ 参见 Birgit Schlütter, Developments in Customary International Law Theory and the Practice of the International Court of Justice and the International ad hoc Criminal Tribunals for Rwanda and Yugoslavia, Martinus Nijhoff Publishers, 2010, p. 128。

④ Fisheries Case, Judgment, I. C. J. Reports, 1951, p. 138.

⑤ 参见 Fisheries Case, Judgment, I. C. J. Reports, 1951, p. 139。

苏联与拉脱维亚）支持采用直线基线法，① 认为应可选择沿海国海岸最外点，包括岛屿、小岛或岩礁等作为基点，并将之连成一线作为领海基线。"② 古巴于 1934 年、南斯拉夫于 1948 年、沙特于 1949 年、埃及于 1951 年采用直线基线；1958 年《公约》通过以前已经采用直线基线的国家还有冰岛、丹麦、瑞典和芬兰。③ 从上述信息中可知：其一，在 1951 年英挪渔业案判决之前已经有多个国家采用了直线基线，该案判决中的表述也印证了这一点④，因此，判决的依据应为一般习惯法而非区域习惯法；其二，在英挪渔业案判决之前，采用直线基线的国家已经并不限于大陆国家（例如岛国古巴），也并不限于海岸线极为曲折或紧接海岸有一系列岛屿的国家（例如埃及）；其三，1958 年《公约》通过以前，参与直线基线实践的国家中多数与挪威具有相似的海岸特征，如南斯拉夫、冰岛、丹麦、瑞典、芬兰等。

（4）判决阐述的适用直线基线的条件。1951 年英挪渔业案判决阐述的适用直线基线的地理条件为"海岸极为曲折，如东芬马克的海岸；或者海岸邻接群岛（an archipelago…along…the coast），如沿海岸西部的石垒"⑤；适用直线基线的限制条件为"基线的划定不应在任何明显的程度上偏离海岸的一般方向""基线内的海域充分接近陆地领土，使其受内水制度的支配"和"地区所特有的并经长期惯例清楚地证明其为实在而重要的经济利益，不可忽视考

---

① W. Michael Reisman and Gayl S. Westerman, Straight Baselines in Maritime Boundary Delimitation, Palgrave Macmillan, 1992, p. 16.

② 姜皇池：《国际海洋法》，台湾学林文化事业有限公司 2004 年版，第 129 页。

③ 参见 Shekhar Ghosh, Changing Law in a Changing World: Case of Mid-Ocean Archipelagos, Economic and Political Weekly, Vol. 22, No. 23, 1987, p. 903。

④ "若干国家认为有必要遵循直线基线法，而且它们没有受到其他国家原则性的反对。"参见 Fisheries Case, Judgment, I. C. J. Reports, 1951, p. 129。

⑤ Fisheries Case, Judgment, I. C. J. Reports, 1951, pp. 128-129.

虑"①。判决阐述的这些适用条件是 1958 年《公约》第 4 条和 1982 年《公约》第 7 条的主要来源。然而，判决阐述的地理条件与两个《公约》中规定的地理条件并非完全一致，其主要差异表现为判决中为"海岸邻接群岛"而两个《公约》中为"紧接海岸有一系列岛屿"。这两种表述之间的差异留待下文详述。

2. 群岛基线

关于现代群岛基线的起源，学界同样没有定论。夏威夷群岛国王（当时尚未被美国吞并），曾于 1854 年 5 月 16 日（即克里米亚战争期间）发布其领域内保持中立的公告。"公告可能被视为现代群岛基线规则的先例。"②

尽管有关群岛的主张在 1951 年英挪渔业案之前就已经存在，但该案的判决对后来的群岛主张产生了重要的影响，成为群岛主张发展的基石。③ 群岛国和大陆国家的洋中群岛最初是作为同一个问题（洋中群岛）被提出来的。"在海底委员会最初讨论群岛问题时，几乎所有的提案都是一般性地提及群岛而没有指出政治地位的差别。"④ "在第一次海洋法会议期间，菲律宾和南斯拉夫提议将直线基线适用于洋中群岛，但是，由于缺乏支持，它们最终撤回了提议……在第二次海洋法会议期间，印度尼西亚和菲律宾提出洋中群岛问题，然而，这次会议上没有形成关于这一问题的任何结论。"⑤ 从 20 世纪 50 年代开始，经过以印度尼西亚和菲律宾为代表的群岛国家的不懈努力，最终，在《领海与毗连区公约》第四部分（群岛国）中对群岛基线作出确认和规定。然而虽然《领海

---

① Fisheries Case, Judgment, I. C. J. Reports, 1951, p. 133.

② G. Francalanci and T. Scovazzi, Lines in the Sea, Martinus Nijhoff Publishers, 1994, p. 8.

③ 参见戴瑛：《群岛整体性法律地位溯源及南海实践》，载《法学杂志》2017 年第 8 期，第 69 页。

④ 张华：《大陆国家远洋群岛的直线基线问题研究》，贾宇主编：《极地法律问题》，社会科学文献出版社 2014 年版，第 204 页。

⑤ UN Office for Ocean Affairs and the Law of the Sea, Practice of Archipelagic States, Introduction, p. iv.

与毗连区公约》第46条第2款"群岛"的定义中并没有区分构成群岛国的洋中群岛和大陆国家的洋中群岛，但是第47条中划定群岛基线的主语则限定为群岛国。换言之，大陆国家洋中群岛适用直线基线的问题应属于《领海与毗连区公约》"未予规定的事项"。

学者法尔哈德·塔莱耶（Farhad Talaie）对随着时间的推移宣布采用直线基线的国家的数量变化进行了统计，具体情况如下表所示。[①]

宣布采用直线基线的国家数量之变化[②]

年份	国家数目
1935	1
1945	1
1955[③]	1
1965	11
1975	32
1985	54
1995	61

虽然塔莱耶统计的数量与上文统计的数量并不一致，但这一表格能够直观地反映出20世纪60年代至80年代划定直线基线的国家明显增加。一般而言，有两个方面的原因：其一是法律方面的原

---

① 参见 Farhad Talaie, The Issue of Straight Baselines in the International Law of the Sea and State Practice, Maritime Studies, Vol. 1999, No. 105, 1999, p. 8。

② 原表注释为："这些数量不包括尚未划定直线基线的国家与已经考虑将来适用直线基线的国家。这两类国家共计12个。考虑到这些国家，主张直线基线系统的国家总数将为73个，即超过沿海国的半数。"

③ 有观点认为："事实上，在英国—挪威渔业权案法院作出判决之前，使用直线基线法划定其领海基线的国家就有厄瓜多尔、埃及、伊朗、沙特阿拉伯及南斯拉夫。"张晏瑈：《海洋法案例研习》，清华大学出版社2015年版，第8页，注释7。

因，1958 年《领海及毗连区公约》第 4 条规定了直线基线，然而规定的适用条件不甚确切，从而赋予了沿海国较大的自由裁量权；其二是国际形势方面的原因，"二战"后新独立的国家在世界舞台上日益活跃，它们纷纷拿起国际法律武器来维护自身的权益。这两个方面的原因促进了采用直线基线国家数量的增加。1972 年，菲律宾、印度尼西亚、斐济和毛里求斯为了实现其群岛制度（群岛基线）主张，"寻求并得到了非洲、亚洲和拉丁美洲许多非群岛国家的大力支持。77 国集团、非洲统一组织（OAU）、亚非法律协商委员会（AALCC）和阿拉伯国家联盟（Arab League）都强烈支持这一概念"①。这一事例也从侧面反映了当时直线基线实践迅速增加的国际背景。

（四）领海基线的演进规律

1. 基线演进的过程是一个不断适应特殊情况而产生特殊基线规则（或新基线规则）的过程

一方面，直线基线是为了适应特殊海岸特征的需要而产生的。当海岸极为曲折或者紧接群岛，基线脱离低潮线，基线只能由几何构造来决定。② 概而言之，直线基线是正常基线的减损（derogations）③、例外（exception）④，是特殊的基线划定方法。另一方面，群岛基线同样是为了适应特殊海岸特征的需要而产生的。群岛国的领土全部由一个或多个群岛构成，（通常的）直线基线已经不能满足这一特殊海岸特征的需要，群岛基线也是特殊的直线基线。

2. 新基线规则产生之后往往会呈现出被扩大适用的趋势

在实践当中，直线基线已然成为大多数沿海国划定基线的方

---

① Shekhar Ghosh, Changing Law in a Changing World：Case of Mid-Ocean Archipelagos, Economic and Political Weekly, Vol. 22, No. 23, 1987, p. 906.

② 参见 Fisheries Case, Judgment, I. C. J. Reports, 1951, pp. 128-129。

③ 参见 Fisheries Case, Judgment, I. C. J. Reports, 1951, pp. 128-129。

④ 参见 Maritime Delimitation and Territorial Questions Between Qatar and Bahrain, Merits, Judgment, I. C. J. Reports, 2001, para. 212。

法，直线基线规则被扩大适用，这在一定程度上"侵蚀"了正常基线规则的适用空间。与之相似，群岛基线规则同样被扩大适用：一方面表现为一些不符合群岛国构成条件的岛屿国家主张群岛国地位；另一方面表现为大陆国家洋中群岛适用群岛国制度（群岛基线）①。简言之，新基线规则往往会产生被扩大适用而"侵蚀"其他基线规则适用空间的可能。

3. 新基线规则的产生与被扩大适用均反映了沿海国海洋权利不断扩大的趋势

新基线规则与新基线类型相伴而生。基线基本上经历了"高潮线—低潮线—直线基线（群岛基线）……"这样一个演进过程。在这一演进过程当中，基线呈现出距离实际海岸越来越远的趋势；与此同时，沿海国可主张的内水和其他海域的面积越来越大。基线的这一演进趋势与沿海国不断扩大其海洋权利的趋势相一致。沿海国不断扩大其海洋权利的历史表现为：第一阶段，领海制度通过各海洋国家的实践活动逐渐成为国际习惯法，再以国际条约法的形式正式确立；第二阶段，沿海国家通过"二战"后的海洋实践以及1982 年《公约》确立和扩大了在"领海外海洋国土"内的海洋权利，主要是专属经济区内和大陆架上与自然资源相关的经济性权利；第三阶段，沿海国通过行使 2001 年《保护水下文化遗产公约》中协调国协作保护模式下的优先权，获得了在前述"领海外海洋国土"内对人文资源的管辖权。②

4. 新基线规则产生的过程中往往需要使用类比的方法

直线基线规则产生之初需要类比海湾封口线的相关规定。在1951 年英挪渔业案判决中，英国主张将海湾封口线的某些规定（比如长度限制）适用于挪威的直线基线，③ 这从侧面体现了直线

---

① 一些国家或学者批评大陆国家洋中群岛适用直线基线是在越权适用群岛基线，我国学者多数认为大陆国家洋中群岛适用的直线基线并非群岛基线。

② 参见徐芳勤：《沿海国海洋权利不断扩大的国际法分析》，华东政法大学硕士学位论文，2011 年，第 3~19 页。

③ 参见 Fisheries Case, Judgment, I. C. J. Reports, 1951, p. 131。

基线规则产生过程中对类比方法的使用。此外，群岛基线的适用条件在类比直线基线的适用条件的基础上产生，这在下文"直线基线与群岛基线的联系"这一部分内容中有明显的体现。这些类比方法的使用为总结基线共同遵循的限制条件提供了可能。

三、不同基线类型之间的比较

（一）正常基线与直线基线

1. 正常基线与直线基线的联系

正常基线为确定直线基线提供了基础。1958 年《公约》第 5 条规定："测算领海宽度的正常基线是沿海国官方承认的大比例尺海图所标明的沿岸低潮线。"联合国《基线：〈联合国海洋法公约〉有关条款研究》一书对直线基线作出的定义为："直线基线是一种连接低潮线上指定的或离散的点（通常被称为直线基线的折点）的直线系统，其仅用于海岸线极为曲折或者紧邻海岸有一系列岛屿的地方（《公约》第 7.1 条）。"① 直线基线并非凭空划定，直线基线的基点或折点仍需位于正常基线（低潮线）上。"这些直线型基线（'straight line' baselines）包括第 7 条直线基线，第 9 条横越河口的基线，第 10 条海湾封口线，以及第 47 条群岛基线。应该指出的是，低潮线是这些直线型基线的定位点（anchor）。为了在国际法中有效，这些偏离正常基线位置的基线中的每一条，仍必须将其终点和中间折点（intermediate turning points）附着于或连接到低潮线。"② 可见，正常基线为一切直线型基线的划定提供了基础。

2. 正常基线与直线基线的区别

最初的立法者可能将正常基线视为基线划定的一般方法，而

① UN Office for Ocean Affairs and the Law of the Sea United Nations, Baselines: An Examination of the Relevant Provisions of the United Nations Convention on the Law of the Sea, UN, 1989, p. 51.

② International Law Association, Conference Report Sofia 2012, p. 2, Note 9, http://www.ila-hq.org/index.php/committees, 2018 年 8 月 30 日访问。

直线基线为特殊方法。"1958 年《公约》和 1982 年《公约》都把低潮线表述为'正常基线'。尽管河口与湾口的封口线，沿着弯曲海岸或有岛屿附着的海岸的直线基线，以及包围群岛国的群岛基线都没有被表述为异常基线，但是，可能存在一种期望：在全球范围内，这些直线将是特殊的。"① 在 2001 年卡塔尔诉巴林案中，国际法院即表达了这样的观点，"法院认为，直线基线法是确定基线的正常规则的一个例外，只有在满足若干条件的情况下才能适用。这种方法必须有限制地使用。这些限制条件主要是海岸线极为曲折或紧接海岸有一系列岛屿"。② 当然，该判决有其特殊性，它反映了严格适用直线基线的立场。"正常基线代表通常的（usual）、常见的（common）或非例外的（unexceptional）基线。它是沿海国主张基线的主要类型，实际上是沿海国默认的（default）基线。它与低潮线重合，意味着，与由直线（straight lines）构成的异常的（abnormal）、罕见的（uncommon）或例外（exceptional）的基线区别开来。然而，直线通常被如此多国家使用以至于它们很难被描述为异常的或例外的。"③ 换言之，直线（基线）方法的发展超出了 1958 年《公约》和 1982 年《公约》立法者的最初预期。

正常基线和直线基线的划定方法不同，表现出来的特点也不同。正常基线为沿着海岸的低潮线，这决定了正常基线位于海岸上。"1812 年的《北海渔约》把低潮线称为'实际的标准'。在 1930 年的国际法编纂会议上，低潮线被称为'通常的基线'。1958 年的《领海与毗连区公约》把低潮线称为'正常基线'，所谓正

---

① J. R. V. Prescott, Straight and Archipelagic Baselines, Gerald H. Blake (ed.), Maritime Boundaries and Ocean Resources, Croom Helm Press, 1987, p. 38.

② Maritime Delimitation and Territorial Questions Between Qatar and Bahrain, Merits, Judgment, I. C. J. Reports, 2001, para. 212.

③ Victor Prescott and Clive Schofield, The Maritime Political Boundaries of the World, 2nd ed, Martinus Nijhoff Publishers, 2005, p. 94.

常，是因为在正常情况下，它与海岸完全平行。"① "相反，直线基线体现了一种人工构造，它是划在海上并连接陆上适当点的直线"②，因此，直线基线只有一些点位于海岸上，其他部分则位于海上，与海岸之间存在一定的距离。简言之，正常基线在通常情况下与海岸平行；直线基线的划定虽然应当沿着海岸的一般方向，但是，直线基线却不可能完全是海岸的平行线。

（二）海湾封口线与直线基线

1. 海湾封口线在归类上存在的争议

"封口线是为了划界的目的而划定的横越湾口的假想线。"③ 1958 年《领海与毗连区公约》第 7 条对法律上的海湾（juridical bay）作出了规定，1982 年《公约》对其作出一些细微的修改之后予以继承。依据上述规定，只有在地理上满足半圆检验（semi-circle test）的"明显的水曲"（well-marked indentation）才能构成法律上的海湾。而且为测算的目的，其封口线不能超过 24 海里。

海湾封口线属于正常基线还是直线基线，这在学界存在争议。华敬炘教授的《海洋法学教程》一书中，"正常基线"下包含了"海湾封口线""其他特殊地形的基线"等条目，④ 这说明作者把海湾封口线等归入正常基线。高伟浓教授的《国际海洋法与太平洋地区海洋管辖权》一书中，"'特殊情形'的直线基线的确立"这一条目包括了河口、海湾、港口、泊船处和低潮高地的基线的

---

① 陈致中编著：《国际法案例》，法律出版社 1998 年版，第 197 页。

② Tullio Scovazzi, The Establishment of Straight Baselines Systems: The Rules and the Practice, Davor Vidas and Willy Ostreng (ed.), Order for the Oceans at the Turn of the Century, Kluwer Law International, 1999, p. 446.

③ Gayl S. Westerman, The Juridical Bay, Clarendon Press, 1987, p. 5, note 6.

④ 参见华敬炘：《海洋法学教程》，中国海洋大学出版社 2009 年版，第 75~80 页。

划定，① 这说明作者把海湾封口线等归为了直线基线。《奥本海国际法》也将海湾封口线视为正常基线，该书认为，"测量领海宽度的正常基线是沿海国官方承认的大比例尺海图所标明的沿岸低潮线。在这一正常体制内普遍接受的对循着曲折海岸的低潮线规则的唯一例外是海湾、河口和港口的直线封口线。因此，正常基线是用低潮线标明的海岸，或在海岸的一些部分于适当时用界定海湾和港口内水标明"②。而宋恩教授等著的《海洋法案例和材料》中则将其视为直线基线，"第 7 条并未包括使用直线基线的每一种情况，例如，直线基线也用于封闭湾口（《联合国海洋法公约》，第 10 条；1958 年《领海与毗连区公约》，第 7 条）或封闭河口（《联合国海洋法公约》，第 9 条；1958 年《领海与毗连区公约》，第 13 条）"③。

　　沿海国的海洋立法中同样体现了对这一问题的不同认识。《关于保加利亚人民共和国海洋空间的 1987 年 7 月 8 日法案》第 16 条第 2 款规定："基线应为：沿岸低潮线或连接海湾最外部的点的直线基线与……"④ 可见，保加利亚将其海湾封口线视为直线基线。《2014 年关于科威特国所属海域划界的 2014 年第 317 号法令及其修正案（2014 年 10 月 29 日）》第 2 条规定："正常基线的划定如下：（d）科威特海湾的基线，应为封闭海湾的线，而其中所包含的水域，应被视为内水。"⑤ 可见，科威特将其海湾封口线视为正

　　① 参见高伟浓：《国际海洋法与太平洋地区海洋管辖权》，广东高等教育出版社 1999 年版，第 11~15 页。
　　② ［英］奥本海著，詹宁斯、瓦茨修订：《奥本海国际法（第 1 卷第 2 分册）》，王铁崖等译，中国大百科全书出版社 1998 年版，第 24 页。
　　③ Louis B. Sohn etc. , Cases and Materials on the Law of the Sea, 2nd ed, Brill Nijhoff, 2014, p.227.
　　④ Bulgaria. Act of 8 July 1987 Governing the Ocean Space of the People's Republic of Bulgaria.
　　⑤ Kuwait. Decree No. （317）Year 2014 Concerning the Delimitation of the Marine Areas Pertaining to the State of Kuwait and its Amendment, 29 October 2014.

常基线。如果梳理清楚海岸封口线和直线基线之间的联系和区别，那么海湾封口线在归类上存在的争议就能够得到解决。

2. 海湾封口线与直线基线的联系①

海湾封口线和直线基线在外在形式和内在属性上都有相似性。在形式上，二者均为直线：海湾封口线为横越海湾的直线，直线基线为连接低潮线上适当的点的直线（多个直线基线段相连时表现为折线），二者同为"直线型"基线（'straight line' baselines）。在属性上，二者均为人工基线，即相对于正常基线（低潮线）的自然形成而言。

在 1951 年英挪渔业案时，尚无国际规则对海湾封口线作出限制。英国的观点反映出海湾封口线在当时已经得到一些沿海国的认可。国际法院的态度反映了当时海湾封口线和直线基线在适用上的区别并不明显。"英国代表认为挪威只能在海湾之间划定直线。法院不能同意这一观点。如果领海带必须沿着'石垒'的外缘线（the outer line of the 'skjærgaard'），并且如果在某些情况下必须接受直线基线法，那么只能在海湾之间划定直线是没有正当理由的，正如在东芬马克，而且也在岛屿、小岛和岩石之间，及分割它们的海域之间，即使这些区域不属于海湾的概念。"② 而且，当某一海岸的地理构造像挪威海岸一样不规则时，基线内的海域必须充分接近陆地领土从而受内水制度的支配这一基本思想可以自由地适用。③

1958 年《公约》第 7 条（1982 年《公约》第 10 条）第 6 款规定，海湾的相关规定不适用于直线基线。这一规定的目的是什

① 安图内斯指出，宽泛意义上的直线基线（Straight baselines lato sensu）包括一切用于测量海域宽度的直线，尤其是 1982 年《公约》第 7 条规定的基线、海湾封口线、河口封口线和群岛基线。参见 Nuno Sergio Marques Antunes, Towards the Conceptualisation of Maritime Delimitation: Legal and Technical Aspects of a Political Process, Durham Theses, Durham University, 2002, p. 306, note. 154。

② Fisheries Case, Judgment, I. C. J. Reports, 1951, p. 130.

③ 参见 Fisheries Case, Judgment, I. C. J. Reports, 1951, p. 133。

么？一些国家将其理解为，直线基线是法律上的海湾（海湾封口线）的一个例外。① 瑞斯曼和韦斯特曼指出，立法史显示，这一规定旨在处理这样一种可能，即直线基线将沿海水曲（coastal indentations）归入直线基线产生的较大面积的内水之中，挪威的"石垒"即存在这一现象。②

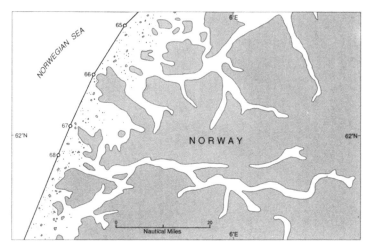

挪威沿海水曲（coastal indentations）图③

3. 海湾封口线与直线基线的区别

海湾封口线和直线基线的适用条件并不相同。依据 1958 年《公约》或 1982 年《公约》的相关规定，海湾封口线适用于法律上的海湾，而直线基线主要适用于海岸线极为曲折的地方，或者紧接海岸有一系列岛屿。尽管法律上的海湾和"海岸线极为曲折"

① 参见 W. Michael Reisman and Gayl S. Westerman, Straight Baselines in Maritime Boundary Delimitation, Palgrave Macmillan, 1992, p. 139。

② 参见 W. Michael Reisman and Gayl S. Westerman, Straight Baselines in Maritime Boundary Delimitation, Palgrave Macmillan, 1992, p. 140。

③ 参见 W. Michael Reisman and Gayl S. Westerman, Straight Baselines in Maritime Boundary Delimitation, Palgrave Macmillan, 1992, p. 141。

都形成了水曲（indentation），但是，两个《公约》对前者作出了具体的界定，对后者则缺乏具体的界定。1958 年《公约》第 7 条（或 1982 年《公约》第 10 条）第 6 款明确规定："上述规定不适用于所谓'历史性'海湾，也不适用于采用第 7 条所规定的直线基线法的任何情形。"有学者指出，1958 年《公约》第 7 条第 6 款的立法史明确显示，起草者将第 4 条（直线基线）从关于法律上的海湾的规则中排除出去，因为他们认为在适用范围上第 4 条比第 7 条更具包容性（inclusive），后者仅限于单一的地理特征。① 依据 1958 年《公约》第 7 条（1982 年《公约》第 10 条）第 2 款和第 3 款的规定，法律上的海湾及其海湾封口线的划定都较为明确，这一点与直线基线的相关规定形成了鲜明的对比。

海湾封口线规则有最大长度限制，而直线基线规则目前还没有这一限制。依据上述两公约的规定，法律上的海湾，其封口线的最大长度为 24 海里，而直线基线的最大长度目前还只存在于学术探讨当中。这一长度标准上的差别也成为某些情况下区分海湾封口线和直线基线的方法，例如，一个海湾在地理条件上符合半圆标准的检验，但是其划出的封口线大于 24 海里，那么该线只能是直线基线，而非法律上的海湾的封口线。需要明确的是，地理条件上的要求是构成法律上的海湾的前提条件，不符合这一要求，即便其封口直线不超过 24 海里，这一海湾也并非法律上的海湾。

然而，第 4 款规定："如果海湾天然入口两端的低潮标之间的距离不超过 24 海里，则可在这两个低潮标之间划出一条封口线，该线所包围的水域应视为内水。"第 5 款规定："如果海湾天然入口两端的低潮标之间的距离超过 24 海里，24 海里的直线基线应划在海湾内，以划入该长度的线所可能划入的最大水域。"对比可知，"不超过 24 海里"对应着"封口线"，"24 海里"对应着"直线基线"，究竟是起草者的疏忽还是有意为之？其真实意图是什

---

① 参见 Gerald Fitzmaurice, Some Results of the Geneva Conference on the Law of the Sea, The International and Comparative Law Quarterly, Vol. 8, No. 1, 1959, p. 73, 80。

么？有观点对此作出了解释："第 5 款代表了起草者们的决策，即他们同意沿海国向岸把尽可能多的海湾水域包围起来作为内水，只要长度不超过 24 英里的直线可以将其包围起来。然而，这一源自政策选择的边界线，在任何意义上都不能称为'封口线'。封口线在本质上允许沿海国的海岸线不受海湾存在的影响。起草者使用'直线基线'这一术语来区分一条真正的封口线和在更大的海湾内划定的这一直线，它用来在内水和领水之间划定一个可接受的边界。"① 简言之，"24 海里的直线基线"中是因为区分的需要借用了"直线基线"这一术语。

在特殊情况下，可能出现海湾封口线仅用来划定内水的范围，而在封口线之外另有直线基线或群岛基线的情况。在这种情况下，通常以直线基线或群岛基线作为起算领海的基线。换言之，直线基线（群岛基线）向海一定为领海，海湾封口线向海未必是领海，也可能是群岛水域。例如，《1996 年 8 月 8 日关于印度尼西亚水域的第 6 号法令》第 5 条规定群岛基线由群岛直线基线、直线基线或正常基线组成；而第 7 条规定可在群岛水域内划定海湾封口线等以界定内水。②

总之，尽管海湾封口线和直线基线均为直线型基线，而且二者在领海内水化方面具有相同的作用，但它们是两种不同的基线类型。③ 具体而言，海湾封口线具有其自身的适用条件和限制，其并不是一般意义上的直线基线，同时它也不是一般意义上的正常基线（低潮线）。

（三）直线基线与群岛基线

1. 直线基线与群岛基线的联系

---

①　Gayl S. Westerman, The Juridical Bay, Clarendon Press, 1987, pp. 161-162.

②　参见 Indonesia. Act No. 6 of 8 August 1996 regarding Indonesian Waters。

③　参见 Malcolm D. Evans, International Law, Oxford University Press, 2003, p. 627, Note. 6。

"群岛基线本质上也是一种直线基线，只是因为适用于群岛国而自成一类。"① 在地理条件允许的情况下，沿海国既可依据 1982 年《公约》第 7 条划定直线基线，也可依据第 47 条划定直线基线。在 2001 年卡塔尔诉巴林案中，法院认为："（直线基线）这些限制条件主要是海岸线极为曲折或紧接海岸有一系列岛屿。……巴林的主岛海岸不构成极为曲折的海岸，巴林也没有这样主张。……并不否认巴林主岛以东的海洋地物是总体地理结构的一部分。然而，将其当作海岸的一系列岛屿就与要求相差太远。……在这种情况下，一国只有沿海国宣布其为 1982 年《公约》第四部分项下的群岛国，直线基线才可适用，本案中巴林并未这样做。"② 据此，法院否定了巴林划定直线基线的权力。

直线基线和群岛基线在适用条件上有某些相似之处。首先，1982 年《公约》第 7 条第 1 款规定，"基线的划定可采用连接各适当点的直线基线法"；而第 47 条第 1 款规定，"可划定连接群岛最外缘各岛和各干礁的最外缘各点的直线群岛基线"。简言之，两种基线在形式上均为直线。其次，第 7 条第 3 款规定，"直线基线的划定不应在任何明显的程度上偏离海岸的一般方向"，而第 47 条第 3 款规定，群岛基线的划定"不应在任何明显的程度上偏离群岛的一般轮廓"。最后，第 7 条第 6 款规定，"一国不得采用直线基线制度，致使另一国的领海同公海或专属经济区隔断"；而第 47 条第 5 款规定，"群岛国不应采用一种基线制度，致使另一国的领海同公海或专属经济区隔断"。这些相似之处体现了群岛基线是直线基线在群岛国这一特殊情况下的具体应用。

2. 直线基线与群岛基线的区别

直线基线与群岛基线的适用条件不同。根据 1982 年《公约》第 7 条的规定，直线基线适用于海岸线极为曲折或紧邻海岸有一系

---

① 张华：《大陆国家远洋群岛的直线基线问题研究》，贾宇主编：《极地法律问题》，社会科学文献出版社 2014 年版，第 212 页。

② Maritime Delimitation and Territorial Questions Between Qatar and Bahrain, Merits, Judgment, I. C. J. Reports 2001, p. 103, paras. 212, 213, 214.

列岛屿的情况，言外之意，无论是大陆国家还是群岛国，只要符合上述条件都可以适用直线基线。群岛基线"适用于群岛国的时候有各种具体要求，包括基点的选择、水陆面积比例、基线长度等——而这些限制性要求是一般直线基线所没有的。这使得群岛直线基线成为一种独立的基线"。① 根据 1982 年《公约》第 47 条的规定，只有群岛国才能适用群岛基线。对比可知，直线基线的适用条件相对模糊，而群岛基线的适用条件相对具体。具体而言，直线基线的基点为"适当的点"或"沿低潮线向海最远处"的"适当的点"，而群岛基线的基点为"群岛最外缘各岛和各干礁的最外缘各点"；此外，群岛基线要求其封闭的区域内水陆面积"应在 1∶1 至9∶1 之间"，"基线的长度不应超过 100 海里……至多 3% 可超过该长度，最长以 125 海里为限"等，而直线基线没有这方面的限制。

直线基线和群岛基线的适用效果不同。"与直线基线制度相比，群岛基线制度是一种更加温和的制度：如果适用直线基线，则基线内的水域为内水，其他国家仅可以依照 1982 年《公约》第 8条第 2 款主张无害通过权，而采用群岛基线后，基线内的水域为群岛水域，其他国家除了享有无害通过的权利之外，还可以行使群岛海道通过权，直接相邻国家还可以继续行使其在群岛水域内的某些传统捕鱼权利，以及进行其他合法活动的权利，其他国家对其现有的海底电缆也可以行使维修和更换的权利。"②

（四）不同基线类型共同遵循的限制条件

尽管划定不同基线类型的地理条件各不相同，但是仍然能够从相关规定中总结出以下一些共同的限制条件。

第一点，基点不应位于海上或位于他国领土。海湾封口线的特征决定了其两个端点（即基点）必须位于海岸上，否则就不能完

---

① 姜丽、张洁：《浅析群岛制度的适用及南海划界》，载《中国海洋法学评论》2010 年第 1 期，第 161 页。

② 《"历史性水域"和"群岛制度"研讨会综述》，载《中国海洋法学评论》2005 年第 1 期，第 206 页。

全实现封口（closing）的功能。同时，法律上的海湾"海岸属于一国"的基本要件决定了海湾封口线的两个端点不可能位于他国领土。从 1951 年英挪渔业案到 1958 年《公约》和 1982 年《公约》，直线基线的基点均位于本国陆地、岛屿或低潮高地上。依据相关规定，群岛基线的基点位于最外缘的岛屿或干礁上。在陆地决定海洋的根本原则之下，无论是作为内水的外部界限还是作为领海的内部界限，基线都不可能完全脱离陆地。即便"直线型"基线的主体位于海上，其基点也必须位于"陆地上"。需要指出的是，此处的陆地包含岛屿和低潮高地。实践当中，孟加拉国依据 1974 年 4 月 30 日声明划定的直线基线是唯一完全没有陆地基点的基线。[1] 然而，孟加拉国已于 2015 年对这些基线作出修正。[2] 同时，划定基线的主权属性决定了基点（包括基线的起点和终点）不能位于他国领土。划定基线是宣示主权和行使管辖权的体现，尤其是对争议岛礁划定基线。在英挪渔业案中，国际法院指出，划界行为必然是单边行为，因为只有沿海国才有权这样做。[3]

第二点，基线的划定不应在任何明显的程度上偏离海岸的一般方向（或群岛的一般轮廓[4]）。海湾封口线的划定并没有这一限制，因为海湾的地理特征决定了海湾封口线根本不可能出现上述情况。换言之，海湾封口线的划定并不排斥这一限制。1951 年英挪渔业案判决中确定了直线基线应受到这一限制，[5] 1958 年《公约》和 1982 年《公约》中继续沿用了这一限制。依据 1982 年《公约》第 47 条的规定，群岛基线需要遵循相似的限制（群岛的一般轮廓）。总体来看，这一限制的目的是防止沿海国大量扩大管辖水域的面积，从而平衡沿海国和国际社会之间的利益。这一限制的理论

---

[1]　参见 UN Office for Ocean Affairs and the Law of the Sea, Baselines：Baselines National Legislation With Illustrative Maps, UN, 1989, pp. 62-63。

[2]　参见 UN Office for Ocean Affairs and the Law of the Sea, Law of the Sea Bulletin No. 90, 2017, pp. 46-48。

[3]　参见 Fisheries Case, Judgment, I. C. J. Reports, 1951, p. 132。

[4]　在群岛整体性理论下，群岛整体相当于陆地海岸。

[5]　参见 Fisheries Case, Judgment, I. C. J. Reports, 1951, p. 133。

根源仍然是陆地决定海洋的原则，这一原则决定了领海带必须沿着陆地分布。

第三点，基线内的海域与陆地存在紧密的联系。这一点与前述第二点密切相关，在 1958 年《公约》第 4 条和 1982 年《公约》第 7 条中，它们同属一款。在群岛基线的有关规定中，这一点虽然没有明确规定，由于上述第二点的限制，这一点是不言自明的。海湾封口线方面，长期以来，允许沿海国将法律上的海湾内的水域封闭起来作为内水，是基于认识到"内水"（"landlocked"waters）跟海岸上的生活如此重要地交织在一起（vitally entwined with），以至于它们更像是陆地本身而非开放的海洋（open sea）；同样地，法律上的海湾被认为是沿海国陆地领土的有效组成部分并且从属于相同的专属权力。① "联合国的研究报告"指出，在 1951 年英挪渔业案判决中，法官将"必须充分接近陆地领土"这一术语与确定海湾规则的依据联系起来。②

第四点，避免产生隔断效果。海湾封口线的地理特征决定了其不会产生使另一国的领海同公海或专属经济区隔断的效果，但是直线基线和群岛基线可能会出现这一效果。为了避免产生这种效果，1982 年《公约》第 7 条（1958 年《公约》第 4 条）和第 47 条分别对直线基线和群岛基线作出了这一限制。作出这一限制体现了对沿海国及其邻国之间利益的平衡。

以上各点对正常基线（低潮线）完全适用，③ 因此它们不仅是"直线型"基线遵循的限制条件，而且是所有基线类型共同遵

---

① 参见 W. Michael Reisman and Gayl S. Westerman, Straight Baselines in Maritime Boundary Delimitation, Palgrave Macmillan, 1992, p.137。

② 参见 UN Office for Ocean Affairs and the Law of the Sea United Nations, Baselines: An Examination of the Relevant Provisions of the United Nations Convention on the Law of the Sea, UN, 1989, p.26, para.57。

③ 学者布鲁贝克（R. Douglas Brubaker）指出，如果正常基线为沿岸低潮线的话，海岸的"一般方向"自然要遵循。参见 R. Douglas Brubaker, The Legal Status of the Russian Baselines in the Arctic, Ocean Development & International Law, Vol.30, No.3, 1999, p.198。

循的限制条件。这些限制性条件是所有领海基线规则的基础，构成基线演进过程中的一条主线，因此在未来的演进过程中，基线仍将遵循这些限制条件。

第二节 直线基线制度的编纂

与直线基线制度的编纂相关的国际会议并不限于三次联合国海洋法会议。例如，在 1930 年国际法编纂会筹备期间，基线方面的讨论主要集中在正常基线、直线基线的区分（distinction）上。① 然而，本书仅将焦点集中于三次联合国海洋法会议，尤其是第一次和第三次联合国海洋法会议，以凸显直线基线（群岛基线）制度编纂过程中的一些重要问题。

一、第一次联合国海洋法会议

（一）国际法委员会（International Law Commission，ILC）的准备工作

1958 年 2 月 24 日至 4 月 29 日，第一次联合国海洋法会议在瑞士日内瓦召开。会议将国际法委员会的建议草案作为讨论的主要基础。具体来说，国际法委员会建议草案的第 5 条和第 10 条与群岛领海基线问题联系最为密切，前者规定了直线基线，② 后者规定了

---

① 参见 International Law Association, Baselines under the International Law of the Sea：Reports of the International Law Association Committee on Baselines, Brill, pp. 19-20。

② 其具体内容为："1. 如果海岸极为曲折或有岛屿紧接海岸而情况需要特殊的制度，基线可以脱离低潮标。在这种情况下，可以采用连接适当点的直线基线法。直线基线的划定不应在任何明显的程度上偏离海岸的一般方向，而且基线内的海域必须充分接近陆地领土，使其受内水制度的支配。然而，必要时，对于地区所特有的并经长期惯例清楚地证明其为实在而重要的经济利益，可予以考虑。基线的划定不应以干礁和干沙滩为起讫点。2. 沿海国应对其划定的直线基线妥为公布。3. ……"参见 UN Doc. A/3159, p. 257。

岛屿。① 而对第 10 条的评注中指出："（3）委员会本打算用关于群岛的条款来补充该条。与 1930 年国际法编纂会议一样，委员会不能克服相关的困难。这一问题由于不同的群岛具有不同的形式而异常复杂。委员会不能发表意见，不仅因为关于领海宽度存在分歧，而且因为缺乏这一主题的技术信息……（4）为了提供信息，委员会指出，第 5 条可适用于远离海岸的群岛（groups of islands lying off the coast）。"② 可见，在本次会议召开以前，国际法委员会已经对直线基线问题和远离海岸的群岛问题进行了讨论；由于远离海岸的群岛的复杂性，所以国际法委员会没有正式提出相关草案，但是其认为关于单个岛屿领海的规定并不适用于群岛。

（二）关于直线基线的讨论

本次会议从立法上对 1951 年英挪渔业案确立的直线基线制度进行了确认。本次会议中关于直线基线的争议主要集中在适用直线基线的条件和要求上。建议对直线基线长度作出限制的国家以英国和美国为代表。英国建议第 5 条增加 1 款："除历史原因或限于有关海岸特有的地理条件外，第 1 款中规定的直线基线的长度不应超过 10 海里。"③ 美国同样建议修订第 5 条，对基线的长度以及基线与陆地之间的距离等作出限制。④ 然而在是否对直线基线的长度进行限制的争论中，要求限制的主张并不占优势。最终第 5 条在第 19 次全体会议上获得通过，并在修订后成为《领海及毗连区公约》第 4 条，至此，没有数值限定的直线基线规则获得国际社会的接受。实践中，该条确立了借助沿岸群岛划定大陆领海基线的制度，与此同时沿岸群岛划定直线基线的条约依据也得以确立：其实这是对同一个问题从不同的角度观察而已。

需要指出的是，1956 年国际法委员会建议草案的第 5 条中原

① 其具体规定为："每个岛屿都有自己的领海。岛屿是四面环水并在正常情况下永久高于高潮标的陆地区域。"参见 UN Doc. A/3159, p. 257。

② UN Doc. A/CN. 4/104, p. 270.

③ UN Doc. A/CONF. 13/C. 1/L. 62, p. 228.

④ 参见 UN Doc. A/CONF. 13/C. 1/L. 86, p. 235。

本没有"一系列岛屿（a fringe of islands）"的表述，这一表述由英美等国在提案中提出。① 那么，"一系列岛屿"和"沿岸群岛"之间存在哪些差异？进一步讲，"海岸邻接群岛"（1951 年英挪渔业案用语）与"紧接海岸有一系列岛屿"（1958 年《公约》和1982 年《公约》用语）这两种表述之间存在哪些差异？法兰德教授认为，二者的差异首先在于岛屿与海岸的接近程度不同，其次在于岛屿的结构不同；具体而言，"邻接"不同于"紧接"，国际法院使用了"邻接"，允许直线基线"在合理的限度内偏离海岸的物理线"；群岛为一群岛屿，不论其周围的形状如何，"一系列岛屿"要求岛屿构成"一系列"。② 科佩拉博士认为，"一系列岛屿"需要岛屿"围绕"（fringe）或"遮盖"（mask）海岸，而沿岸群岛不需要对海岸具有遮盖作用；"一系列"仅为地理概念，而群岛是地理、经济、政治或历史上的实体，沿岸群岛并不一定构成"一系列岛屿"，而"一系列岛屿"却更有可能构成沿岸群岛。③ 综上可知，尽管在实践中存在被混用的现象，④ 但相比而言，"一系列岛屿"比"沿岸群岛"范围更窄、构成条件更严。因此，应允许参照"沿岸群岛"对"一系列岛屿"进行宽松解释。上述对比说明，直线基线的条约法规则与习惯法规则并不完全一致：条约法规则比英挪渔业案阐述的习惯法规则更为严格。

（三）关于远离海岸的群岛领海基线的讨论

在对整个领海制度草案进行一般性讨论期间，印度尼西亚提出："希望第 10 条的案文得到补充，增加一项条款，规定群岛

---

① 参见 UN Doc. A/CONF. 13/C. 1/L. 62/Corr. 1）；UN Doc. A/CONF. 13/C. 1/L. 86。

② 参见 Donat Pharand, The Arctic Waters and the Northwest Passage: A Final Revisit, Ocean Development and International Law, Vol. 38, No. 1-2, 2007, p. 15。

③ 参见 Sophia Kopela, Dependent Archipelagos in the Law of the Sea, Martinus Nijhoff Publishers, 2013, p. 71。

④ 参见 Derek W. Bowett, The Legal Regime of Island in International Law, Oceana Publications, 1979, p. 90。

（groups of islands）作为一个地理或经济单元的问题，并包括这些单元位于大洋中间的情况。应该设立一个小组委员会来审议这个非常重要的问题。"① 在会议的开始，菲律宾和南斯拉夫分别提交了提案。菲律宾提出在第 5 条中增加一款，其内容如下："直线基线法也应适用于远离海岸的群岛（archipelagos, lying off the coast），其组成部分彼此之间足够接近而形成一个紧凑的整体，并在历史上被整体视为一个单元。基线应沿着最外缘岛屿的海岸划定，遵循群岛的一般轮廓。这些基线内的水域应被视为内水。"② 其替代方案是在第 10 条中增加一款，规定远离海岸的岛屿可以采用第 5 条所规定的直线基线法来确定领海。③ 南斯拉夫建议对第 10 条增加附加条款，规定第 5 条提及的直线基线法应同样适用于远离海岸的群岛（groups of islands distant from the coast）。④ 然而，在第一委员会进行辩论和表决之前，菲律宾撤回了其提案；⑤ 南斯拉夫代表"支持英国代表的意见，即群岛问题应推迟以作进一步研究……在同最直接相关的国家的代表协商以后，撤回了其提案"⑥。之后，丹麦代表团又重新提出南斯拉夫的上述提案，⑦ 爱尔兰代表团支持丹麦的这一提案。⑧ 在辩论的最后阶段，这一提案再次被撤回。⑨

通过上面的梳理可知：（1）本次会议从立法上确立了直线基线的合法性，这一借用沿岸群岛划定大陆领海基线的制度成为沿岸群岛适用直线基线的条约依据，而群岛国和洋中群岛的基线问题尚未得到解决；（2）群岛问题尚未形成单独的议题，其常被作为直线基线或岛屿问题的附属来进行讨论；（3）在沿海国关于群岛问

① UN Doc. A/CONF. 13/C. 1/SR. 6-10, p. 15.
② UN Doc. A/CONF. 13/C. 1/L. 98, p. 239.
③ 参见 UN Doc. A/CONF. 13/C. 1/L. 98, p. 239。
④ 参见 UN Doc. A/CONF. 13/C. 1/L. 59, p. 227。
⑤ 参见 UN Doc. A/CONF. 13/C. 1/SR. 46-50, p. 148。
⑥ 参见 UN Doc. A/CONF. 13/C. 1/SR. 51-55, p. 163。
⑦ 参见 UN Doc. A/CONF. 13/C. 1/SR. 51-55, p. 162。
⑧ 参见 UN Doc. A/CONF. 13/C. 1/SR. 51-55, p. 162。
⑨ 参见 UN Doc. A/CONF. 13/C. 1/SR. 51-55, p. 163。

题的提案中，并未对群岛国问题和洋中群岛问题进行区分，这一方面体现了三类群岛之间，尤其是群岛国和洋中群岛之间的相似性和关联性，另一方面体现了对群岛问题的讨论尚处于早期阶段。

二、第二次联合国海洋法会议

1960 年 3 月 17 日至 4 月 27 日，第二次联合国海洋法会议在日内瓦举行。本次会议中没有明确提及群岛领海基线问题，而群岛的领海划界问题与这一问题密切关联。菲律宾基于历史性权利、地理和经济方面的考量，提出其领海宽度主张，其认为群岛应适用特殊的制度。① 针对苏联、墨西哥、美国和加拿大四国各自提出的关于领海宽度的建议，菲律宾建议增加一条或一款："上述规定不适用于历史性水域。"② 印度尼西亚代表呼吁国际社会关注群岛国的立场和实践，其指出："统一的界限不能提供现实的解决方案。必须设法找到一种考虑到所有相关因素的公式。在决定领海的宽度时，必须权衡各国地理结构上的许多差异以及生物、经济和政治等方面的重要考虑……虽然有人说'构成地理和历史单元的群岛的地位尚未在国际法中得到普遍承认'，但这一问题不能继续被忽视了，因为一些国家已经在其国内法中实施了群岛原则。"③ 最后，关于在历史性水域适用特殊的领海宽度和测量制度的十八国提案④以多数票胜出，⑤ 然而，在此之后会议没有进一步审议群岛问题。

由上可知：（1）在本次会议期间，群岛国和洋中群岛的基线问题并没有受到多大的关注，因此这些问题也没有得到解决；（2）群岛问题仍未形成单独的议题，这一问题被包含于领海划界问题中；（3）虽然菲律宾和印度尼西亚都主张群岛应采用特殊的制度，

---

① 参见 UN Doc. A/CONF. 19/C. 1/SR. 5, p. 52。

② UN Doc. A/CONF. 19/C. 1/L. 5, p. 167.

③ UN Doc. A/CONF. 19/C. 1/SR. 14, pp. 93-94.

④ 参见 UN Doc. A/CONF. 19/C. l/L. 2/Rev. 1, pp. 165-166。

⑤ 参见 UN Doc. A/CONF. 19/C. 1/SR. 28, p. 151。

但群岛国问题和洋中群岛问题在此阶段仍未作出区分。

三、第三次联合国海洋法会议

（一）海底委员会的准备工作

1971年3月，和平利用国家管辖范围以外海床洋底委员会（简称为海底委员会）成立了三个分委员会，其中第二分委员会的工作是处理诸如领海界限等传统的海洋法问题，审查沿海国在各个问题上的实践，以及分析第一次联合国海洋法会议签署的海洋法公约，此外，它还被赋予了为将来的海洋法会议编辑议题和问题清单的使命。[1] 在海底委员会关于海洋法的议题和问题的清单中，群岛问题被列为第16项议题。[2] 由于第一次和第二次联合国海洋法会议均未把群岛问题作为一个单独的议题，所以这是海洋法编纂会议第一次把群岛问题作为一个单独的问题。委员会单就未来海洋法会议上讨论问题的清单达成一致意见就花了两年时间。由于群岛议题并非涉及许多国家的问题，因此在清单中纳入群岛具有重要意义。[3] 在海底委员会1973年会议上，斐济、印度尼西亚、毛里求斯和印度这四个国家提交了关于群岛国划定直线基线的"群岛原则"。[4] 在此基础上，四国又提出了内容更加全面的"关于群岛的条款草案"。[5] 英国提出了"关于群岛国权利和义务的草案"，建议对群岛国的定义进行限制性规定。[6] 中国提出"关于国家管辖范围内海域的工作文件"，主张沿海国有权根据具体情况来合理确定

---

[1]　参见 UN Doc. A/9021, pp. 6-7。

[2]　参见 UN Doc. A/8721, p. 8。

[3]　参见 Patricia Elaine Joan Rodgers, Midocean Archipelagos and International Law: A Study in the Progressive Development of International Law, Vantage Press, 1981, p. 138。

[4]　参见 UN Doc. A/AC. 138/SC. Ⅱ/L. 15。

[5]　参见 UN Doc. A/AC. 138/SC. Ⅱ_L. 48。

[6]　参见 UN Doc. A/AC. 138/SC. Ⅱ_L. 44。

领海的宽度和范围。① 总之，群岛问题成为单独的议题，以及以上述四国为代表的"群岛国集团"的出现，都标志着群岛问题发展到了一个新的阶段。

（二）关于直线基线的讨论

前文已述，1958 年《领海及毗连区公约》第 4 条已经对直线基线作出了规定，这一借助沿岸群岛划定大陆领海基线的制度，为（符合条件的）沿岸群岛适用直线基线的条约依据。在本次会议期间，直线基线问题已经获得国际社会的广泛接受，因此并没有受到太多的关注。1974 年，基于恒河冲积所形成的孟加拉湾恒河三角洲的特殊情形，孟加拉国提出对《领海及毗连区公约》第 4 条第 1 款进行修改，增加对因持续冲积和沉淀而造成低潮线极不稳定这一情况的规定。孟加拉国的提议没有受到任何国家的明确反对，经过本次会议的讨论和修订，最终成为 1982 年《公约》第 7 条第 2 款。除此之外，直线基线规则没有多大变化，《公约》第 7 条第 1、3、4、5、6 款分别来源于《领海及毗连区公约》第 4 条第 1、2、3、4、5 款。简言之，本次会议关于直线基线的规定基本沿用了第一次联合国海洋法会议的相关规定。

（三）关于群岛国和洋中群岛领海基线的讨论

在本次会议期间，不但直线基线获得广泛接受，群岛基线也逐渐被国际社会所接受。会议的早期对群岛基线问题进行了集中的讨论。"经过第二期至第四期会议的辩论，群岛国的主张基本上为会议所接受，第四期会议产生的《订正的非正式单一协商案文》所规定的法律制度，经过少许修改，在第六期会议产生《非正式综合协商案文》时基本定型，一直到 1982 年通过的《联合国海洋法公约》均未作大的改动。"② 对比可知，1982 年《公约》第 47 条（群岛基线）的第 3 款和第 5 款与《领海及毗连区公约》第 4 条的

---

① 参见北京大学法律系国际法教研室编：《海洋法资料汇编》，人民出版社 1974 年版，第 72~73 页。

② 陈德恭：《现代国际海洋法》，海洋出版社 2009 年版，第 115 页。

第 2 款和第 5 款基本精神一致，这体现了作为特殊的直线基线，群岛基线仍然遵循直线基线的一些基本原则。此外，尽管会议的各种案文和 1982 年《公约》都没有采纳 1973 年英国提案中的群岛国定义，但是第 47 条中对水陆面积比和基线长度的规定却借鉴了英国提案中的限制方法。

　　群岛基线是否适用于洋中群岛是本次会议期间的一个重大分歧。群岛国和一些海洋大国主张群岛基线仅适用于群岛国，其观点体现在斐济、印度尼西亚、毛里求斯和印度提出的"关于群岛国的条款草案"中。① 而拥有洋中群岛的大陆国家主张洋中群岛与群岛国应有相同的待遇，其观点体现在"九国工作文件"中，即 1974 年由加拿大、智利、冰岛、印度、印度尼西亚、毛里求斯、墨西哥、新西兰和挪威这 9 个国家提交的一份工作文件。该文件第 5 至 7 条规定了群岛国和群岛的定义、群岛基线等内容，而第 9 条规定了拥有洋中群岛的沿海国有权适用群岛国的相关规定。② 需要指出的是，这一文件的提出国中既有拥有洋中群岛的大陆国家，也有群岛国，甚至还有岛国。这显示在会议初期支持这一观点的国家并不限于拥有洋中群岛的大陆国家。第二分委员会 1974 年提出的《主要趋势工作文件》将上述两种观点均收录在内。1975 年，第三期会议的《非正式单一协商案文》的第七部分"群岛"由两节组成，第一节为"群岛国"，第二节为"属于大陆国家的洋中群岛"。第二节规定，群岛国的规定不损害构成大陆国家领土组成部分的洋中群岛的地位。③ "虽然《非正式单一协商案文》并不是真正的协商案文或公认的妥协，但是它确实反映了将达成妥协的新兴趋势和可能方向。"④ 1976 年，第四期会议的《订正的单一协商案文》删除了 1975 年案文中"属于大陆国家的洋中群岛"的规定。至此，群岛国问题和洋中群岛问题彻底分离，以后关于群岛问题的讨论中

---

① 　参见 UN Doc. A/CONF. 62/C. 2/L. 49，p. 226。

② 　参见 UN Doc. A/CONF. 62/L. 4，p. 82。

③ 　参见 UN Doc. A/CONF. 62/WP. 8/Part Ⅱ，p. 170。

④ 　Mohamed Munavvar, Ocean States：Archipelagic Regimes in the Law of the Sea, Martinus Nijhoff, 1995, p. 94.

没有再讨论洋中群岛问题。

　　无论洋中群岛问题在会议讨论内容中的地位是否发生变化，拥有洋中群岛的大陆国家的立场始终都没有改变。在谈判的早期阶段，这些国家依据主权或公平等理由来论证洋中群岛适用直线基线的正当性与必要性。法国代表指出，对群岛国和洋中群岛进行区分会威胁一些国家的主权而扩张另一些国家的主权，也会导致国家主权的分裂，还会加重某些地理上的不平等。① 葡萄牙代表认为，对洋中群岛适用不同的制度会使其成为次等领土。② 厄瓜多尔代表指出，群岛国问题和洋中群岛问题密切相关，因此群岛基线也应适用于洋中群岛。③ 西班牙代表认为，对大陆国家的洋中群岛适用不同的原则会对这些国家严重不利。④ 当会议将洋中群岛从群岛问题的讨论中排除出去以后，这些国家并没有放弃自己的立场。法国代表认为，应建立适用于所有群岛的特殊制度，无论这些群岛的类型和位置如何，因为它们的问题是相似的。⑤ 厄瓜多尔代表指出，洋中群岛问题与大量国家相关，会议却没有涉及。⑥ 希腊代表指出，并不反对仅适用于群岛国的相关条款，但应为其他群岛建立公平的解决办法，因为它们遭受了严重的不公。⑦ 1982 年，在会议的最后阶段，这些国家仍在坚持自己的立场。印度代表指出，对群岛国和洋中群岛进行区分既不合乎逻辑，也不合乎情理。⑧ 西班牙代表认

---

　① 参见 UN Doc. A/CONF. 62/C. 2/SR. 36, p. 263。

　② 参见 UN Doc. A/CONF. 62/C. 2/SR. 37, p. 266。

　③ 参见 UN Doc. A/CONF. 62/C. 2/SR. 37, p. 267-268。

　④ 参见 UN Doc. A/CONF. 62/C. 2/SR. 37, p. 270。

　⑤ 参见 UN, The United Nations Conference on the Law of the Sea Official Records (Vol. II), UN, 1974, p. 263。

　⑥ 参见 UN, The United Nations Conference on the Law of the Sea Official Records (Vol. IX), UN, 1978, p. 16。

　⑦ 参见 UN, The United Nations Conference on the Law of the Sea Official Records (Vol. IX), UN, 1978, p. 65。

　⑧ 参见 UN, The United Nations Conference on the Law of the Sea Official Records (Vol. XVII), UN, 1982, p. 39。

为，从群岛制度中排除洋中群岛是不公平的。① 这些国家的立场反映：洋中群岛问题是 1982 年《公约》的未决事项。

通过梳理可知：（1）本次会议期间，群岛问题成为单独的议题，群岛问题发展到了一个新的阶段；（2）会议期间，依据政治地位群岛被区分为群岛国和洋中群岛；（3）尽管会议的早期曾对洋中群岛问题和群岛国问题一起讨论，也曾形成洋中群岛适用群岛基线的案文，但是会议后期放弃了对洋中群岛问题的讨论；（4）1982 年《公约》最终未能对洋中群岛问题作出安排，而拥有洋中群岛的大陆国家并未放弃自己的立场。

第三节　直线基线的采用情况

一、大多数沿海国采用直线基线的实践及其原因分析

（一）大多数沿海国采用直线基线的实践

目前，世界上大多数沿海国在其部分或整个海岸划定了直线基线。根据联合国网站《海洋管辖权主张表（截至 2011 年 7 月 15 日）》(Table of claims to maritime jurisdiction（as at 15 July 2011）)②，立法

---

① 参见 UN, The United Nations Conference on the Law of the Sea Official Records（Vol. XVII），UN, 1982, p. 90。

② 表格导言指出："本资料是非正式的，仅供参考。此处采用的名称和展示的资料并不意味着表达了联合国秘书处关于任何国家、领地、城市、或地区或其当局，或关于其边疆或边界划界的任何意见。此处发布的由国家行为或决议展现出来的关于海洋法发展的信息并不意味着联合国承认其行为或决议的有效性。"http：//www. un. org/Depts/los/LEGISLATIONANDTREATIES/ PDFFILES/ table_summary_of_claims. pdf, 2019 年 12 月 3 日访问。需要指出的是，该表格中个别信息与本书附表一中的并不完全一致，这是因为附表一又参照了其他方面的文献。无论如何，这种不一致不影响本节依据该表进行分析。

规定了直线基线①的国家共 92 个②；主张群岛国地位（群岛直线基线）的国家共 22 个③。立法规定直线基线的国家与主张群岛国地位的国家共计 109 个（其中 5 个国家同时主张直线基线与群岛国地位）。依据此表格，沿海国总数为 152，④ 故立法规定直线基线的国家约占沿海国的 61%；如果再加上主张群岛国地位的国家，则约占 72%。表格导言指出："非正式的《海洋管辖权主张表》是以国家立法及从可靠来源获取的其他相关信息为基础的参考资料，着眼于最准确地展示主张的情况。即便广泛调研并定期评论，表格

---

① 原表格脚注：包括横越河口或湾口的封口线。划直线基线的基点的地理坐标可能不必由有关国家确定。

② 这 92 个国家分别为：阿尔巴尼亚、阿尔及利亚、安哥拉、阿根廷、澳大利亚、孟加拉国、巴巴多斯、伯利兹城、巴西、保加利亚、柬埔寨、喀麦隆、加拿大、智利、中国、哥伦比亚、刚果、哥斯达黎加、科特迪瓦、克罗地亚、古巴、塞浦路斯、丹麦、吉布提、多米尼克、多米尼加共和国、厄瓜多尔、埃及、赤道几内亚、爱沙尼亚、芬兰、法国、加蓬、德国、格林纳达、几内亚比绍、圭亚那、海地、洪都拉斯、冰岛、印度、伊朗、爱尔兰、意大利、日本、肯尼亚、基里巴斯、拉脱维亚、利比亚、立陶宛、马达加斯加、马耳他、毛里塔尼亚、毛里求斯、墨西哥、摩洛哥、莫桑比克、缅甸、瑙鲁、荷兰、新西兰、挪威、阿曼、巴基斯坦、波兰、葡萄牙、韩国、罗马尼亚、俄罗斯联邦、圣基茨和尼维斯、萨摩亚、沙特阿拉伯、塞内加尔、斯洛文尼亚、索马里、南非、西班牙、斯里兰卡、苏丹、瑞典、叙利亚、泰国、汤加、突尼斯、乌克兰、阿拉伯联合酋长国、英国、乌拉圭、瓦努阿图、委内瑞拉、越南及也门。另据本书综合各方资料作出的最新统计，目前采用直线基线的国家有 97 个，详见本书附表一。

③ 这 22 个国家分别为：安提瓜和巴布达、巴哈马、佛得角、科摩罗、多米尼加共和国、斐济、格林纳达、印度尼西亚、牙买加、基里巴斯、马尔代夫、马绍尔群岛、毛里求斯、巴布亚新几内亚、菲律宾、圣文森特和格林纳丁斯、圣多美和普林西比共和国、塞舌尔、所罗门群岛、特立尼达和多巴哥、图瓦卢及瓦努阿图。另据国际法协会（International Law Association）2018 统计资料中显示，几内亚、马来西亚、黑山、尼加拉瓜、秘鲁和坦桑尼亚这 6 个国家也采用了直线基线。参见 International Law Association, Baselines under the International Law of the Sea: Reports of the International Law Association Committee on Baselines, Brill, pp. 126-150。

④ 另有统计中显示沿海国总数为 153 个，多出的 1 国为巴勒斯坦国。

可能并不总是反映最新的发展，尤其是没有反映那些引起联合国法律事务办公室海洋事务与海洋法司关注的发展。"也就是说，表格中的统计为不完全统计，实际比例很可能大于上述比例。在其他一些文献里，由于资料来源不同、统计标准不同，所以对直线基线相关国家实践的统计结果并不一致。但是，无论采用哪种标准，其统计结果都能反映直线基线国家实践的总体特征和趋势。总之，立法规定直线基线的国家在数量上占主导地位，直线基线已经成为沿海国的优先选择，国家实践倾向于将直线基线视为正常基线开放的替代方案（open alternative）[1]。需要指出的是，倾向于采用直线基线的沿海国并非只有发展中国家，发达国家也同样如此。"1984年，芝加哥大学金斯伯格（Norton Ginsburg）教授指出，在世界上其海岸适合划定直线基线的发达国家中，只有5个国家没有颁布相关法令。"[2]

统计结果同时显示，上述宣布直线基线（或群岛基线）的国家通常兼采正常基线（即采用混合基线法），而单一采用直线基线的国家仅为少数。换言之，大多数沿海国都采用了混合基线，单一采用直线基线的国家有柬埔寨、智利、中国、古巴、塞浦路斯、多米尼克、厄瓜多尔、埃及、几内亚比绍、冰岛、伊拉克、肯尼亚、拉脱维亚、利比亚、马来西亚、马耳他、巴基斯坦、沙特阿拉伯、苏丹、越南等少数国家。通常情况下，采用混合基线法能够更好地遵循海岸现实，而单一采用直线基线法有可能略显极端。

（二）原因分析

总体上来看，扩大管辖海域和简化海域管理是沿海国倾向于采用直线基线的主要原因。从各国立法实践来看，"大多数国家选择

---

① 参见 Vaughan Lowe and Antonios Tzanakopoulos, The Development of the Law of the Sea by the International Court of Justice, Christian J. Tams and James Sloan (ed.), The Development of International Law by the International Court of Justice, Oxford University Press, 2013, 190。

② Clive Schofield, Seokwoo Lee and Moon-Sang Kwon. The Limits of Maritime Jurisdiction, Martinus Nijhoff Publishers, 2014, p. 88.

划定直线基线，因为采用这种基线可能使其基线的位置（及其他各种海域的外部界限）比采用其他基线划定方法更加向海，同时使领海（和其他海域）外部界限的划定更加简单（straightforward）"。①"国家实践清晰地反映了这样一个事实，即只要沿海国愿意，它们就会毫不犹豫地为其海岸采用直线基线。"②

二、美国等少数沿海国不采用直线基线及其原因分析

依据《海洋管辖权主张表》显示，在 152 个沿海国当中，没有宣布直线基线或群岛基线的国家共 43 个，这类国家在世界沿海国中占比 28%。虽然这些国家不占多数，但是，对这些国家实践及其原因的分析能够更加全面地反映国际社会对直线基线的态度及动机。

（一）美国直线基线政策的调整：从使用到放弃

美国主张对解释和适用直线基线采用严格的标准，③ 目前美国在其海岸全部采用正常基线。④ 然而，美国并非从未采用直线基线，美国及其一些州都曾划定过直线基线。一方面，美国联邦政府曾采用直线基线。其一，在 1903 年美国和英国之间关于阿拉斯加和加拿大自治领之间边界仲裁案中，美国的诉讼代理人宣称，美国的海洋管辖权从阿拉斯加狭长地带（Alaskan panhandle）的向海岛

---

① R. R. Churchill and A. V. Lowe, The Law of the Sea, 3rd ed, Manchester University Press, 1999, p. 35.

② Farhad Talaie , The Issue of Straight Baselines in the International Law of the Sea and State Practice, Maritime Studies, 1999, No. 105, 1999, p. 10.

③ 参见 J. Ashley Roach and Robert W. Smith, Excessive Maritime Claims, 3rd ed, Martinus Nijhoff Publishers, 2012, pp. 63-64。

④ 参见 J. Ashley Roach and Robert W. Smith, Excessive Maritime Claims, 3rd ed, Martinus Nijhoff Publishers, 2012, p. 67; ILA, Baselines under the International Law of the Sea: Reports of the International Law Association Committee on Baselines. Brill. 2018, pp. 19-21。

屿及连接这些岛屿的直线基线开始测量。英国表示承认美国的立场，前提是美国的直线基线不能超过 10 海里。在随后的数年内，美国接受了使用直线基线的 10 海里限制。在 1951 年英挪渔业案件中，国际法院收到了英国和挪威提供的关于美国使用直线基线的证据。后来美国又放弃了关于阿拉斯加东南部海岸直线基线的立场。① 其二，在托管琉球期间，美国曾对其托管地使用直线基线。② 另一方面，美国的一些州曾采用直线基线。美国本土的 3 个州曾使用沿岸的直线基线划定其海上边界。这 3 个州分别是阿拉巴马州、密西西比州和路易斯安那州（布雷顿和尚德卢尔海峡地区）。③ 此外，夏威夷群岛也曾划定类似洋中群岛直线基线的领海基线。夏威夷群岛曾经是一个独立的王国，1854 年 5 月 16 日（即克里米亚战争期间），时任国王发布了在其领域内保持中立的公告。④ 夏威夷于 1898 年被美国吞并，在成为美国第 50 个州后，不得不与联邦政府的外交立场保持一致。⑤

美国的上述实践说明两点：（1）美国对直线基线的政策和立场并非一成不变，而是根据国家利益的需要而作出调整；（2）现代国际法庭首次确认直线基线的合法性并非在 1951 年英挪渔业案

①　参见 Clive Schofield, Seokwoo Lee and Moon-Sang Kwon. The Limits of Maritime Jurisdiction, Martinus Nijhoff Publishers, 2014, pp. 88-89。

②　参见 Ordinance No. 68（29 February 1952），Article 1；United States Civil Administration of the Ryukyu Islands, Office of the Deputy Governor, Civil Administration Proclamation No. 27：Geographical Boundaries of the Ryukyu Islands（25 December 1953），Articles Ⅰ，Ⅱ；Ordinance No. 125（11 February 1954），Article 6；Ordinance No. 144（16 March 1955），Article 2. 1. 9，转引自中国国际法学会：《南海仲裁案裁决之批判》，外文出版社 2018 年版，第 250 页。

③　参见 Clive Schofield, Seokwoo Lee and Moon-Sang Kwon. The Limits of Maritime Jurisdiction, Martinus Nijhoff Publishers, 2014, p. 88。

④　参见 G. Francalanci and T. Scovazzi, Lines in the Sea, Martinus Nijhoff Publishers, 1994, p. 8。

⑤　参见张华：《中国洋中群岛适用直线基线的合法性：国际习惯法的视角》，载《外交评论》2014 年第 2 期，第 138 页。

当中，而是在 1903 年美英阿拉斯加边界仲裁案中，① 由于这两个判例在影响力上存在巨大差异，所以前者经常被提及而后者几乎被遗忘。

（二）其他一些国家不采用直线基线的实践

除世界头号海洋强国美国以外，还有其他一些国家没有采用直线基线。这些国家包含这两种情况：第一，海岸线较短的国家，如摩纳哥和新加坡均领土面积狭小，海岸线较短；波斯尼亚和黑塞哥维那和民主刚果虽然领土面积并不算小，但海岸线却很短，这些国家都采用了正常基线。第二，海岸线本身较为平缓的国家，如纳米比亚和尼日利亚等。

（三）原因分析

美国的这一立场和做法主要基于两个方面的考虑。第一方面，作为世界上最具实力的海洋强国，美国要最大程度地维护其在全球海域内的海权和利益。1952 年，来自加利福尼亚州的众议院议员提出一项决议：以 1951 年英挪渔业案的判决为先例划定该州西海岸的直线基线。美国国防部的审查意见为：无论从军事还是商业航运的角度来看，美国在加利福尼亚海岸采用直线基线都没有任何好处。美国国防部警告说，华盛顿在全球海洋政策事务中发挥着强大的创造先例的影响力，因此美国应该保持谨慎。② 可见，美国对直线基线问题的根本目标是对所谓"航行自由"和"飞越自由"的追求和维护，实现途径是不采用直线基线以免被视为承认他国直线基线的有效性，或为他国的直线基线实践提供先例。第二方面，作为联邦制国家，美国要在与各州的博弈中最大程度地维护联邦政府的利益。不采用直线基线意味着沿海各州可得到的海域和海床面积

---

① 参见 Clive Schofield, Seokwoo Lee and Moon-Sang Kwon, The Limits of Maritime Jurisdiction, Martinus Nijhoff Publishers, 2014, p. 89。

② 参见 James Kraska, Maritime Power and the Law of the Sea, Oxford University Press, 2011, pp. 112-113。

不会扩大。① 换言之，美国不采用直线基线画法的主要原因之一是基于维护联邦权利，以及争取联邦政府税收利益之考量。②

海岸线较短或较为平缓的国家不采用直线基线的原因显而易见：海岸线较短的国家采用直线基线并不能为其增加多少海洋管辖权；海岸线较为平缓的国家划定直线基线同样不能增加多少内水或领海。总体来讲，这类国家并非主观上不愿划定直线基线，而是客观上有所"不足"而已。

三、"严格"适用直线基线的国家实践与条约规则的局限性

（一）"严格"适用直线基线的国家实践

通过对一些学术著作观点的总结，可以得出一些"公认"的"严格"适用直线基线的"模范"。《海洋管辖权界限》一书认为，加拿大、智利、芬兰和前南斯拉夫等国划定的直线基线堪称适当和无可挑剔的模范。③《基线：〈联合国海洋法公约〉有关条款研究》一书指出，挪威北部大部分"石垒"，前南斯拉夫从普拉到希贝尼克（from Pula to Sibenik）沿岸的岛屿，以及西澳大利亚海沿岸的洛切切群岛（Recherche Archipelago）为"一系列岛屿"提供了很好的范例。④《新海洋法手册（卷一）》一书认为，挪威峡湾（fjords）和苏格兰或冰岛海岸的部分地区提供了关于"海岸极为曲折"的例子，突尼斯的克肯纳群岛（Kerkennah Islands）和德国的

---

① 参见 Victor Prescott and Clive Schofield, The Maritime Political Boundaries of the World, 2nd ed, Martinus Nijhoff Publishers, 2005, p. 118。

② 参见宋燕辉：《领海直线基线划定之争议——United States v. Alaska 一案判决之解析》，载《欧美研究》2003 年第 3 期，第 629~683 页。

③ 参见 J. R. V. Prescott, Political Frontiers and Boundaries, Allen & Unwin, 1987, p. 146。

④ 参见 UN Office for Ocean Affairs and the Law of the Sea United Nations, Baselines：An Examination of the Relevant Provisions of the United Nations Convention on the Law of the Sea, UN, 1989, p. 21。

弗里西亚群岛（Frisian Islands）提供了关于"紧接海岸有一系列岛屿"的例子。①《海洋划界中的直线基线》一书列举的其直线基线主张符合 1982 年《公约》第 7 条（1958 年《公约》第 5 条）的国家有：挪威、瑞典、芬兰、加拿大、爱尔兰和荷兰。②《世界海洋政治边界》一书指出，加拿大、智利、丹麦、芬兰、日本、爱尔兰、挪威、韩国、瑞典、土耳其和英国等国的直线基线，是根据对 1982 年《公约》第 7 条的合理严格解释而划定的直线基线。③在这 5 本著作当中，加拿大、智利、芬兰、爱尔兰、挪威、瑞典、英国和前南斯拉夫这 8 个国家的直线基线均被 2 部以上的著作视为模范，加拿大、芬兰和挪威这 3 个国家的直线基线甚至被 3 本以上的著作所肯定。这些堪称模范的直线基线在西北欧地区最为集中，因此美国国务院的报告中曾使用了"斯堪的纳维亚模式（Scandinavian pattern）"这一表述。④上述国际实践为本节的分析提供了基础和参照。

（二）条约规则的局限性

关于直线基线条约规则的局限性，在加拿大、智利、芬兰等上

---

① 参见 René-Jean Dupuy and Daniel Vignes, A Handbook on the New Law of the Sea（Vol. Ⅰ）, Martinus Nijhoff Publishers, 1991, p. 264。

② 参见 W. Michael Reisman and Gayl S. Westerman, Straight Baselines in Maritime Boundary Delimitation, Palgrave Macmillan, 1992, pp. 107-118。

③ 参见 Victor Prescott and Clive Schofield, The Maritime Political Boundaries of the World, 2nd ed, Martinus Nijhoff Publishers, 2005, p. 164。从加拿大、日本和韩国等举例可知，该著作采用了相对宽松的标准。实践当中，加拿大的直线基线受到美国和欧盟的抗议，日本的直线基线受到美国的抗议，韩国的直线基线受到美国的抗议。参见 US Department of State, Limits in the Seas No. 120: Straight Baseline and Territorial Sea Claims: Japan, US, 1998; J. Ashley Roach and Robert W. Smith, Excessive Maritime Claims, 3rd ed, Martinus Nijhoff Publishers, 2012, p. 12; US Depart-ment of State, Limits in the Seas No. 121: Straight Baseline and Territorial Sea Claims: South Korea, US, 1998。

④ 参见 US Department of State, Limits in the Seas No. 47: Straight Baselines: Sweden, US, 1972, p. 11。

述 8 个 "严格" 适用直线基线的国家当中，有的海岸并非东芬马克海岸意义上的极为曲折，例如挪威东南部海岸和爱尔兰南部海岸等；有的岛屿（群岛）并非严格意义上的一系列岛屿，如加拿大北极群岛和芬兰奥兰群岛等；有的直线基线 "偏离" 海岸的一般方向，如加拿大北极群岛、智利的基点 58-60 之间和基点 64-66 之间。由于深受 1951 年英挪渔业案判决的影响，1982 年《公约》第 7 条（1958 年《公约》第 4 条）对直线基线适用条件的规定似乎是对挪威海岸特征的描述，这限制了直线基线的适用空间。换言之，如果严格依据公约规定，那么仅有极少数国家的直线基线能够符合要求。继而，如果采用美国官方或学者提出的严格标准，那么几乎没有国家的直线基线完全符合要求。① 正如学者图里奥所指出的，如果美国提出的标准被完全（literally）遵循，那么直线基线的概念将回归到前挪威时代（pre-Norwegian age）。②

四、灵活适用直线基线的国家实践、评价标准和分类考察

（一）灵活适用直线基线的国家实践

在实践当中，多数沿海国对直线基线都采用了较为灵活的解释和适用方法。事实上，依据已经存在的直线基线的先例，沿着任何海岸划定直线基线都是可能的。③ 依据直线基线的地理条件和限制条件，学者们对灵活适用直线基线的实践作出了不同的分类。瑞斯曼和韦斯特曼将与严格标准不一致的直线基线实践统称为 "病态主张"（Pathological Claims），其 "典型表现"（Typical Pathologies）包

---

① 参见 W. Michael Reisman and Gayl S. Westerman, Straight Baselines in Maritime Boundary Delimitation, Palgrave Macmillan, 1992, p. 107, Note 5。

② 参见 T Tullio Scovazzi, The Establishment of Straight Baselines Systems: The Rules and the Practice, Davor Vidas and Willy Ostreng（ed.）, Order for the Oceans at the Turn of the Century, Kluwer Law International, 1999, p. 454。

③ 参见 W. Gordon &J. R. V. Prescott, East Our Fragmented World: An Introduction to Political Geography, Palgrave Macmillan, 1975, p. 186。

括沿着不符合要求海岸（Non-Conforming Coasts）的病态主张和沿着符合要求海岸（Conforming Coasts）的病态主张这两类。① 洛奇与史密斯在其著作《过度的海洋主张》中将不符合 1982 年《公约》规定的直线基线实践总结为：海岸线并非极为曲折，海岸线并无边缘岛屿（Fringed with Islands），洋中群岛（Non-independent Archipelagos）整体适用直线基线②，直线基线偏离海岸的一般方向，水域并没有充分接近陆地领土，低潮高地被不当地作为基点等 13 类。③ 对比可知，上述两种总结并无实质上的差别，仅为详略上的不同。无论是所谓的"病态主张"还是"过度的主张"的表述均体现了美国学者严格适用直线基线的观点。所谓的"病态主张"或"过度的主张"体现了当今国际社会灵活适用直线基线的现状。

（二）本书依据的评价标准：综合评价

美国政府和学者们通常将对 1982 年《公约》第 7 条（1958《公约》第 4 条）的严格解释作为评价直线基线国家实践的标准。④ 然而，"国际法院当年只是强调挪威确立的直线基线没有违反国际法，但没有认为该基线是其他国家在适用直线基线方法时所

① 参见 W. Michael Reisman and Gayl S. Westerman, Straight Baselines in Maritime Boundary Delimitation, Palgrave Macmillan, 1992, pp. 118-188。

② 即非群岛国所属的洋中群岛。

③ 前者又包括：沿着非曲折的海岸（Non-Indented Coasts）划定的直线基线、连接非边缘岛屿（Non-Fringing Islands）划定的直线基线、违反 1982 年《公约》第 10 条（1958 年《公约》第 7 条）或第 47 条划定的直线基线。后者主要指基点的选定存在争议（arguably）或不适当（inappropriate）。参见 J. Ashley Roach and Robert W. Smith, Excessive Maritime Claims, 3rd ed, Martinus Nijhoff Publishers, 2012, pp. 72-132。

④ 参见 US Department of State, Limits in the Seas No. 106: Developing Standard Guidelines for Evaluating Straight Baselines, US, 1987, pp. 6-29; J. Ashley Roach and Robert W. Smith, Straight Baselines: The Need for a Universally Applied Norm, Ocean Development & International Law, Vol. 31, No. 1-2, 2000, pp. 47-80。

应遵守的最低标准。实际上多数国家在采用直线基线时都对上述规则作出了较为宽泛的解释"。① 因此，美国政府和学者提出的标准并不能成为各国普遍采用的标准。②

《奥本海国际法》指出，直线基线"这些标准的含义本身必定在某种程度上转而受随后的国家实践的影响"③，因此，对直线基线的评价必须充分考虑嗣后实践的发展情况。从 1951 年至今，直线基线的国家实践已经发生了很大变化，基于此，本书主张，对直线基线的评价应采用更加宽松的标准。具体来说：在原则层面，可将领海基线共同遵循的限制条件作为评价的参考，符合这些限制条件的直线基线即为合理的直线基线，否则即为不合理；在规则层面，可将 1982 年《公约》第 7 条的规定与国家实践（习惯法）的发展趋势相结合作为评价标准，而非仅仅将第 7 条的具体规定作为合法性的评价标准。

（三）本书依据的考察方法：分类考察

1. 分类考察的原因

一方面，直线基线的国家实践具有多样性，分类考察是识别具体行为模式的必然要求。意大利学者斯科瓦齐认为，除极端的例子以外，灵活适用直线基线已经形成新的习惯法。④ 日本学者田中嘉文并不认同上述观点，原因是国际社会的反对态度与直线基线国家

---

① 参见高健军：《中国与国际海洋法》，海洋出版社 2004 年版，第 37 页。

② "美国的抗议似乎无法说服任何国家撤回过度的基线，也没有任何重要的证据表明其他国家像美国一样关注他国的直线基线"。参见 Victor Prescott and Clive Schofield, The Maritime Political Boundaries of the World, 2nd ed, Martinus Nijhoff Publishers, 2005, p. 162。

③ ［英］奥本海著，詹宁斯、瓦茨修订：《奥本海国际法（第 1 卷第 2 分册）》，王铁崖等译，中国大百科全书出版社 1998 年版，第 29 页。

④ 参见 Scovazzi, The Evolution of International Law of the Sea: New Issues, New Challenges. Hague Academy of International Law, Recueil des cours. Vol. 286, 2001, pp. 154-156。

实践模式的多样化。① 可知，这两种观点最大的分歧就是灵活适用直线基线是否形成了统一的行为模式，而对国家实践作出分类考察就能够使研究结论更具针对性，从而减少争议。另一方面，世界海岸特征本身具有多样性，分类考察是研究直线基线具体适用条件的必然选择。总之，分类考察可以说是一种务实的做法，同时也符合"精确化"研究的需要。

2. 分类考察的依据

直线基线规则为分类考察提供了依据和指引。直线基线规则自产生以来就是按照海岸特征"分别"作出规定的。1951 年英挪渔业案判决中阐述的适用直线基线的海岸特征包括极为曲折的海岸或邻接群岛的海岸②（两种特征可以在某些海岸同时具备）。依据1958 年《公约》第 4 条，适合划定直线基线的海岸特征为极为曲折的海岸或一系列岛屿紧接的海岸。1982 年《公约》第 7 条采取了与前述 1958 年《公约》第 4 条基本相同的规定。同时，也有观点认为，依据 1982 年《公约》的规定，适合划定直线基线的海岸特征有三类，即极为曲折的海岸、一系列岛屿紧接的海岸、极不稳定的三角洲海岸③。可见，直线基线的适用范围从未限定于某一单一的海岸特征。直线基线规则"规定"的上述行为模式为分类考察提供了依据和指引，即可根据海岸特征进行分类考察。

此外，已有的研究为分类考察提供了参考和借鉴。例如，学界已经对洋中群岛整体适用直线基线作出了大量有价值的研究。洋中群岛适用直线基线仅为按照海岸特征进行分类考察的一部分。既然作为一个部分的洋中群岛适用直线基线可以进行单独的考察，那么其他部分也可以遵循相似的逻辑和路径进行考察。此外，还可以按照一定的标准对洋中群岛继续进行分类。

---

① 参见 Yoshifumi Tanaka, The International Law of the Sea, 3rd ed. Cambridge University Press, 2019, p. 61。

② 参见 Fisheries Case, Judgment, I. C. J. Reports, 1951, p. 129。

③ 参见 J. R. V Prescott, Maritime Jurisdiction in East Asian Seas, East-West Environment and Policy Institute Occassional Paper No. 4, 1987, p. 8。

3. 分类考察的具体方法

对直线基线的考察，将按照海岸线极为曲折、紧接海岸有一系列岛屿（海岸邻接群岛）等不同海岸特征分别展开考察。

对洋中群岛适用直线基线的考察，将采用二分法，即将洋中群岛分为"主附型"洋中群岛和"并列型"洋中群岛分别考察。关于"主附型"洋中群岛和"并列型"洋中群岛需要具备哪些特征，需要借助已有的研究加以说明。已有研究对洋中群岛的分类主要有两种方法，即三分法和二分法。（1）采用三分法的学者以杜伯纳（Barry Hart Dubner）和科佩拉（Sophia Kopela）为代表。在其专著中，杜伯纳根据地理特征将群岛分为三类：第一类，存在一个大陆型的（mainland-type）大岛和一些小岛，这些小岛紧邻大岛及其他边缘岛屿，在这一情况下，岛屿之间公海的总面积小于岛屿的面积。第二类，岛屿分散的距离不大；相反，它们随机地集聚在一起，在岛屿之间存在着较小的公海区域。第三类，岛屿随机分散，岛屿之间的距离是领海宽度的两倍以上，岛屿之间并没有特定的组合模式，在这种情况下，岛屿之间存在大面积的公海。① 科佩拉的著作中将第二类和第三类分别称为"集聚型（closely-knit）"和"分散型（broadly-scattered）"。② （2）采用二分法的学者以纳罗科比（Camillus S. N. Narokobi）和穆纳瓦尔（M. Munavvar）为代表。二分法将"集聚型"和"分散型"视为一类。③

本书提出的"主附型"洋中群岛和"并列型"洋中群岛分别对应三分法中的第一类和第二三类。本书的这种分类不仅具有地理

---

① 参见 Barry Hart Dubner, The Law of Territorial Waters of Mid-Ocean Archipelagos and Archipelagic States, Martinus Nijhoff, 1976, pp. 67-68。

② 参见 Sophia Kopela, Dependent Archipelagos in the Law of the Sea, Martinus Nijhoff Publishers, pp. 99-100。

③ 参见 Camillus S. N. Narokobi, The Regime of Archipelagos in International Law, J. M. Van Dyke, L. M. Alexander & J. R. Morgan (eds.), International Navigations: Rocks and Shoals Ahead? The Law of the Sea Institute, 1988, p. 221; M. Munavvar, Ocean States: Archipelagic Regimes in the Law of the Sea, Martinus Nijhoff Publishers, 1995, (Dordrecht, 1995), p. 6。

上的意义，而且具有法律上的意义。① 本书第三章中将对相关问题作出详细分析。

五、海洋划界中对直线基线的考虑情况及相关差异

（一）海洋划界中对直线基线的考虑情况

前文已述，基线可以作为领海、毗连区、专属经济区和大陆架等海域的起算线。同时，基线还可以作为不同国家之间划定海洋分界线的起算线或者重要参考，这一点体现为 1982 年《公约》第 15 条（海岸相向或相邻国家间领海划界）、第 74 条（海岸相向或相邻国家间专属经济区界限的划定）和第 83 条（海岸相向或相邻国家间大陆架界限的划定）均提及基线。

海洋划界对一国直线基线的采用或考虑情况反映了参与划界的邻国对该直线基线合法性的认可情况。基于上述原因，本书对世界范围内海洋划界中直线基线的效力情况进行了相对全面的统计。② 统计结果③大致如下。

（1）在 25 个领海划界协定④中，缔约方中至少有一方（在划界地区）已划定直线基的有 16 个。而在这 16 个协定中，考虑直线基线或直线基线影响划界线的协定共 9 个，占比约为 56%，即超过半数。

（2）在 60 个大陆架划界协定中，缔约方中至少有一方（在划

---

① 这种将群岛分类与法律适用挂钩的方法借鉴了杜伯纳对沿岸群岛的界定，参见 Barry Hart Dubner, The Law of Territorial Waters of Mid-Ocean Archipelagos and Archipelagic States, Martinus Nijhoff, 1976, p. 90。

② 本书统计依据的样本是查尼等编著的七卷本著作《国际海洋边界》。参见 Jonathan I. Charney, etc. International Maritime Boundaries：(Vol. I-Ⅶ), Martinus Nijhoff, 1993-2016。

③ 各海洋划界协定中对直线基线的考虑（或使用）情况参见本书"附表二"。

④ 大部分协定的内容是单一的领海划界，少部分协定的内容是同时包含了领海和其他海域划界，但以领海划界为主。

界地区）已划定直线基的协定有 42 个（以上），在这 42 个协定中，充分考虑直线基线（全效力①）的有 4 个，占比约为 10%；给予直线基线部分考虑（半效力）的有 6 个，占比约为 14%。

（3）在 157 个其他海域划界协定②中，缔约方中至少有一方（在划界地区）已划定直线基的协定有 116 个划界协定。在这 116 个划界协定中，给予直线基线部分考虑（半效力）的有 34 个，占比约为 29%；充分考虑直线基线（全效力）的有 26 个，占比约为 22%。

（二）相关差异及其原因分析

1. 相关差异

不难发现，沿海国对直线基线的考虑或使用在立法与海洋划界中存在明显差别：立法中对直线基线的采用情况明显多于海洋划界中的使用情况。此外，在不同类型的海洋划界中，对直线基线的考虑或使用又有所不同，具体来看，直线基线在领海划界中得到的考虑或使用最多，在海域划界中其次，在大陆架划界中最少。沿海国在海洋划界中对直线基线的考虑或使用有限，这使得旨在通过这种考虑或使用来判断直线基线合法性的方法作用减小。

---

① 全效力（full effect）、半效力（partial effect）和零效力（null effect）是本书提出的一种形象的说法，借鉴了海洋划界中赋予岛屿不同作用和影响力的做法。全效力是指直线基线对边界线有重要影响或划界协定中对直线基线进行了充分的考虑；半效力是指直线基线只在一定程度上对边界线产生了影响，或划界协定只对部分国家的直线基线或只对直线基线的某部分（例如重要基点）进行了考虑；零效力是指直线基线对边界线没有影响或划界协定中没有考虑直线基线。在本书"附表二"中分别用"●""☉""○"加以标识。

② 这类划界协定由同时划定大陆架和上覆水域（superjacent water column，专属经济区/渔区）的协定，以及只划定上覆水域的协定这两部分构成；换言之，这类协定不包含领海划界协定和只划定外大陆架的协定。本书将海洋划界划分为领海划界、大陆架划界和其他海域划界这三类，这种方法借鉴了傅崐成教授在《国际海洋法：衡平划界论》的分类方法。参见傅崐成：《国际海洋法：衡平划界论》，台湾三民书局 1992 年版，第 65 页。

2. 原因分析

沿海国对直线基线的考虑或使用在立法和海洋划界中存在明显差别，主要有以下两个方面的原因。一方面，立法的单方意志性与海洋划界的协调意志性，这一差别导致了上述结果。正如国际法院在 1951 年英挪渔业案中所述："海域的划界通常具有国际性；它不能仅仅取决于沿海国在其国内法中所表达的意愿。虽然划界行为确实必然是一种单方面行为，因为只有沿海国才有能力进行这种行为，但划界行为对其他国家的有效性取决于国际法。"①

另一方面，国家立法与国际海洋划界的具体过程和考虑的相关因素存在差别。国家立法通常需要遵循本国的立法规范和程序，需要考虑相关因素。海洋划界是沿海国之间谈判和签约的结果，这一过程也有其需要考虑的独特和复杂的相关因素。比如，国家之间利益妥协和交换的需要，及简化划界过程的需要等都会对直线基线的考虑或使用产生影响。

本 章 小 结

领海基线大致经历了从高潮线到正常基线（低潮线）和海湾封口线，再到直线基线和群岛基线的演进过程。领海基线的演进过程是一个不断适应特殊海岸情况而产生新规则的过程，也是沿海国不断扩大管辖权的过程。这为判断直线基线未来的发展方向提供了参考。基线在演进过程中共同遵循着一些限制条件，例如基点不应位于海上或位于他国领土，基线不应偏离海岸的一般方向，基线封闭的海域应与陆地要有密切联系等。这些限制条件为判断直线基线的合法性提供了"依据"。

通过梳理三次联合国海洋法会议关于直线基线（群岛基线）的讨论记录，可以得出以下结论：第一，直线基线（包括群岛基线）的发展具有阶段性特征。第一次联合国海洋法会议对直线基线作出了规定，第三次联合国海洋法会议仅对群岛制度作出了规

---

① Fisheries Case, Judgment, I. C. J. Reports, 1951, p. 132.

定，而将洋中群岛从群岛制度中排除出去。第二，联合国海洋法会议对群岛问题的关注有一个变化的过程。在第一次和第二次联合国海洋法会议期间，群岛问题尚未成为单独的议题，只能附属于相关议题；群岛国问题和洋中群岛问题也没有分离。在第三次联合国海洋法会议期间，群岛问题成为单独的议题；群岛国问题和洋中群岛问题逐渐分离。第三，洋中群岛的基线问题是1982年《公约》未予规定的事项，应由一般国际法的规则和原则来调整。尽管由群岛国问题和洋中群岛问题共同构成了群岛问题这一单独议题，而且1982年《公约》的谈判过程中也多次出现将二者统一作出规定的提议或案文，但是洋中群岛问题却是1982年《公约》中的空白。依据1982年《公约》序言的指引，洋中群岛的基线问题应由一般国际法的规则和原则加以调整。换言之，大陆国家洋中群岛的基线问题还没有在条约法中得到解决，国家实践将为相关国际法的发展提供新的方向。

统计发现，通过立法划定直线基线的国家占全球沿海国的六成以上，这与直线基线能使沿海国主张更多的海域面积有关。美国等少数国家仅采用正常基线，这与其强大的海权有关。总结发现，仅有挪威等少数国家可以被称为适用直线基线的"模范"，这在一定程度上反映了1982年《公约》第7条（1958年《公约》第4条）的"局限性"。大多数沿海国对直线基线采用了灵活适用的方法，使得有必要对直线基线实践采取综合评价和分类考察。沿海国对直线基线的使用在国内立法和海洋划界中存在明显的差别，这既与立法和海洋划界所反映的国家意志存在差异有关，也与立法和海洋划界的考量因素不同有关。

第二章　适用直线基线存在的主要争议

本章是本书的提出问题部分。依据分类考察的思路，本章将对适用直线基线存在的主要争议进行梳理和总结。1982 年《公约》第 7 条及其前身 1958 年《公约》第 4 条已经成为许多海洋法学者们研究的主题，学者们对第 7 条的讨论主要集中于"极为曲折""一系列岛屿"和"海岸的一般方向"等要素。[1] 这些讨论体现了关于直线基线适用条件的主要争议。

"极为曲折"和"一系列岛屿"属于适用直线基线的地理条件或前提条件（geographical condition，precondition），"海岸的一般方向"属于适用直线基线的限制性条件（restrictive condition）。[2] 关于直线基线的主要争议集中在"极为曲折""一系列岛屿"和"海岸的一般方向"等适用条件上。这些争议促进了直线基线规则的发展，也为本书提供了研究的资料。下文将对与这些适用条件相关的争议进行分析和总结。

一、关于"极为曲折"的争议：平缓海岸能否适用直线基线

（一）"海岸线极为曲折"的来源

"海岸线极为曲折"的英文表述为："the coastline is deeply

---

① 参见 ILA，Reports of the International Law Association Committee on Baselines under the International Law of the Sea，Brill，2018，p. 80。

② 参见姜皇池：《国际海洋法》，台湾学林文化事业有限公司 2004 年版，第 149~170 页；张华：《大陆国家远洋群岛的直线基线问题研究》，贾宇主编：《极地法律问题》，社会科学文献出版社 2014 年版，第 208~212 页。

indented and cut into。" 这在 1958 年《公约》和 1982 年《公约》中完全相同。通常认为，这一表述来源于 1951 年英挪渔业案判决中的 "a coast is deeply indented and cut into"①；至于"海岸线"（coastline）与"海岸"（coast）这两种表述，其实并无实质意义上的差异。瑞斯曼和韦斯特曼对"海岸线"（coastline）进行了严格解释，他们认为：海岸线为水体（the hydrosphere）和陆地领土（terra firma）最向陆的交界面的平均低潮线。②

（二）争议的主要内容：平缓海岸能否适用直线基线

关于何为"极为曲折"（deeply indented and cut into），普雷斯科特和斯科菲尔德指出，"如果'deeply indented and cut into'这一术语并非重复的话，那么'deeply indented'指横向凹入（horizontal penetration），而'cut into'指纵向切入（vertical incision）"。③ 简言之，"deeply indented"为深度凹入，"cut into"为切入。④ 那么"深度凹入"（deeply indented）和"切入"（cut into）能否分开单独使用呢？以下以"深度凹入"为例进行分析。"深度凹入"对应的名词性表述为深度水曲（deep indentation）。1951 年英挪渔业案判决、1958 年《公约》和 1982 年《公约》均使用了形容词（deeply indented）而不是名词（deep indentation）。1958 年《公约》第 4 条和 1982 年《公约》第 7 条似乎允许这种解释：即单独的深度水曲（a singular deep indentation）能够满足直线基线的适用条件。然而，英挪渔业案判决中东芬马克的例子似乎否定了这种解释。此外，1958 年《公约》和 1982 年《公约》关于海

---

① Fisheries Case, Judgment, I. C. J. Reports, 1951, pp. 128-129.

② 参见 W. Michael Reisman and Gayl S. Westerman, Straight Baselines in Maritime Boundary Delimitation, Palgrave Macmillan, 1992, p. 78。

③ 参见 Victor Prescott and Clive Schofield, The Maritime Political Boundaries of the World, 2nd ed, Martinus Nijhoff Publishers, 2005, p. 145。

④ 参见张华：《大陆国家远洋群岛的直线基线问题研究》，贾宇主编：《极地法律问题》，社会科学文献出版社 2014 年版，第 208 页。

湾的规定似乎也排除了这种解释。① 换言之,在条约解释下,"极为曲折"的两个要素"深度凹入"和"切入"似乎应同时具备。

然而,关于达到何种程度方为"极为曲折",不同的论者有不同的观点。限制解释论者认为,解释这一术语需要结合英挪渔业案判决来进行,"争议的地理构造位于挪威东芬马克的海岸。在这一地区有的水曲(indentations)深达 75 海里。虽然不能说法院认为划定直线基线的每一凹入的(indented)地方都要满足这一数值检验;但有一点是明确的,即法院没有将'深度凹入'一词用于指代任何'凹入'的海岸线,更不用说指代任何不规则(irregular)的海岸线,因为世界海岸的任何一部分都具有不规则的海岸线。法院的判决理由(ratio decidendi)建立在挪威海岸的深度凹入之上"②。在限制解释论者看来,渗入(penetrate)陆地并不深入的水曲,例如微型弯曲(mere curvatures),并不比沿着非凹入(non-indented)海岸的水域更值得内水化(internalization)。③ 换言之,在限制解释论者看来,微型弯曲和沿着非凹入海岸的水域均不值得内水化。由此可知,限制解释论者并不支持对微型弯曲适用直线基线。

而扩大解释论者认为,"'深度凹入'这一术语既可在绝对意义上使用也可在相对意义上使用。例如,在绝对意义上,位于较大面积陆地领土上的 4 海里的狭窄凹入算不上是'深度的'(deep);但是在 8 海里的岛屿上,这一宽度的凹入却切入了整个岛屿的一半"。④ 此外,扩大解释论者还承认,"目前还没有产生普遍接受

---

① 参见 R. Douglas Brubaker, The Legal Status of the Russian Baselines in the Arctic, Ocean Development & International Law, Vol. 30, No. 3, 1999, pp. 195-196。

② 参见 W. Michael Reisman and Gayl S. Westerman, Straight Baselines in Maritime Boundary Delimitation, Palgrave Macmillan, 1992, pp. 80-81。

③ 参见 W. Michael Reisman and Gayl S. Westerman, Straight Baselines in Maritime Boundary Delimitation, Palgrave Macmillan, 1992, p. 137。

④ UN Office for Ocean Affairs and the Law of the Sea United Nations, Baselines: An Examination of the Relevant Provisions of the United Nations Convention on the Law of the Sea, UN, 1989, p. 21.

的客观检验使专家们在识别深度凹入海岸上达成共识。然而通常认为，深度凹入必须包含若干符合法律上的海湾（juridical bay）构成条件的水曲，与此同时也可能包含其他不太明显的水曲（less marked indentations）。"①

总体上来看，限制解释论者的观点体现了对国际社会公共利益的维护，而扩大解释论者的观点则体现了对个案具体情况的关注。从世界海岸的现实情况来看，扩大解释无疑更加符合国家实践的需要。然而，由于国家实践和国际司法裁判的重要发展，上述观点均未得到严格适用。② 既然国际社会对"极为曲折"的具体含义和判断标准众说纷纭、莫衷一是，那么可否跳过具体术语解释方面的争论而直接探讨平缓（smooth）海岸适用直线基线的问题呢？从字面含义来看，平缓海岸与"海岸线极为曲折"并不一致，甚至"截然相反"。如果平缓海岸这种"相反或极端情况"仍具有适用直线基线的可能性，那么这足以说明"海岸线极为曲折"这一适用条件具有相当广大的解释和适用空间。

然而，一方面，学界对平缓海岸适用直线基线问题的关注还不够充分，讨论得较少。另一方面，沿海国在平缓海岸划定直线基线的做法由来已久且屡见不鲜。在平缓海岸划定直线基线往往伴随着合法性问题的出现。以埃及的相关实践为例（见埃及直线基线图），斯科瓦齐指出，埃及的情况，尤其在地中海沿岸，1990 年划定的直线基线产生了非常矛盾的印象，因为这一直线基线既适度（moderate）又不合法（unlawful）：适度，是因为这一直线基线确实遵循（follow）海岸的一般方向并且没有大幅度改变领海的外部界限；不合法，是因为这一直线基线划定于一个

① UN Office for Ocean Affairs and the Law of the Sea United Nations, Baselines：An Examination of the Relevant Provisions of the United Nations Convention on the Law of the Sea, UN, 1989, p. 18.

② 参见 ILA, Reports of the International Law Association Committee on Baselines under the International Law of the Sea, Brill, 2018, p. 71。

与挪威海岸完全不同的地区而且没有任何深度水曲。① 总之，对平缓海岸适用直线基线问题的探讨具有重要的理论和现实意义：它既可以为解释直线基线规则（尤其是"海岸线极为曲折"这一术语）提供一种全新的视角和思路，也可以为适用直线基线规则提供重要的参考。

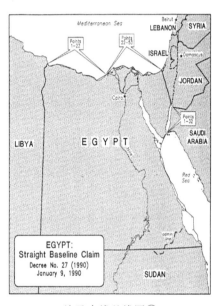

埃及直线基线图②

（三）争议对我国的影响

我国方面，1996 年《中华人民共和国政府关于中华人民共和国领海基线的声明》公布了海南岛的部分直线基线。美国国务院

---

①　参见 Tullio Scovazzi, The Establishment of Straight Baselines Systems: The Rules and the Practice, Davor Vidas and Willy Ostreng（ed.）, Order for the Oceans at the Turn of the Century, Kluwer Law International, 1999, p. 454。

②　参见 J. Ashley Roach and Robert W. Smith, Excessive Maritime Claims, 3rd ed, Martinus Nijhoff Publishers, 2012, p. 87。

的研究报告认为，海南岛没有边缘岛屿，只有几个分散的岛屿位于沿海。除几个小型的法律上的海湾以外，基线应为低潮线。① 换言之，在美国国务院的研究者看来，海南岛的相关海岸不属于紧接海岸有一系列岛屿，同时也不属于海岸线极为曲折。具体而言，基点43 基点（莺歌嘴1）至基点 49（峻壁角）之间的海岸较为平缓。如此一来，平缓海岸划定直线基线的法律依据为何？对这一问题的研究对包括我国在内的许多国家都具有重要的现实意义。

二、关于"紧接海岸有一系列岛屿"的争议：仅有小岛或岩礁能否构成一系列岛屿

（一）"紧接海岸有一系列岛屿"的来源

"紧接海岸有一系列岛屿"的英文原文为"there is a fringe of islands along the coast in its immediate vicinity"。关于这一表述是否来源于 1951 年英挪渔业案判决中"海岸邻接群岛（archipelago），如沿海岸西部的石垒"的用语，学界存在不同的看法。学者南丹（Satya N. Nandan）和罗森（Shabtai Rosenne）认为这一表述是由英挪渔业案判决用语修改而成，② 普雷斯科特也支持这种看法；③而瑞斯曼和韦斯特曼认为这一表述并非直接来源于上述判决用语，而是另有目的，应按照其自身的措辞加以审查。④ 本书认为，尽管

---

① 参见 US Department of State, Limits in the Seas No. 117: Straight Baselines Claim: China, US, 1996, p. 8。

② 参见 Satya N. Nandan & Shabtai Rosenne, United Nations Convention on the Law of the Sea 1982: A Commentary, Martinus Nijhoff, 1993, p. 100, para. 7.9（b）。

③ 参见 J. R. V. Prescott, Straight Baseline: Theory and Practice, E. D. Brown and R. R. Churchill（ed.）, The UN Convention on the Law of the Sea: Impact and Implementation, Law of the Sea Institute, University of Hawaii, 1987, p. 294。

④ 参见 W. Michael Reisman and Gayl S. Westerman, Straight Baselines in Maritime Boundary Delimitation, Palgrave Macmillan, 1992, p. 82。

存在将这两个术语混用的现象，但是这两个术语之间确实存在着差异。具体而言，"沿岸群岛"比"一系列岛屿"的构成条件更加宽泛。关于"沿岸群岛"和"一系列岛屿"的具体差异，下文将进行详细分析。

（二）争议的内容：仅有小岛或岩礁能否构成一系列岛屿

关于"紧接海岸有一系列岛屿"，在岛屿数量要多、岛屿分布的方向不能与大陆海岸垂直等方面，学界似乎已经形成某些共识。联合国海洋事务与海洋法办公室的研究报告（以下简称："联合国的研究报告"）指出，在"一系列"（a fringe of）中必须有多于一个的岛屿，但是很难确定具体的最小数目。由于"一系列"必须沿着海岸（along the coast），所以这一条件不适用于像垫脚石（steppingstones）一样垂直海岸分布的岛屿。① 总体上来看，存在一系列岛屿包含两种情况：其一，岛屿与海岸似乎形成了一个整体（unity），挪威北部"石垒"的大部分为这种情况提供了例子；其二，岛屿距离海岸有一段距离，形成一道屏障（screem）从而遮盖（masks）了很大比例的海岸，前南斯拉夫从普拉到希贝尼克（from Pula to Sibenik）沿岸的岛屿、西澳大利亚海沿岸的洛切切群岛（Recherche Archipelago）为这一情况提供了例子。② 瑞斯曼和韦斯特曼则提出了三条检验。"第一条是数量和空间分布上的检验：必须有许多岛屿而且它们彼此关联从而构成'一系列'；第二条是岛屿与海岸空间关系上的检验：这些岛屿必须是沿着海岸分布，即基本平行于海岸而非垂直；第三条是岛屿与海岸邻近关系

---

① 参见 UN Office for Ocean Affairs and the Law of the Sea United Nations, Baselines：An Examination of the Relevant Provisions of the United Nations Convention on the Law of the Sea, UN, 1989, p. 21, para. 43。

② 参见 UN Office for Ocean Affairs and the Law of the Sea United Nations, Baselines：An Examination of the Relevant Provisions of the United Nations Convention on the Law of the Sea, UN, 1989, p. 21, para. 44。

上的检验：一系列岛屿必须'紧邻'海岸。"① 综上可知，上述观点最明显的共同之处在于：它们均认为构成"一系列"需要岛屿形成紧邻大陆的一道屏障，线状排列，彼此紧邻，平行而非垂直于大陆。②

　　然而，在"紧接海岸"（in its immediate vicinity）的距离标准上，学界并不存在相对一致的看法。联合国的研究报告指出，"一般认为，在领海宽度为 12 海里的情况下，24 海里的距离将满足这些条件。在文献中被作为一般规则提出的距离是 48 海里，在某些情况下会超过这一数字，但是这一数字并不必然被广泛接受……由于一系列岛屿本身非常宽阔，（紧接海岸）这一概念应用于一系列岛屿的内部边缘（inner edge），认识到这一点是很重要的"。③ 此外，学者们还提出了其他一些距离标准。④ 学者布鲁贝克（R. Douglas Brubaker）指出，1958 年《公约》第 4 条第 1 款和 1982 年《公约》第 7 条第 1 款显然包括离岸 3 海里的一系列岛屿，但很可能不包括距离海岸 100 海里的一系列岛屿；距离海岸 50 海里的一系列岛屿如果呈现合理的平行关系则是可以接受的，而距离海岸 3 海里的一系列岛屿虽呈现锐角关系也是可以接受的；虽然岛屿远离大陆且与大陆呈现垂直关系不符合条件，但是介于两者之间的情况则可能是灰色地带。⑤ 由上可知，"紧接海岸"的判断标准具有较大的不确定性，这似乎预示着需要在具体情况下综合多种因素进行

---

　　① 参见 W. Michael Reisman and Gayl S. Westerman, Straight Baselines in Maritime Boundary Delimitation, Palgrave Macmillan, 1992, pp. 82-83。

　　② 参见 R. Douglas Brubaker, The Legal Status of the Russian Baselines in the Arctic, Ocean Development & International Law, Vol. 30, No. 3, 1999, p. 197。

　　③ UN Office for Ocean Affairs and the Law of the Sea United Nations, Baselines: An Examination of the Relevant Provisions of the United Nations Convention on the Law of the Sea, UN, 1989, p. 22, para. 46.

　　④ 参见 US Department of State, Limits in the Seas No. 106: Developing Standard Guidelines for Evaluating Straight Baselines, US, 1987, pp. 20-23。

　　⑤ 参见 R. Douglas Brubaker, The Legal Status of the Russian Baselines in the Arctic, Ocean Development & International Law, Vol. 30, No. 3, 1999, p. 197。

判断。

　　然而，更加难以形成相对一致看法的是需要哪些地物、达到哪种程度才能构成一系列岛屿。在 1951 年英挪渔业案中，岛屿（islands）、小岛（islets）、岩礁（rocks）和礁石（reefs）共同构成了挪威的石垒（skjærgaard）群岛这一独特的地理结构（distinctive configuration）。① 那么，是否必须同时具备以上四种地物？这些地物需要达到何种程度方能构成一系列岛屿？瑞斯曼和韦斯特曼认为，依据 1982 年《公约》的规定，"一系列"中的"岛屿"必须能够"维持人类居住或其本身的经济生活"；如果有一系列这样的岛屿，那么《公约》第 121 条第 3 款意义上的岩礁（rock）可以作为基点，但是，如果仅有一系列岩礁则不符合划定直线基线的要求。② 中国台湾学者姜皇池指出，仅有几个分散独立的小岛并不足以构成"一系列"。③ 在瑞斯曼和韦斯特曼及姜皇池看来，仅有一系列岩礁或小岛并不能构成一系列岛屿。他们的观点在一定程度上使"一系列岛屿"的构成条件明确化，为"一系列岛屿"这一术语的解释和适用划定了界限或底线。

　　瑞斯曼和韦斯特曼及姜皇池的观点也仅仅是学者们关于"一系列岛屿"的"一家之言"。那么，仅有小岛或岩礁究竟能否构成一系列岛屿呢？如果能，那么说明"一系列岛屿"这一术语的解释和适用空间相当宽松。这样一来，许多沿海国的直线基线可依据这一条件确立其正当性与合法性。

　　实践当中，关于某些岛屿是否构成一系列岛屿的争论屡见不鲜，而关于法国诺曼底（Normandy）和布列塔尼（Brittany）海岸直线基线的争论就是其中一例。学者斯科瓦齐教授认为法国建立的

---

　　①　参见 Fisheries Case, Judgment, I. C. J. Reports, 1951, p. 127。

　　②　参见 W. Michael Reisman and Gayl S. Westerman, Straight Baselines in Maritime Boundary Delimitation, Palgrave Macmillan, 1992, p. 85。

　　③　参见姜皇池：《国际海洋法》，台湾学林文化事业有限公司 2004 年版，第 152 页。

直线基线系统是适度的。① 这当然包括诺曼底和布列塔尼海岸的直线基线，这两处的直线基线的一些部分是连接某些小岛而成。而奥康奈尔却认为，很难将法国1967年划定直线基线的海岸描述为海岸情况复杂且有岛屿围绕，在诺曼底和布列塔尼海岸，延伸的直线将海岬和离岸岛屿连接成多边形结构。② 也就是说，在奥康奈尔看来，诺曼底和布列塔尼海岸的某些小岛并不构成"一系列岛屿"。此外，美国国防部的研究报告认为，约岛（Île d'Yeu）和贝勒岛（Belle Ile）并不符合一系列岛屿的构成条件。③ 瑞斯曼和韦斯特曼持有相同的看法。④ 可知，美国国防部及瑞斯曼和韦斯特曼均与奥康奈尔持有相似的观点。

（三）争议对我国的影响

具体到我国，美国国务院的研究报告认为，中国从山东半岛（基点1）至上海地区（基点11）的海岸线基本上是平缓的而且没有一系列岛屿。⑤ 由于除个别基点以外，我国大陆海岸的基线绝大部分位于海岛之上，所以只需考察基点所处的岛屿是否构成一系列岛屿即可，无须再考察该区域的海岸线是否极为曲折。具体而言，如果回应美国国务院的上述研究报告，就必须对我国镇耶岛、苏山岛、佘山岛等是否构成一系列岛屿作出分析和判断。

---

① 参见 Tullio Scovazzi, The Establishment of Straight Baselines Systems: The Rules and the Practice, Davor Vidas and Willy Ostreng (ed.), Order for the Oceans at the Turn of the Century, Kluwer Law International, 1999, p. 454。
② 参见 D. P. O'Connell, The International Law of the Sea (Vol. I), Clarendon Press, 1992, p. 213。
③ 参见 US Department of Defense, Maritime Claims Reference Manual, US, 1987, pp. 170-176。
④ 参见 W. Michael Reisman and Gayl S. Westerman, Straight Baselines in Maritime Boundary Delimitation, Palgrave Macmillan, 1992, p. 129。
⑤ 参见 US Department of State, Limits in the Seas No. 117: Straight Baselines Claim: China, US, 1996, p. 5。

法国布列塔尼海岸直线基线图①

三、关于"海岸的一般方向"的争议：沿岸群岛的外缘线能否被视为海岸线

（一）"海岸的一般方向"的来源及意义

"不应在任何明显的程度上偏离海岸的一般方向"对应的英文是"must not depart to any appreciable extent from the general direction of the coast"。在直线基线的限制条件中，"海岸的一般方向"尤为重要，其与"紧接海岸有一系列岛屿"密切相关，因为"紧接"能够促进直线基线对海岸的一般方向的遵循。学者奥康奈尔认为，构成一系列岛屿需要多少岛屿、岛屿之间及岛屿与大陆之间应具备什么样的关系，这些问题只能通过观察"海岸的一般方向"作出回答，因此，使用直线基线法时，海岸的一般方向是一个标准而不

---

① 参见 US Department of State, Limits in the Seas No. 37：Straight Baselines：France, US, 1972, p. 10。

仅仅是一个条件。① 学者布鲁贝克指出：在通常意义下，"一般方向"仍是首要条件，缺乏这一条件就不能建立直线基线，即便符合两个地理条件之一。② 田中嘉文认为，"海岸的一般方向"似乎提供了约束直线基线的原则，而直线基线正是适用这一原则的结果，这一原则可以说是国际法院的一种创新。③ 三位学者的观点体现了海岸的一般方向对于直线基线规则的特殊重要性，基于此，实践当中必须高度重视"海岸的一般方向"这一条件。

（二）争议的主要内容：沿岸群岛的外缘线能否被视为海岸线

为了判断海岸的一般方向，学者们对应考虑的海岸线长度（甚至包括比例尺）和偏离的最大角度等提出了不同的标准。首先是应考虑的海岸线长度（包括比例尺）的量化标准。比兹利（Beazley）建议，在判定海岸的一般方向时要考虑的海岸线的长度应取决于所考虑的基线的长度，45 海里是可接受的长度；④ 而美国国务院的研究报告建议将海岸的一般方向线（general direction line）增加到 60 海里，并建议使用比例尺约为 1∶1000000 的海图⑤。其次是偏离的最大角度限制的量化标准。霍奇森（Hodgson）和亚历山大（Alexander）的报告提及，除韦斯特峡湾（Vestfjorden）的封口线以外，挪威的直线基线偏离海岸的一般方向不超过 15°。⑥

① 参见 D. P. O'Connell, The International Law of the Sea（Vol. Ⅰ）, Clarendon Press, 1992, p. 209。

② 参见 R. Douglas Brubaker, The Legal Status of the Russian Baselines in the Arctic, Ocean Development & International Law, Vol. 30, No. 3, 1999, p. 198。

③ 参见 Yoshifumi Tanaka, The International Law of the Sea, 3rd ed, Cambridge University Press, 2019, p. 58。

④ 参见 P. E. Beazley, Maritime Limits and Baselines: A Guide to Their Delineation, 3rd ed, The Hydrographic Society, 1987, p. 14。

⑤ 参见 US Department of State, Limits in the Seas No. 106: Developing Standard Guidelines for Evaluating Straight Baselines, US, 1987, p. 16, 29。

⑥ 参见 Robert D. Hodgson and Lewis M. Alexander, Towards an Objective Analysis of Special Circumstances: Bays, Rivers, Coastal and Oceanic Archipelagos and Atolls, Law of the Sea Institute University of Rhode Island, 1972, p. 37。

1972 年，美国国务院的报告认为，与海岸垂直的一群岛屿并非"一系列"因为它并非沿着（along）海岸分布，事实上这种情况达到了偏离海岸方向的最大角度 90°；甚至偏离 45°即代表对海岸方向的重大偏离，因为这个岛群沿着海岸的方向每延伸一海里，它也偏离海岸一海里；如果偏离 20°对于沿着岛群的单独一部分来说是明显的，那么建议离岸岛群的分布方向偏离大陆海岸方向不应超过 20°似乎是合理的。①

在实践当中，与海岸的一般方向的关系能够在多大程度上决定直线基线的合法性，这并不容易判断。在 1982 年突尼斯诉利比亚案中，从突尼斯大陆海岸的卡布迪亚角（Ras Kaboudia）至克肯纳群岛东北方的埃尔-姆泽布拉（El-Mzebla）之间的直线基线偏离了海岸的一般方向（参见突尼斯直线基线图）。然而，在综合考量地理因素、特殊经济因素、基线长度等的基础上，埃文森（Evensen）法官认为突尼斯的直线基线具有合法性。② 由此推测，在埃文森法官看来，（当多种因素均符合规定的情况下），一定范围内偏离海岸的一般方向似乎是可以接受的。而阿雷查加（Jimenez Arechaga）法官却并不这样认为。阿雷查加指出，突尼斯的直线基线偏离海岸的一般方向，同时一些作为基点的低潮高地没入水下。③

尽管如此，关于海岸的一般方向的最大分歧在于对"海岸"的不同认定方法。在 1951 年英挪渔业案中，国际法院将"石垒"的外缘线（outer line）作为确定海岸的一般方向。④ 换言之，国际法院将直线基线本身作为海岸的一般方向的指示。⑤ 实际上，已经

---

① 参见 US Department of State, Limits in the Seas No. 106: Developing Standard Guidelines for Evaluating Straight Baselines, US, 1987, pp. 17-18。

② 参见 Continental Shelf (Tunisia/Libyan Arab Jamahiriya), Dissenting Opinion of Judge Evensen, para. 24。

③ 参见 Continental Shelf (Tunisia/Libyan Arab Jamahiriya), Separate Opinion of Judge Jimenez Arechaga, para. 120。

④ 参见 Fisheries Case, Judgment, I. C. J. Reports, 1951, pp. 127-128, 130。

⑤ 参见 W. Michael Reisman and Gayl S. Westerman, Straight Baselines in Maritime Boundary Delimitation, Palgrave Macmillan, 1992, p. 95。

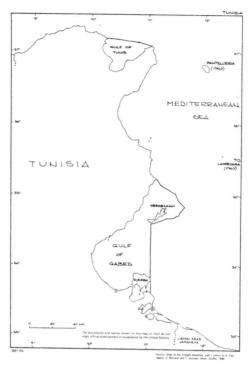

突尼斯直线基线图①

有不少学者的研究都得出了这一结论。② 然而，不可否认的是，国际法院的上述做法很可能与挪威海岸的特殊情况有关。"石垒"外部海岸与大陆海岸线平行，这一事实对上述结论稍有削弱。③ "海

---

① 参见 UN Office for Ocean Affairs and the Law of the Sea, Baselines：Baselines National Legislation With Illustrative Maps, UN, 1989, p. 312。

② 参见 Robert D. Hodgson and Lewis M. Alexander, Towards an objective analysis of special circumstances：bays, rivers, coastal and oceanic archipelagos and atolls, Law of the Sea Institute University of Rhode Island, 1972, p. 37；Walter G Reinhard, International law：Implications of the opening of the Northwest Passage, Dickinson Law Review, Vol. 74, No. 4, 1970, p. 688。

③ 参见 J. Bruce McKinnon, Arctic Baselines：A Litore Usque Ad Litus, Canadian Bar Review, Vol. 66, 1987, p. 805。

岸的一般方向"究竟是指大陆（即本土）海岸的一般方向还是一系列岛屿（即沿岸群岛）海岸的一般方向？这之间存在重要差异，其影响也具有很大不同。在实践当中，加拿大北极群岛的直线基线就充分体现了上述差异带来的不同影响。如果"海岸的一般方向"是指大陆（即本土）海岸的一般方向，则北极群岛的直线基线偏离"海岸的一般方向"；而如果"海岸的一般方向"是指北极群岛海岸的一般方向，则这一直线基线并未偏离海岸的一般方向。法兰德（Donat Pharand）教授认为：真正构成加拿大海岸线的是群岛的外缘线，而北极群岛的直线基线遵循这一外缘线。奇拉斯（Mark Killas）等其他一些学者也持有这样的观点。① 同时，也有学者并不认同这种论证方法。②

（三）争议对我国的影响

具体到我国方面，美国在 1996 年 8 月 21 日对我国直线基线提出的抗议中宽泛地指出，中国海岸线的一些地方，直线基线明显偏离海岸的一般方向。③ 韩国学者梁熙喆在其博士学位论文中指出，中国大陆海岸（包括海南岛）从基点 31（大帆石）至基点 34（大洲岛 1）之间的直线基线明显偏离海岸的一般方向，从基点 11（海礁）至基点 15（渔山列岛）之间的直线基线在相当程度上偏离海岸的一般方向。④

---

① 参见 Mark Killas, The Legality of Canada's Claims to the Waters of its Arctic Archipelago, Ottawa Law Review, Vol. 19, No. 1, 1987, p. 117.

② 参见 Nicholas C Howson, Breaking the Ice: The Canadian-American Dispute over the Arctic's Northwest Passage, Columbia Journal of Transnational Law, Vol. 26, No. 2, 1988, p. 358, Note 100.

③ 参见 J. Ashley Roach and Robert W. Smith, Straight Baselines: The Need for a Universally Applied Norm, Ocean Development & International Law, Vol. 31, No. 1-2, 2000, p. 62.

④ 参见梁熙喆：《从国际海洋划界原则和实践论中国 EEZ 和大陆架划界问题——以黄海和东中国海划界问题为中心》，台湾大学博士学位论文，2006 年，第 262~263 页。

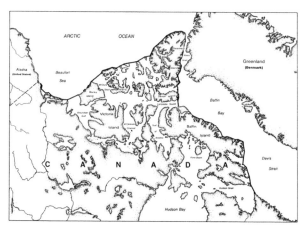

加拿大北极群岛和大陆直线基线图①

本 章 小 结

　　本章为全书的提出问题部分。学者们讨论的"焦点"体现了关于直线基线适用条件的主要争议，即何为"极为曲折"，何为"（紧接海岸有）一系列岛屿"，何为"海岸的一般方向"。为了突出重点，也为了寻找新的研究方法和视角，本书将对"极为曲折"的探讨集中于"平缓海岸能否适用直线基线"，将对"（紧接海岸有）一系列岛屿"的探讨集中于"仅有小岛或岩礁能否构成一系列岛屿"，将对"海岸的一般方向"的探讨集中于"沿岸群岛的外缘线能否被视为海岸线"。这些问题均与我国的直线基线实践存在密切关系。

---

　　①　参见 J. Ashley Roach and Robert W. Smith, Excessive Maritime Claims, 3rd ed, Martinus Nijhoff Publishers, 2012, p. 113。

第三章 对适用直线基线 主要争议的分析

本章是本书最主要的分析问题章节。承接本书第二章中的问题，通过对典型国家实践和相关国际司法裁判的剖析，本章将对"极为曲折""一系列岛屿"和"海岸的一般方向"等直线基线的适用条件作出分析。此外，本章还将对洋中群岛适用直线基线是否形成习惯法作出分析和判断。

第一节 对"极为曲折"分析：在一定条件下 平缓海岸能够适用直线基线

本节旨在通过对国家实践、国际司法裁判、条约解释和学者学说等的分析，对直线基线规则在解释和适用中存在的一些主要争议作出回应。

"海岸线极为曲折"是 1958 年《公约》和 1982 年《公约》中规定的适用直线基线最主要的地理条件之一，具有典型意义。从字面含义可知，平缓海岸与"海岸线极为曲折"并不一致，甚至"截然相反"。如果平缓海岸这种"极端情况"仍具有适用直线基线的可能性，那么对"海岸线极为曲折"这一适用条件进行宽松解释和灵活适用的空间就相当巨大。

一、国家实践分析：对平缓海岸适用直线基线的习惯法考察

从 1958 年《公约》和 1982 年《公约》的相关规定来看，平缓海岸适用直线基线并不具有条约法方面的依据，因此只能从习惯

国际法方面进行分析。下文将从习惯法的两个构成要素（即通例和法律确信）分别展开研究。

（一）通例是否已经形成

沿海国的立法对于习惯法的形成具有重要意义。马尔科姆·N. 肖指出："形成习惯的基础是国家在实践中如何行为，但是，证明国家所做的证据可以从各种来源获得。明显的例子包括行政行为、立法、法院判决和在国际上进行的诸如缔约的活动。"① 《奥本海国际法》认为："《国际法院规约》第 38 条……的规定是被用以强调指出国际法的这项渊源②的实质在于各国实践，这里，各国实践不仅包括各国彼此的对外行为，而且也为各国国内立法、司法判决、外交文书、内部政府备忘录和部长们在国会和其他地方的声明等内部事项所证明。"③ 可知，国内立法是用来证明形成习惯法所需国家实践的最重要的证据之一。基于此，下文将对沿海国通过国内立法在平缓海岸划定直线基线的典型实践进行梳理和分析。同时，为了分析更加深入和充分，根据平缓海岸在沿海国整个海岸中占据的大致比例，及平缓海岸的弯曲程度，下文将平缓海岸适用直线基线的国家实践细分为三类。

第一类，划定直线基线的少部分海岸较为平缓，大部分海岸则极为曲折。这类情况以挪威、瑞典和前南斯拉夫三个国家最为典型。

（1）挪威：本土海岸南端

1951 年英挪渔业案判决确认了挪威本土北部海岸（即北纬 66°28.8′以北）直线基线的合法性。因此，现代直线基线制度又被称为"挪威制度"（Norwegian system）④。英挪渔业案以后，挪威

---

① ［英］马尔科姆·N. 肖：《国际法（上）》，白桂梅等译，北京大学出版社 2011 年版，第 65 页。

② 指习惯国际法。

③ ［英］奥本海著，詹宁斯、瓦茨修订：《奥本海国际法（第 1 卷第 1 分册）》，王铁崖等译，中国大百科全书出版社 1995 年版，第 16 页。

④ 参见 Fisheries Case, Judgment, I. C. J. Reports, 1951, pp. 134, 135, 139, 140。

又通过 1952 年 7 月 18 日皇家法令划定了本土南部的直线基线。①
总体上来看，挪威本土南部直线基线基本上维持了北部直线基线的
特点。然而，挪威本土海岸南端似乎并不具备北部海岸的特点。具
体而言，挪威本土南端，偏东南处面向斯卡格拉克海峡（Skagrak
strait）的海岸（挪威本土直线基线图 A 处），及偏西南处面向北海
的海岸（挪威本土直线基线图 B 处）均较为平缓。这些海岸无法
与挪威北部诺尔辰角（Cape Nordkinn）附近"极为曲折"的海岸
相提并论。2002 年挪威再次公布了确定本土领海外部界限的基点
坐标和海图。② 1955 年（即在 1958 年《公约》之前），挪威忽略
英挪渔业案判决所强调的"石垒"（skjaergaard）的重要性，宣布
了围绕扬马延岛（Jan Mayen）的直线基线（见扬马延岛直线基线
图-1）。该岛海岸平缓，缺乏深度水曲（deep indentation），而且
（紧接海岸）不存在一系列岛屿，其适当的基线应为低潮线。③ 依
据 2002 年"关于扬马延周围挪威领海界限的规定"，挪威对 1955
年公布的直线基线进行了修订。从总体来看，直线基线条数有所增
加，基线段长度有所减少，封闭的水域更小。④

　　总之，挪威不仅开创了现代直线基线制度（大陆海岸北部），
同时也开创了在平缓海岸划定直线基线的先例（扬马延岛）。如果
说挪威本土划定直线基线的平缓海岸只是少部分海岸的话，那么扬
马延岛则是大部分海岸。

---

① 参见 Norway, Royal Decree of 18 July 1952 Relating to the Baselines for
the Norwegian Fishery Zone as Regards That Part of Norway Which Is Situated to the
South of 66°28′8 N Latitude（repealed by Royal Decree of 14 June 2002）。

② 参见 UN Office for Ocean Affairs and the Law of the Sea, Law of the Sea
Bulletin No. 54, United Nations, 2004, p. 29。

③ 参见 Victor Prescott and Clive Schofield, The Maritime Political
Boundaries of the World, 2nd ed, Martinus Nijhoff Publishers, 2005, p. 140。

④ 参见 UN Division for Ocean Affairs and the Law of the Sea Office of Legal
Affairs, Law of the Sea Bulletin No. 50, United Nations, 2003, pp. 22-24；UN
Office for Ocean Affairs and the Law of the Sea, Law of the Sea Bulletin No. 54,
United Nations, 2004, p. 96。

挪威本土直线基线图①

(2) 瑞典:本土西部海岸和厄兰岛 (Oland) 东海岸

瑞典于 1934 年已公布了其直线基线的大比例尺海图。1966
年 6 月 3 日,瑞典又通过了"关于瑞典领海的第 374 号法案"并
公布了新版海图。在新海图中,基点数量大幅减少,基线段长度

————————

① 参见 Chris Carleton and Clive Schofield, Developments in the Technical
Determination of Maritime Space: Charts, Datums, Baselines, Maritime Zones and
Limits, International Boundaries Research Unit (ed.), Maritime Briefing, Vol. 3,
No. 3, 2001, p. 30。

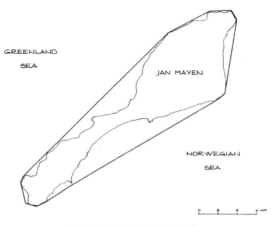

扬马延岛直线基线图-1①

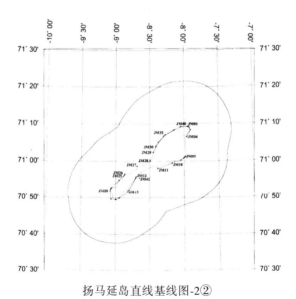

扬马延岛直线基线图-2②

---

① 参见 UN Office for Ocean Affairs and the Law of the Sea, Baselines: National Legislation With Illustrative Maps, United Nation, 1989, pp. 242-243。

② 参见 UN Office for Ocean Affairs and the Law of the Sea, Law of the Sea Bulletin No. 54, United Nations, 2004, p. 96。

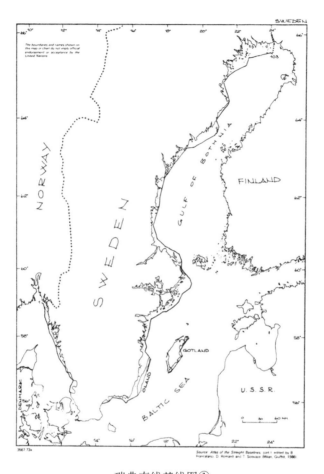

瑞典直线基线图①

显著增大。② 如瑞典直线基线图所示，瑞典西海岸的部分地区，即面向卡特加特海峡（Kattegat/Kattegatt）的部分海岸较为平缓。此

① 参见 UN Office for Ocean Affairs and the Law of the Sea, Baselines：Baselines National Legislation With Illustrative Maps, UN, 1989, p. 305。

② 参见 US Department of State, Limits in the Seas No. 47：Straight Baselines：Sweden, US, 1972, pp. 2-7。

外，厄兰岛东海岸同样较为平缓。美国的研究报告认为，瑞典1966 年直线基线系统基本符合"斯堪的纳维亚模式"（Scandinavian pattern），直线基线段较短，在很大程度上符合 1951年英挪渔业案和 1958 年《公约》确立的海岸的一般方向标准。同时，这一报告中也承认，在个别地区直线基线封闭了非极为弯曲或无边缘岛屿的海岸，但这些基线在扩大领海外部界限方面的作用比较轻微。① 需要指出的是，公布上述新海图时，瑞典尚未加入1958 年《公约》。

（3）前南斯拉夫（今克罗地亚）：北部海岸

前南斯拉夫直线基线图②

---

① 参见 US Department of State, Limits in the Seas No. 47: Straight Baselines: Sweden, US, 1972, p. 11。

② 参见 Chris Carleton and Clive Schofield, Developments in the Technical Determination of Maritime Space: Charts, Datums, Baselines, Maritime Zones and Limits, International Boundaries Research Unit (ed.), Maritime Briefing, Vol. 3, No. 3, 2001, p. 32。

　　前南斯拉夫于1965年划定了亚德里亚海沿岸的直线基线，前南斯拉夫解体以后，这些直线基线系统由克罗地亚继承。整体而言，前南斯拉夫的直线基线是适当的：26条直线基线段的平均长度为9.4海里；直线基线并没有明显偏离其海岸的一般走向（general trend），直线基线与大陆海岸的平均偏差约为5°，与近海岛屿的一般走向的偏差则更小。① 联合国的研究报告中甚至将前南斯拉夫从普拉（Pula）到希贝尼克（Sibenik）的沿岸群岛作为"一系列岛屿"的典范。② 然而，前南斯拉夫伊斯特拉半岛（Istria）西侧海岸，即从诺维格勒（Novigrad）至普拉之间的海岸却较为平缓（参见前南斯拉夫直线基线图）。

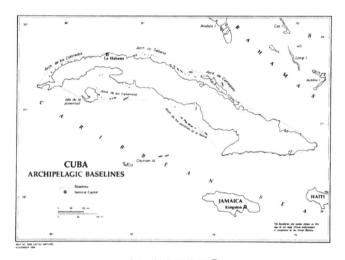

古巴直线基线图③

　　① 参见 US Department of State, Limits in the Seas No. 6: Yugoslav Straight Baselines, US, 1970, p. 7。

　　② 参见 UN Office for Ocean Affairs and the Law of the Sea United Nations, Baselines: An Examination of the Relevant Provisions of the United Nations Convention on the Law of the Sea, UN, 1989, p. 21。

　　③ 参见 UN Office for Ocean Affairs and the Law of the Sea, Baselines: Baselines National Legislation With Illustrative Maps, UN, 1989, p. 118。

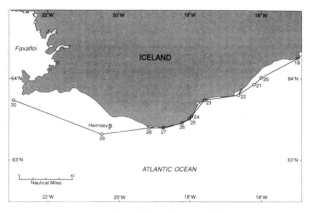

冰岛南部海岸直线基线图①

　　挪威、瑞典和前南斯拉夫的实践说明，即便是最适合划定直线基线的沿海国的海岸，也可能存在局部海岸既非极为曲折也无边缘岛屿的情况。在划定直线基线的海岸整体符合要求的情况下，局部海岸较为平缓是被包括美国在内的广大国际社会所接受的。此外，古巴面向牙买加和海地的海岸（见古巴直线基线图）和冰岛南部海岸基点 19 至基点 28 之间的海岸（见冰岛南部海岸直线基线图）等处也存在类似的实践。

　　第二类，划定直线基线的大部分乃至整个海岸均较为平缓，这类情况以巴西、埃及、印度和西班牙等国较为典型。

　　（1）巴西

　　根据 2004 年 5 月 11 日交存联合国秘书长的 "确定巴西沿岸直线基线的地理坐标表（依照《联合国海洋法公约》）"，巴西对直线基线各基点作出了规定。据巴西直线基线图所示，基点 24（19°55′15″S，40°06′05″W）至基点 46（28°36′13″S，48°48′37″W）之间的海岸较为平缓，适合划定正常基线（低潮线），但是巴西在这

---

　　①　参见 W. Michael Reisman and Gayl S. Westerman, Straight Baselines in Maritime Boundary Delimitation, Palgrave Macmillan, 1992, p. 126。

些地区划定了直线基线。需要指出的是，巴西海岸面向广阔的大西洋，没有海岸相向的国家，这一地理环境减少了巴西因其直线基线与邻国之间产生争端的可能性。

巴西直线基线图-1① 巴西直线基线图-2②

（2）埃及

1999 年埃及几乎沿着其位于地中海（Mediterranean）、亚喀巴湾（Gulf of Aqaba）和红海（Red Sea）的整个海岸划定了直线基线。③ 埃及在这些地区的海岸基本上是平缓的，只有轻微的起伏，既非极为曲折也无边缘岛屿。如埃及直线基线图所示，在图幅较小的情况下，有些直线基线段（如基点 1-22）与海岸（低潮线）非常接近。尽管如此，美国仍然对埃及的直线基线系统公

---

① 参见 UN Division for Ocean Affairs and the Law of the Sea Office of Legal Affairs, Law of the Sea Bulletin No. 55, United Nations, 2005, p. 28。

② 参见 Maritime Claims Reference Manual（Brazil），https：//www. jag. navy. mil/organization/code_10_mcrm. htm, visited on December 1, 2019。

③ 参见 Egypt, Decree of the President of the Arab Republic of Egypt No. 27 (1990) Concerning the Baselines of the Maritime Areas of the Arab Republic of Egypt, 9 January 1990；Egypt, Note Verbale of the Arab Republic of Egypt to the United Nations, 2 May 1990。

开表示反对,① 同时也可能是目前唯一公开表示反对的国家。

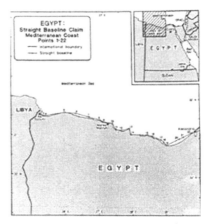

埃及直线基线图② 埃及地中海沿岸直线基线图③

（3）印度

印度《关于基线系统的 2009 年 5 月 11 日外交部公告》公布了其直线基线的坐标和海图。如印度本土直线基线图所示，除印度半岛西侧的卡奇湾（Gulf of Kutch）和肯帕德湾（Gulf of Khambhat，或称为坎贝湾/Cambay）湾与半岛东侧靠近恒河三角洲的水曲外，印度半岛东西两侧的海岸整体上较为平缓。印度沿着从肯帕德湾湾口东侧向印度半岛南端延伸的大部分海岸，及从保克海峡（Palk Strait）东北端出口向东北方向延伸的大部分海岸划定了直线基线。总体上来看，这些平缓海岸的直线基线并未封闭太多水域。此外，

① 参见 US Department of State, Limits in the Seas No. 116: Straight Baselines Claims: Albania and Egypt, US, 1994, pp. 8-16; J. Ashley Roach and Robert W. Smith, Excessive Maritime Claims, 3rd ed, Martinus Nijhoff Publishers, 2012, p. 85。

② 参见 J. Ashley Roach and Robert W. Smith, Excessive Maritime Claims, 3rd ed, Martinus Nijhoff Publishers, 2012, p. 87。

③ 参见 US Department of State, Limits in the Seas No. 116: Straight Baselines Claims: Albania and Egypt, US, 1994, p. 9。

印度面向广阔的印度洋,与海上相向的国家之间海域面积较大,因此这些直线基线对印度与邻国之间的海域划界影响较小。

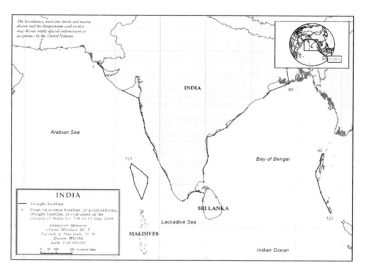

印度本土直线基线图①

(4) 西班牙

1977 年,西班牙依据第 2510/1977 号皇家法令(1977 年 8 月 5 日)建立了大陆沿岸的直线基线系统。如西班牙本土直线基线图所示,西班牙面向大西洋(比斯开湾,Bay of Biscay)的海岸和面向地中海的海岸均较为平缓。在地中海方向,西班牙隔海相望的是本国的巴利阿里群岛(Balearic Islands)和阿尔及利亚和摩洛哥两国,这两个国家也在各自的平缓海岸采用了直线基线。在大西洋方向,比斯开湾水域开阔,西班牙的直线基线对海域划界不会产生多大的影响。以上两点可能是西班牙相关直线基线没有受到抗议的主要原因之一。

以巴西、埃及、印度和西班牙为代表的这些国家,它们的海岸

---

① 参见 UN Division for Ocean Affairs and the Law of the Sea Office of Legal Affairs,Law of the Sea Bulletin No. 71,United Nations,2010,p. 31。

西班牙本土直线基线图①

整体上较为平缓，但是这些国家仍然划定了直线基线。埃及的直线
基线受到美国的抗议，② 印度的直线基线受到巴基斯坦抗议，③ 其
余两国的直线基线到目前为止似乎并未受到任何公开抗议。此外，
在其大部分或全部平缓海岸划定直线基线的国家还有阿尔及利亚、
以色列、肯尼亚、马达加斯加、摩洛哥、纳米比亚、巴基斯坦和秘
鲁等国，这类国家在非洲地区最为集中。

　　第三类，划定直线基线的海岸属于微型弯曲（mere
curvatures）。"微型弯曲"这一表述来源于 1982 年《公约》第 10
条（及 1958 年《公约》第 7 条），意指在技术上为不能通过半圆
检验（semi-circle test）的弯曲。④ 在本书中，此类海岸结构对应

---

　　① 参见 UN Office for Ocean Affairs and the Law of the Sea, Baselines:
Baselines National Legislation With Illustrative Maps, UN, 1989, p. 291。

　　② 参见 US Department of State, Limits in the Seas No. 116: Straight
Baselines Claims: Albania and Egypt, US, 1994, pp. 8-15。

　　③ 参见 UN Office for Ocean Affairs and the Law of the Sea, Law of the Sea
Bulletin No. 78, United Nations, 2012, p. 33。

　　④ 参见 W. Michael Reisman and Gayl S. Westerman, Straight Baselines in
Maritime Boundary Delimitation, Palgrave Macmillan, 1992, p. 142。

的英文表述还有"minor curvatures"。从字面意义可知，微型弯曲
并非一般意义上的平缓海岸，也非一般意义上的法律上的海湾、历
史性海湾或其他较大的海湾。由于直线基线封闭微型弯曲并不能产
生大量封闭水域，这一点与平缓海岸基本相同，所以将微型弯曲视
为平缓海岸的一部分。此类情况以哥伦比亚、意大利、马达加斯加
和伊朗等国的实践较为典型。

（1）哥伦比亚

 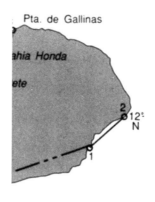

哥伦比亚太平洋沿岸直线基线图①　哥伦比亚加勒比海沿岸直线基线图②

根据 1984 年 6 月 13 日第 1436 号法令，哥伦比亚公布了其太
平洋沿岸和加勒比海沿岸的直线基线和基点坐标。如哥伦比亚太平
洋沿岸直线基线图所示，基点 1-2 之间的距离为 28.1 海里，基点
2-3 之间（封闭了提布哥湾/Tibuga Gulf）的距离为 37.5 海里。③

①　参见 US, US Department of State, Limits in the Seas No. 103: Straight
Baselines: Colombia, US, 1985, p. 10。

②　参见 W. Michael Reisman and Gayl S. Westerman, Straight Baselines in
Maritime Boundary Delimitation, Palgrave Macmillan, 1992, p. 146。

③　参见 US Department of State, Limits in the Seas No. 103: Straight
Baselines: Colombia, US, 1985, p. 7。

提布哥湾封口线不能通过半圆检验，因此提布哥湾为微型弯曲。再如哥伦比亚加勒比海沿岸直线基线图所示，基点 1-2 为哥伦比亚海岸在委内瑞拉湾（Golfo de Venezuela）的微型弯曲，基点 1-2 之间的距离为 14.3 海里。① 以上都是哥伦比亚用直线基线封闭微型弯曲的典型例子。

（2）伊朗

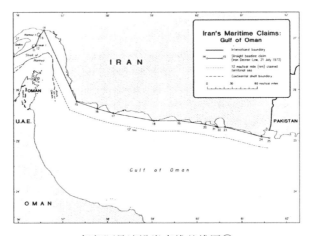

伊朗阿曼湾沿岸直线基线图②

依据 1973 年 7 月 21 日法令，伊朗沿着其波斯湾（Persian Gulf）和阿曼湾（Gulf of Oman）沿岸几乎整个海岸线建立了直线基线，1993 年《伊朗伊斯兰共和国关于波斯湾和阿曼海的海洋区域法》再次确认了上述基线。由于阿曼湾沿岸的直线基线更为典型，所以仅用伊朗阿曼湾沿岸直线基线图展示相关内容。从总体上来看，该段直线基线封闭了多个微型弯曲，这些海岸不属于"极为曲折"的范畴。

---

① 参见 W. Michael Reisman and Gayl S. Westerman, Straight Baselines in Maritime Boundary Delimitation, Palgrave Macmillan, 1992, p. 144。

② 参见 J. Ashley Roach and Robert W. Smith, Excessive Maritime Claims, 3rd ed, Martinus Nijhoff Publishers, 2012, p. 91。

（3）意大利

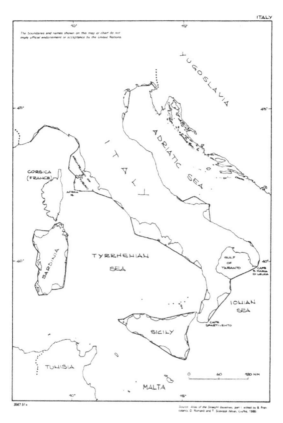

意大利直线基线图①

意大利现行的关于直线基线的主要法令为 1977 年 4 月 26 日第
816 号法令。如意大利直线基线图所示，意大利几乎所有的弯曲被
直线基线封闭。其中，有的是意大利主张的历史性海湾，如塔兰托
湾（Gulf of Taranto）；有的湾口附近存在一系列岛屿，如那波利湾
（Napoli）和加埃塔湾（Gaeta）等。但是，位于意大利半岛（东南

---

① 参见 UN Office for Ocean Affairs and the Law of the Sea, Baselines:
National Legislation With Illustrative Maps, United Nation, 1989, p. 206。

端）的焦亚湾（Gioia）等，位于西西里岛（Sicilia）的奥古斯塔湾（Augusta）等、及位于撒丁岛（Sardegna）的奥洛赛湾（Orosei）等，众多的微型弯曲都被意大利的直线基线所封闭。

（4）马达加斯加

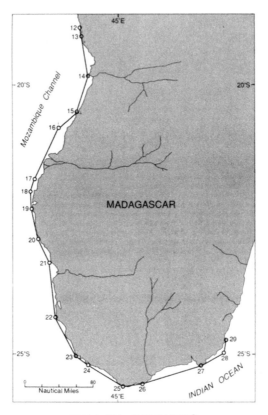

马达加斯加直线基线图①

根据1963年2月27日关于确定马达加斯加共和国领海边界的第63-131号法令，马达加斯加规定了其直线基线及各基点的地理

---

①　参见 UN Office for Ocean Affairs and the Law of the Sea, Baselines: National Legislation With Illustrative Maps, United Nation, 1989, p. 216。

坐标。马达加斯加建立了 37 条直线基线段，总长度为 1577.3 海里。尽管马达加斯加到西北部的海岸极为曲折或紧接海岸有一系列岛屿，但是其他地区的海岸相当平缓（如马达加斯加直线基线图所示），存在大量的微型弯曲（with a host of mere curvatures），如位于基点 12—29 之间的海岸，以及位于基点 33—38 之间的海岸。①

上述封闭微型弯曲的直线基线中，哥伦比亚的直线基线受到美国的抗议；② 伊朗的直线基线除遭到美国的抗议外，还受到沙特、卡塔尔、科威特和阿联酋等邻国的抗议。总体上来看，从划定直线基线的海岸局部为平缓海岸，到划定直线基线的海岸几乎全部为平缓海岸，再到划定直线基线的海岸为微型弯曲，随着直线基线封闭水域面积的增加，直线基线受到的抗议也可能随之增加。

一方面，沿海国在平缓海岸划定直线基线的做法由来已久。在 1958 年《公约》以前，已经有挪威（在扬马延岛）、肯尼亚、阿尔及利亚、摩洛哥和埃及等国在其平缓海岸划定直线基线。③ 另一方面，这一做法已经屡见不鲜。截止到 2005 年，已经有 20 多个沿海国参与了此类实践。④ 目前这一数目应该已经有所增加。美国国务院的《海洋界限》系列报告对数十个国家⑤的直线基线进行了详尽的分析。这些报告在一定程度上反映了美国视角下全球范围内最具典型意义的直线基线。在这数十个国家当中，有 20 多个国家

---

① 参见 W. Michael Reisman and Gayl S. Westerman, Straight Baselines in Maritime Boundary Delimitation, Palgrave Macmillan, 1992, p. 147。

② 参见 J. Ashley Roach and Robert W. Smith, Excessive Maritime Claims, 3rd ed, Martinus Nijhoff Publishers, 2012, pp. 83-84。

③ 参见 Victor Prescott and Clive Schofield, The Maritime Political Boundaries of the World, 2nd ed, Martinus Nijhoff Publishers, 2005, p. 140。

④ 参见 Victor Prescott and Clive Schofield, The Maritime Political Boundaries of the World, 2nd ed, Martinus Nijhoff Publishers, 2005, p. 164。

⑤ 截止到 2022 年，已经发布《海洋界限》（Limits in the Seas）报告 150 多份，其中 57 份的名字当中含有"直线基线（Straight Baseline）"。参见 US Department of State, Limits in the Seas Series, US, 1970-2022。

在其平缓海岸划定了直线基线（不足半数）。这些国家主要包括：爱尔兰（基点 45-47 之间）、多米尼加（封闭安德烈斯海湾/Andres Bay 和尤马湾/Bahia de Yuma）、前南斯拉夫（今克罗地亚）、毛里塔尼亚、马达加斯加（主要为南部海岸）、丹麦（基点 12-14 之间）、沙特（亚喀巴湾/Aqaba）、葡萄牙、安哥拉、冰岛（基点 23-28 之间）、法国（以基线段 3、4 和 12 为代表）、厄瓜多尔（基点 1-2）、瑞典（厄兰岛/Oland 东部）、海地、塞内加尔、阿曼（马西拉岛/Masirah）、古巴、哥伦比亚、原苏联（今俄罗斯）、哥斯达黎加和洪都拉斯等。

既然已经有这么多沿海国在平缓海岸划定直线基线，那么在平缓海岸划定直线基线是否已经形成习惯国际法呢？下文将从通例和法律确信这两个方面进行分析和判断。

通过分析可知，在平缓海岸划定直线基线尚未形成通例。国际法委员会（2016 年）第 68 次会议工作报告的第五部分为"国际习惯法的识别"，其中包含 16 条结论草案（draft conclusion）。结论草案中提到：第一，相关的实践必须具有普遍性（general），意即其必须具有足够的广泛性（wide-spread）和代表性（representative），以及一致性（consistent）；第二，如果实践具有普遍性，则没有特定的持续时间（duration）方面的要求。[1] 在对"相关的实践必须具有普遍性"这一条件的评注中指出：首先，参与实践的国家必须足够多并且具有代表性；[2] 并不必然意味着所有国家都参与了实践，参与实践的国家应包括有机会和有可能适用这一规则的国家。重要的是这些国家代表不同的地区或受影响的不同利益；[3] 实践必须具有一致性，这意味着当相关行为各异以至于达到不能识别行为

---

[1]　参见 ILC, Identification of Customary International Law, Report of the International Law Commission (Sixty-eighth session), 2016, p. 92。

[2]　参见 ILC, Identification of Customary International Law, Report of the International Law Commission (Sixty-eighth session), 2016, p. 94。

[3]　参见 ILC, Identification of Customary International Law, Report of the International Law Commission (Sixty-eighth session), 2016, pp. 94-95。

模式的程度时就不能说有通例存在。①

就在平缓海岸划定直线基线而言，参与实践的国家来自世界各个大洲，既有大陆国家，也有岛屿国家，还有非独立的海外领地，因此能够代表不同地区或受影响的不同利益。然而，全球共有 150 多个沿海国，平缓海岸适用直线基线的国家仅有 20 多个，这在数量上还不占优势，因此广泛性有所不足。这使得这一实践的普遍性仍不够充分。不可否认的是，这一实践基本上具备了习惯法形成所需要的持续时间，因为从挪威在扬马延岛划定直线基线以来这一实践已经持续了 60 余年。

（二）法律确信是否已经形成

沿海国主张权利的声明、国际社会的抗议或默认对于习惯法的形成同样具有重要意义。"习惯法是通过提出主张、在相关问题上有特别利害关系的国家不提出抗议以及其他国家的默认这种模式确立起来的。"② 国际法委员会的结论草案中指出，法律确信意味着从事该实践是出于法律权利或义务感。③ "就许可性规则来说，法律确信的含义是：国家某种形式的行为是国际法所许可的确信。许可性规则可以以下列方法证明：或者是援引国家明白主张自己有权采取某种特定方式的行动的声明，或者是证明某些国家采取了某种特定方式的行动而其利益受到这项行动影响的其他国家并未抗议——换言之，其他国家已经默认这种行动。"④ 因此，沿海国主张权利的声明、国际社会的抗议或默认，都是判断相关法律确信的重要依据。基于许可性规则的法律确信的证明方法，下文将从沿海

---

① 参见 ILC, Identification of Customary International Law, Report of the International Law Commission（Sixty-eighth session），2016，p. 95。

② ［英］马尔科姆·N. 肖：《国际法（上）》，白桂梅等译，北京大学出版社 2011 年版，第 89 页。

③ 参见 ILC, Identification of Customary International Law, Report of the International Law Commission（Sixty-eighth session），2016，p. 97。

④ ［英］M. 阿库斯特：《现代国际法概论》，中国社会科学出版社 1981 年版，第 36 页。

国本身的法律确信、国际社会的法律确信这两个方面进行分析。

（1）沿海国本国的法律确信

沿海国在平缓海岸划定直线基线通常是通过立法和宣言等来完成，这体现了沿海国本身的法律确信。这些国家实践本身就可以推断沿海国的相关法律确信。此外，更为重要的是，当直线基线受到他国反对以后沿海国对这种反对所作的回应则是其法律确信最直观的反映。伊朗阿曼湾海岸封闭微型弯曲的直线基线是平缓海岸适用直线基线的典型，美国对伊朗的这一实践表达了抗议。① 伊朗在回应中认为，其采用了其他国家在相似情况下所采用的基线方法，这一做法被国际社会所承认。② 伊朗在回应卡塔尔和科威特等国的反对中均强调其直线基线具有合法性。③

（2）国际社会的态度

总体上，大多数国家对平缓海岸划定直线基线表现出一种宽容和认可的态度。然而，上述国家实践当中，埃及、哥伦比亚、伊朗、马达加斯加等国的实践受到美国的抗议。鉴于美国对平缓海岸划定直线基线的反对态度，可以将美国作为习惯法形成过程中的"持续反对者"。

此外，还有一些在平缓海岸划定直线基线的国家受到来自邻国的抗议。例如，沙特、卡塔尔、科威特和阿联酋对伊朗直线基线的抗议，巴基斯坦和印度对彼此的直线基线表示了抗议。这些抗议的背后是国家利益的考量和博弈，同时受到国家间关系的影响。

其一，德国（代表欧盟）、沙特、卡塔尔、科威特和阿联酋对伊朗直线基线的抗议。德国（欧盟）指出伊朗划定直线基线的部

---

① 参见 US Department of State, Limits in the Seas No. 114: Iran's Maritime Claims, US, 1994, pp. 24-25; UN Division for Ocean Affairs and the Law of the Sea Office of Legal Affairs, Law of the Sea Bulletin: No. 43, UN, 2000, pp. 105-106。

② 参见 UN Division for Ocean Affairs and the Law of the Sea Office of Legal Affairs, Law of the Sea Bulletin: No. 26, UN, 1994, pp. 35-38。

③ 参见 UN Division for Ocean Affairs and the Law of the Sea Office of Legal Affairs, Law of the Sea Bulletin: No. 33, UN, 1997, pp. 86, 87-88。

分海岸并不符合相关规定。① 沙特对伊朗直线基线的照会中主要表达的是对航行权利的关注。② 阿联酋对伊朗直线基线的质疑主要基于霍尔木兹海峡（Strait of Hormuz）的航行问题和相关水域内岛屿主权问题。③ 科威特的书信中仅使用了"滥用权利"（an abuse of right）和"违反《公约》的目的和宗旨"（counter to the object or purpose of the Convention）等表述来含蓄地否定伊朗直线基线的合法性。④ 唯有卡塔尔明确地表示伊朗的直线基线不符合习惯法。⑤ 简言之，对伊朗直线基线作出反应的邻国"众多"，明确质疑其直线基线合法性的相对"较少"。

其二，巴基斯坦和印度对彼此直线基线的抗议。印度对巴基斯坦直线基线保留权利是由于其侵犯了印度的主权管辖权。⑥ 换言之，印度并没有质疑巴基斯坦直线基线的合法性。巴基斯坦对印度直线基线的抗议既是由于其"违反国际法"（inconsistent with international law）也是由于其侵犯了巴基斯坦的领水。

由上可知，邻国对直线基线的反应并非全部针对直线基线的合法性问题，不少邻国反应是在表达对领土争端或航行权利问题等的关注。然而，由于本书仅对部分国家对直线基线的反应作出了分析和总结，这些反应尚不足以代表国际社会对沿着平缓海岸划定直线基线的态度。

综上所述，在平缓海岸划定直线基线尚未形成习惯法。但是，

---

① 参见 UN Division for Ocean Affairs and the Law of the Sea Office of Legal Affairs，Law of the Sea Bulletin No. 30, United Nations，1996，pp. 61-61。

② 参见 UN Division for Ocean Affairs and the Law of the Sea Office of Legal Affairs，Law of the Sea Bulletin：No. 32，UN，1996，p. 90。

③ 参见 UN Division for Ocean Affairs and the Law of the Sea Office of Legal Affairs，Law of the Sea Bulletin：No. 32，UN，1996，p. 91。

④ 参见 UN Division for Ocean Affairs and the Law of the Sea Office of Legal Affairs，Law of the Sea Bulletin：No. 32，UN，1996，p. 88。

⑤ 参见 UN Division for Ocean Affairs and the Law of the Sea Office of Legal Affairs，Law of the Sea Bulletin：No. 32，UN，1996，pp. 89-90。

⑥ 参见 UN Division for Ocean Affairs and the Law of the Sea Office of Legal Affairs，Law of the Sea Bulletin：No. 34，UN，1997，p. 46。

这并不能否定未来形成习惯法的可能。此外，此类国家实践数量可观，这能够为其他沿海国参与此类实践提供某些参考和"依据"。相对于"极为曲折"这一构成要件来说，平缓海岸是一种较为极端的对立面。基于此，平缓海岸适用直线基线的国家实践为宽松解释"极为曲折"提供了材料和"依据"。

二、国际司法裁判分析

（一）1951年英挪渔业案

在1951年英挪渔业案中，英国主张只能在海湾湾口划定直线（基线），而国际法院不认同英国的观点。法院指出，"这种方法（即直线基线法）由在低潮标上选择合适的点并在这些点之间划定直线构成。这种方法不仅适用于轮廓分明的海湾（well-defined bays）而且适用于海岸线的微型弯曲（minor curvatures）。在这些情况下，直线基线法仅仅是使领水带模式简化（simpler form）的问题。"① 挪威北部海岸的大部分均被海湾和峡湾切割得极为破碎或者被岛屿、小岛、岩礁和礁石环绕，那么，判决中提到的微型弯曲可能位于挪威海岸哪一部分呢？判决中指出，北角（North Cape）以东"石垒"消失，但是海岸线仍然因较大的、深度凹入的峡湾而非常破碎。② 在一些地图上，瓦兰格尔半岛（Varanger Peninsula）面向巴伦支海（Barents）的海岸上，虽然具备判决中所说的"深度凹入"和"破碎"，但是由于峡湾的湾口较小，从总体上来看，该部分海岸并不像通常意义上的"极为曲折"（见挪威1935年直线基线图C处）。甚至在另外一些地图上，瓦兰格尔半岛上的贝勒沃格（Berlevåg）以东地区，峡湾并不大，海岸在整体上略显平缓（见挪威本土直线基线图C处）。总之，虽然本案对微型弯曲的讨论一笔带过，而且本案中大部分海岸"石垒"广布，微型弯曲所占比例相对较小，但就所占比较相对较小的微型弯曲适用

---

① Fisheries Case, Judgment, I. C. J. Reports, 1951, pp. 129-130.

② Fisheries Case, Judgment, I. C. J. Reports, 1951, p. 127.

直线基线而言，国际法院应该是支持的。

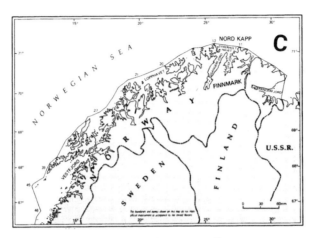

挪威 1935 年直线基线图①

（二）1985 年利比亚诉马耳他案

本案涉及利比亚和马耳他两国之间的大陆架划界，国际判决判
决该划界应按照公平原则并考虑一切有关情况以达到公平结果。其
中，构造两国中间线的过程涉及基线问题。在本案中，当事国中只
有一方划定了直线基线，具体来说，马耳他依据 1972 年 12 月 10
日《领海及毗连区法案》的规定围绕其 4 个岛屿划定了直线基线，
但并未公布地理坐标，这些基线包含 26 个基点，最长的直线基线
段为 11.9 海里；"利比亚在划界区域没有直线基线"②。在本案中，
"本院认为必须对中线作出限定，这涉及构成该线的基点。马耳他
提出的中间线是从利比亚海岸的低潮线开始构造的，但在马耳他海

---

①　参见 UN Office for Ocean Affairs and the Law of the Sea United Nations，
Baselines：An Examination of the Relevant Provisions of the United Nations
Convention on the Law of the Sea，UN，1989，p. 23。

②　Jonathan　Charney　&　Lewis. M. Alexander，International　Maritime
BoundariesI Ⅱ，Martinus Nijhoff，1993，p. 1651.

挪威本土直线基线图①

岸（除其他外）则是从连接马耳他岛和无人居住的弗尔弗拉岛的
直线基线开始建造的。对于将弗尔弗拉岛（Filfla）纳入马耳他的
基线是否合法（legally justified），本院没有发表任何意见；但是，
无论如何，沿海国确定的基线本身并不等于沿海国为计算属于本国
的大陆架面积而选择的基点……因此，法院认定，在计算利比亚和

---

① 参见 Chris Carleton and Clive Schofield, Developments in the Technical
Determination of Maritime Space: Charts, Datums, Baselines, Maritime Zones and
Limits, International Boundaries Research Unit（ed.）, Maritime Briefing, Vol. 3,
No. 3, 2001, p. 30。

马耳他的临时中间线时不考虑弗尔弗拉岛是公平的。"① 不但在构造中间线的过程中没有考虑较小的地物弗尔弗拉岛，在计算双方的海岸线长度时同样没有考虑连接弗尔弗拉岛的直线基线。利比亚从阿杰迪尔角（Ras Ajdir）到扎鲁克角（Ras Zarruq）的海岸被视为划界的有关海岸。"利比亚海岸从阿杰迪尔角到扎鲁克角，沿着一般方向测量，为 192 海里长；而马耳他海岸，从伊尔-瓦尔迪亚角（Ras il-Wardija）到德里马拉点（Delimara Point），沿着将弗尔弗拉小岛排除在外的直线基线测量，为 24 海里。在本院看来，这种差距如此之大以至于证明了调整中间线的正确性，从而把更多的大陆架划归利比亚。"② 简言之，在这一过程中，国际法院使用了除弗尔弗拉小岛以外的直线基线。

在本案中，国际法院在测量马耳他的有关海岸时参照了其从伊尔-瓦尔迪亚角（见马耳他直线基线和领海图 R 处）到德里马拉点（见马耳他直线基线和领海图 D 处）之间的基线。国际法院的这一做法与划界的实际需要紧密相关。国际法院在划界中对直线基线的参考或使用与直线基线的合法性之间没有必然的联系，尽管如此，国际法院的这种参考或使用仍然能够在一定程度上反映其对直线基线合法性的某种认可。如马耳他直线基线和领海图所示，从戈佐岛（Gozo）的伊尔-瓦尔迪亚角到马耳他岛（Malta）德里马拉点之间的海岸（可将弗尔弗拉岛附近马耳他岛的相关海岸排除在外），总体上来看，马耳他上述海岸中的大部分并非极为曲折也无边缘岛屿，可以说是海岸平缓。英国杜伦大学名誉教授兼地理学家布莱克（Gerald H. Blake）的看法就反映了这一点。布莱克教授认为：马耳他建立直线基线的理由并不符合《公约》第 7 条的要求，因为其并非海岸极为曲折或紧邻海岸有一系列岛屿。③

---

① Continental Shelf (Libyan Arab Jarnahiriya/Malta), Judgment, I. C. J. Reports 1985, para. 64.

② Continental Shelf (Libyan Arab Jarnahiriya/Malta), Judgment, I. C. J. Reports 1985, para. 68.

③ 参见 Gerald H. Blake. Coastal State Sovereignty in the Mediterranean Sea: the Case of Malta, GeoJournal, Vol. 41, No. 2, 1997, p. 176。

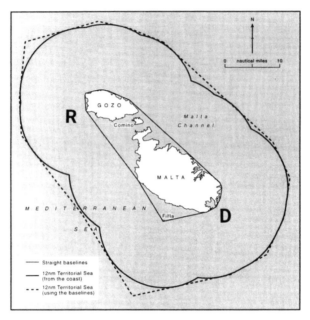

马耳他直线基线和领海图①

（三）2022年尼加拉瓜诉哥伦比亚案

在2022年尼加拉瓜诉哥伦比亚案判决中，国际法院认为："尼加拉瓜最南端的海岸实际上确实向内弯曲（curve inward）。但是，依据（1982年）《公约》第7条第1款所反映的条件下，海岸具有轻微的弯曲和凹陷（slight indentations and concavities）是不够的，其必须'极为曲折'。从面对着布鲁菲尔德湾（bay of Bluefields）的维纳多岛（Isla del Venado）到猴子角（Monkey Point），尼加拉瓜的大陆海岸具有平缓的结构。从蓬塔·格林斯顿湾（Punta Grindston Bay）到位于与哥斯达黎加陆地边界终点的

---

① 参见 Gerald H. Blake. Coastal State Sovereignty in the Mediterranean Sea: the Case of Malta, GeoJournal, Vol. 41, No. 2, 1997, p. 175。

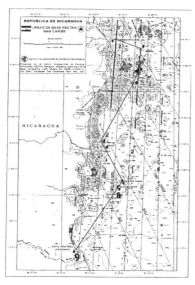

尼加拉瓜直线基线图1①　　　　尼加拉瓜直线基线图2②

波提洛斯岛（Isla Portillos），可以看到一个宽阔的凹陷（broad concavity）。沿着尼加拉瓜相关海岸的水曲（indentations）没有充分向内陆渗入（penetrate sufficiently inland）也没有表现出足以使法院认为该部分海岸'极为弯曲'的特征……基点8和基点9之间的直线基线段并不符合《公约》第7条第1款所反映的划定直线基线的习惯国际法。"③ 在本案中，国际法院援引2001年卡塔尔诉巴林案中直线基线

---

① 参见 Presidential Decree No. 17-2018，Decree of Reform to Decree No. 33 2013，"Baselines of the Maritime Spaces of the Republic of Nicaragua in the Caribbean Sea"，10 October 2018，Law of the Sea Bulletin No. 99，p. 37. https：// www. un. org/Depts/los/LEGISLATIONANDTREATIES/PDFFILES/MAPS/NIC_MZN141_ 2018_00ill. jpg。

② 参见 M. Z. N. 99. 2013. LOS of 11 October 2013：Deposit of a List of Geographical Coordinates of Points Defining the Straight Baselines of Nicaragua as Contained in Decree No. 33-2013 of 19 August 2013. https：//www. un. org/Depts/los/ LEGISLATION ANDTREATIES/PDFFILES/MAPS/NIC_MZN99_2013_00ill. jpg。

③ Alleged Violations of Sovereign Rights and Maritime Spaces in the Caribbean Sea（Nicaragua v. Colombia），Judgment of 21April 2022，para. 245。

方法"必须严格适用"① 的观点，为本案确定了严格解释和适用直线基线规则的基调。本案应该是国际法院第一次如此明确地判断某一海岸并不符合"极为曲折"的要求，而且详细阐述了原因。从国际法院对"极为曲折"采用的严格解释和适用当中，尤其是从"具有轻微的弯曲和凹陷是不够的"这一论断当中可知，在国际法院看来，平缓海岸不具备适用直线基线的条件。该案标志着国际法院对直线基线规则解释和适用的态度由相对模糊和包容向清晰和严格迈进了一大步。

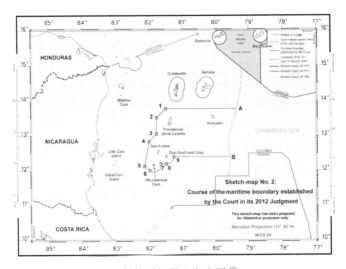

尼加拉瓜加勒比海岸图②

三、国家实践与国际司法裁判的比较

前文已述，随着直线基线封闭水域面积的增加，平缓海岸划定

---

① Maritime Delimitation and Territorial Questions Between Qatar and Bahrain, Merits, Judgment, I. C. J. Reports 2001, p. 103, para. 212.

② 参见 Alleged Violations of Sovereign Rights and Maritime Spaces in the Caribbean Sea（Nicaragua v. Colombia），Judgment of 21 April 2022, p. 23。

直线基线受到的抗议也可能随之增加。普雷斯科特和斯科菲尔德所指出，沿着平缓海岸划定直线基线，如果没有使内水和领海的面积显著增加就会受到较少的反对。① 在实践当中，甚至连一向主张严格解释和适用直线基线规则的美国有时也会对此予以容忍。尽管瑞典划定直线基线的海岸中部分为平缓海岸，但是美国对瑞典直线基线的合法性予以肯定，同时指出位于平缓海岸的直线基线并无明显扩大领海的外部界限。② 正如联合国的研究报告所指出的，"直线基线的目的并非不合理地增加领海面积"。③ 由上可知，平缓海岸划定直线基线应以没有显著扩大内水和领海的面积为首要限制条件。

　　然而，就国际司法裁判来看，国际司法机构对"极为曲折"的认定标准越来越严，对平缓海岸适用直线基线的容忍度越来越少。1951 年英挪渔业案中对"极为曲折"的认定相对宽松，对（局部）平缓海岸适用直线基线的态度相对包容。1985 年利比亚诉马耳他案中对相关直线基线的合法性问题予以回避，但实际上对马耳他在相对平缓的海岸上适用直线基线给与了某种程度的认可和容忍。2001 年卡塔尔诉巴林案中关于直线基线方法"必须严格适用"的论断，是直线基线发展史上的一次重要"宣誓"。2022 年尼加拉瓜诉哥伦比亚案中对尼加拉瓜相关海岸不符合"极为曲折"的认定（及"具有轻微的弯曲和凹陷是不够的"这一论断），则体现出国际法院对直线基线规则解释和适用的从严要求进入了一个新阶段。基于多方面的原因，国家实践和国际司法裁判之间的这一差异不易消除；然而，国际法院的相关判决也仅能对个案和当事国起到约束作用。基于此，应综合而客观地看待和评估上述判决的作用和

---

① 参见 Victor Prescott and Clive Schofield, The Maritime Political Boundaries of the World, 2nd ed, Martinus Nijhoff Publishers, 2005, p. 164。

② 参见 US Department of State, Limits in the Seas No. 47: Straight Baselines: Sweden, US, 1972, p. 11。

③ UN Office for Ocean Affairs and the Law of the Sea United Nations, Baselines: An Examination of the Relevant Provisions of the United Nations Convention on the Law of the Sea, UN, 1989, p. 21, para. 39.

影响。

第二节 对"紧接海岸有一系列岛屿"分析：仅有若干小岛或岩礁能够构成一系列岛屿

本小节主要探讨两个问题：其一，"一系列岛屿"是否允许岛屿分布方向与大陆海岸"明显"不一致？其二，仅有若干小岛（islet）或岩礁（Rock）能够否构成"一系列岛屿"？后者为重点探讨的问题。

一、国家实践分析

（一）加拿大：北极群岛（Arctic Archipelago）

1985 年，加拿大政府通过法令（Order-in-Council）建立了将北极群岛和大陆连为一体的直线基线。不少学者认为，"一系列岛屿"需要岛屿的分布在整体上与大陆海岸平行。[①] 依据这一标准，北极群岛基本不能构成一系列岛屿，因为北极群岛规模庞大，呈三角形轮廓，而且被帕里海峡（Parry Channel）分割为北部岛群和南部岛群，与大陆海岸的一般方向似乎垂直。[②] 显然，就此否定北极群岛直线基线的合法性并不合理，因为加拿大北极群岛与挪威的"石垒"群岛有诸多相似性。审理 1951 年英挪渔业案的麦克奈尔（McNair）法官认为，加拿大几乎全部的海岸都与挪威深度凹入的

---

① 参见 UN Office for Ocean Affairs and the Law of the Sea United Nations，Baselines：An Examination of the Relevant Provisions of the United Nations Convention on the Law of the Sea, UN, 1989, p. 21；W. Michael Reisman and Gayl S. Westerman, Straight Baselines in Maritime Boundary Delimitation, Palgrave Macmillan, 1992, pp. 82-83。

② 参见 Mark Killas, The Legality of Canada's Claims to the Waters of its Arctic Archipelago, Ottawa Law Review, Vol. 19, No. 1, 1987, p. 113；J. Bruce McKinnon, Arctic Baselines：A Litore Usque Ad Litus, Canadian Bar Review, Vol. 66, 1987, p. 805。

加拿大北极群岛罗宾逊投影法地图①

（heavily indented）海岸极为相似；② 里德（Reed）法官也指出，尽管对海洋特征使用了不同的名字，但加拿大海岸各海岸分布着沿岸群岛，深度凹入的海湾，破碎的海岸等，这与挪威的海岸相似。③ 学者普雷斯科特和斯科菲尔德指出，"加拿大紧凑的（compact）伊丽莎白女王群岛（Queen Elizabeth Islands）由几个大岛和小岛组成，这些岛屿构成了大陆的边缘（a fringe to the mainland）"；④ 而且沿加拿大伊丽莎白女王群岛北部边缘，东起埃尔斯米尔岛（Ellesmere Island）西至帕特里克王子岛（Prince

① 美国国家地理学会 1988 年出版。参见 Donat Pharand, The Arctic Waters and the Northwest Passage: A Final Revisit, Ocean Development and International Law, Vol. 38, No. 1-2, 2007, p. 20。

② 参见 Fisheries Case, Judgment, I. C. J. Reports, 1951, Dissenting Opinion of Sir Arnold McNaik, p. 169。

③ 参见 Fisheries Case, Judgment, I. C. J. Reports, 1951, Dissenting Opinion of Judge Reed, p. 193。

④ Victor Prescott and Clive Schofield, The Maritime Political Boundaries of the World, 2nd ed, Martinus Nijhoff Publishers, 2005, p. 82.

Patrick Island）为永久性冰封海岸。① 基于上述法官和学者指出的事实，将北极群岛视为加拿大的"一系列岛屿"似乎是合理的（当然，这还跟海岸的整体特征密切相关）。况且，在一些失真较少的地图上，北极群岛的分布方向与大陆海岸的偏离并没有那么严重。

（二）芬兰：奥兰群岛（Aland Islands）

芬兰破碎的海岸线为其划定直线基线提供了基础。芬兰 1956年第 463 号法案规定在其海岸划定直线基线。该法案规定，芬兰的直线基线段没有超过 8 海里（即该国当时所主张领海宽度的 2倍），而且每隔 30 年要对其基点重新作出审查。② 美国的研究报告中称芬兰的直线基线几乎是其边缘岛屿结构的复制，是最不具备扩张性的直线基线系统。③ 普雷斯科特和斯科菲尔德认为，芬兰直线基线可能是世界上最适度和最令人钦佩的直线基线。④ 从整体上来看，芬兰的海岸符合"海岸线极为曲折或紧接海岸有一系列"的要求。但是，从局部来看，某些部分并不符合上述要求。奥兰群岛（Aland Islands）并非严格意义上的"一系列岛屿"。如芬兰直线基线图所示，芬兰围绕奥兰群岛的直线基线形成一个与大陆海岸几乎垂直的"凸起"。此外，芬兰位于波的尼亚湾（Gulf of Bothnia）中部的瓦尔肯群岛（Kvarken Archipelago）也属于这种情况。尽管奥兰群岛的分布方向与芬兰大陆海岸的一般方向"明显"不一致，但是没有任何国家对芬兰的直线基线质疑和挑战。

---

① 参见 Victor Prescott and Clive Schofield, The Maritime Political Boundaries of the World, 2nd ed, Martinus Nijhoff Publishers, 2005, p. 102。

② 1995 年，芬兰对其 1965 年直线基线系统进行了审查和调整。参见 Finland, Decree on the Application of the Act on the Delimitation of the Territorial Waters of Finland（No. 993 of 31 July 1995）。

③ 参见 US Department of State, Limits in the Seas No. 48：Straight Baselines：Finland, US, 1972, p. 8。

④ 参见 Victor Prescott and Clive Schofield, The Maritime Political Boundaries of the World, 2nd ed, Martinus Nijhoff Publishers, 2005, p. 140。

芬兰直线基线图①

(三)英国:赫布里底群岛(The Hebrides)

1964年,英国通过颁布枢密令(Order in Council),划定一系列直线基线,将赫布里底群岛与苏格兰西海岸连为一体。由于英国是1951年英挪渔业案中竭力否定挪威直线基线合法性的一方,因此其采用直线基线具有典型意义。美国国务院的报告中指出,赫布里底群岛及其附属岛屿几乎"覆盖"(screen)了整个大陆海岸,被直线基线封闭的水域与陆地面积比与挪威3.5:1的比值

---

① 参见 Tullio Scovazzi etc., Atlas of the Straight Baselines, 2nd ed, Giuffre Editore, 1989, p. 307。

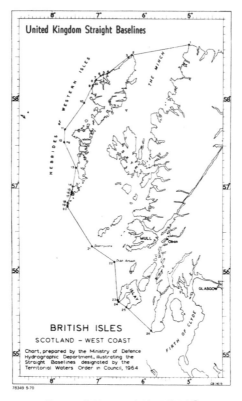

英国（苏格兰）直线基线图①

几乎相同。② 显然，美国的报告中认为赫布里底群岛能够构成"紧接"海岸的"一系列岛屿"，"screen"一词即为体现；而且直线基线封闭的水域与陆地领土之间存在紧密的关系。英国的直线基线系统是少数没有受到美国批判的直线基线系统之一。通过这一国家实践，可以得出以下两点：其一，一系列岛屿（或其组成部分）可以距离大陆海岸可以超过 24 海里的限制。英国有 4 条直线基线

①　参见 US Department of State. Limits in the Seas No. 120, Straight Baseline: United Kingdom. 1970, p. 8。

②　参见 US Department of State, Limits in the Seas No. 120: Straight Baseline: United Kingdom, US, 1970, p. 7。

超过 24 海里：线段 1-2 为 40.25 海里，线段 20-21 为 33.2 海里，线段 22-23 为 26.5 海里，线段 25-26 为 25.5 海里。如果以英挪渔业案中挪威的直线基线为参照，这些直线基线段并非过长；但是，如果以美国提出的 24 海里为标准①，则明显过长。美国对英国直线基线的肯定即说明其提出的 24 海里的标准并不绝对，或者说美国对不同国家所使用的标准并不一致。其二，一系列岛屿可以由距离大陆海岸远近不同的两组岛群"叠加"构成，这种情况下，直线基线封闭的水域面积较大。小明奇海峡（The Little Minch）将赫布里底群岛分为内赫布里底群岛（Inner Hebrides）和外赫布里底群岛（Outer Hebrides）。尽管内赫布里底群岛紧接大陆海岸，但是外赫布里底群岛并非与大陆海岸直接相接，其与大陆海岸之间隔着小明奇海峡和斯凯岛（Isle of Skye）。这一点与加拿大北极群岛由南北两个岛群构成的情况较为相似。尽管美国的报告中通过水陆比的方式肯定直线基线封闭的水域与陆地之间存在紧密联系，但是这一点并不能否认连接（外）赫布里底群岛和大陆的直线基线封闭了大量的水域。

（四）日本：西南部海岸和东北部海岸

依据 1977 年领海法执行令，日本仅在濑户内海和 5 个用于国际航行的海峡等处采用直线基线；依据 1996 年新修订的《领海与毗连区法》，日本在大部分海岸都采用了直线基线。② 由日本直线基线图可知，日本对马海峡（Tsushima Strait）沿岸的直线基线，基点 94 至基点 97 之间，基点 95（辰之岛）、96（冲之岛）、97（见岛）均为面积较小的岛屿。日本海（Japan Sea）沿岸的直线基线，基点 131（舳仓岛）至基点 137（飞岛）之间，只有基点 133、134 和 135 所在的佐渡岛面积相对较大，其他均为小岛。相比较而

①　参见 J. Ashley Roach and Robert W. Smith, Straight Baselines: The Need for a Universally Applied Norm, Ocean Development & International Law, Vol. 31, No. 1-2, 2000, p. 50。

②　参见 UN Division for Ocean Affairs and the Law of the Sea Office of Legal Affairs, Law of the Sea Bulletin No. 35, United Nations, 1997, p. 78。

言，日本的上述基点岛屿并非挪威石垒意义上的一系列岛屿。日本的上述岛屿数量相对较少，岛屿之间的距离相对较大。普雷斯科特和斯科菲尔德认为，日本的直线基线是根据对 1982 年《公约》第 7 条的合理严格解释而划定的直线基线。① 在谈及日本、法国和意大利的直线基线时，斯科瓦齐认为这些国家在海洋法领域展示出适中的态度。② 可知，斯科瓦齐对这些国家连接若干非挪威石垒意义的岛屿的做法是肯定的。

加拿大北极群岛和芬兰奥兰群岛（包含瓦尔肯群岛）的实践说明，如果沿岸群岛的岛屿数量众多、分布密集，而且岛屿之间及岛屿与大陆之间的联系较为密切，那么对岛屿分布方向的要求可以有所降低，甚至允许出现岛屿分布方向与海岸的一般方向"明显"不一致的情况。需要指出的是，北极群岛和奥兰群岛（瓦尔肯群岛）均为"团状"而非线状。换言之，如果群岛呈"线状"分布且与大陆海岸垂直，那么其仍然难以构成"一系列岛屿"。英国（赫布里底群岛）和日本的实践说明，在岛屿与大陆海岸的基本平行的情况下，对岛屿与大陆之间距离及岛屿之间距离的要求可以有所降低。芬兰和日本等国的实践还说明，由若干小岛可以构成一系列岛屿。

二、国际司法裁判分析

依据 1982 年《公约》第 121 条规定，岛屿划定领海和其他海域的权利与其他陆地领土相同，而岩礁仅能够划定领海而不能划定其他海域。瑞斯曼和维特斯曼认为，在体系解释之下，构成"一系列岛屿"的岛屿仅为上述 121 条中的"岛屿"，而不包括"岩礁"。③ 我国台湾学者姜皇池指出，仅有几个分散独立的小岛并不

① 参见 Victor Prescott and Clive Schofield, The Maritime Political Boundaries of the World, 2nd ed, Martinus Nijhoff Publishers, 2005, p. 164。

② 参见 Tullio Scovazzi, The Establishment of Straight Baselines Systems: The Rules and the Practice, Davor Vidas and Willy Ostreng (ed.), Order for the Oceans at the Turn of the Century, Kluwer Law International, 1999, p. 454。

③ 参见 W. Michael Reisman and Gayl S. Westerman, Straight Baselines in Maritime Boundary Delimitation, Palgrave Macmillan, 1992, p. 85。

足以构成"一系列"。① 以上观点均对构成"一系列岛屿"的地物作出了限制。该部分将通过对相关司法实践的分析对上述问题予以澄清。

（一）1951 年英挪渔业案

在该案中，当确认挪威直线基线的合法性时，国际法院认为，所有岛屿（islands）、小岛（islets）、岩礁（rocks）和礁石（reefs）共同构成了挪威的"石垒（skjærgaard）"群岛。② 国际法院指出，在世界上许多地区陆地和海洋之间存在一条清晰的分界线，而挪威大陆海岸并非如此；重要的是，真正构成挪威海岸线的是"石垒"外缘线。此外，国际法院还认为，由于挪威大陆西部邻接"石垒"，而这些地物与大陆成为一体（constitutes a whole），因此在划

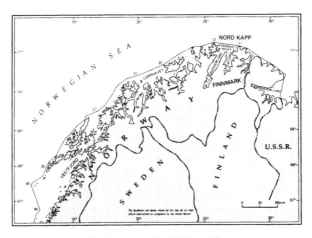

挪威 1935 年直线基线图③

① 参见参见姜皇池：《国际海洋法》，台湾学林文化事业有限公司 2004 年版，第 152 页。

② 参见 Fisheries Case, Judgment, I. C. J. Reports, 1951, p. 127。

③ 参见 UN Office for Ocean Affairs and the Law of the Sea United Nations, Baselines：An Examination of the Relevant Provisions of the United Nations Convention on the Law of the Sea, UN, 1989, p. 23。

定领水时必须考虑"石垒"的外缘线。① 由上可知,国际法院对构成"石垒"(一系列岛屿)的地物关注度不高,国际法院重视的是这些地物与陆地之间的紧密联系。

（二）1977 年英法大陆架案

前文已述,在奥康奈尔看来,诺曼底和布列塔尼海岸的某些小岛并不构成"一系列岛屿"② 依照这种观点,韦桑岛（Ushant/Ouessant）及其相邻的岛屿当然不能构成"一系列岛屿"。然而,在 1977 年英法大陆架案中,仲裁庭基于以下考虑而赋予韦桑岛在划界中的全效力,首先,在地理上韦桑岛不但构成法国陆地的一部

法国布列塔尼海岸直线基线图③

① 参见 Fisheries Case, Judgment, I. C. J. Reports, 1951, p. 128。

② 参见 D. P. O'Connell, The International Law of the Sea（Vol. I）, Clarendon Press, 1992, p. 213。

③ 参见 US Department of State, Limits in the Seas No. 37: Straight Baselines: France, US, 1972, p. 10。

分，而且距离法国海岸不超过 10 海里位于法国本土的领海以内，事实上该岛构成法国 1964 年建立的直线基线的一环；其次，韦桑岛有一定的面积且有人居住；最后，基于大陆架划界成比例的考虑。① 可知，地理特征和社会属性等是仲裁庭赋予韦桑岛效力的主要考虑因素；韦桑岛是法国直线基线的一环，这只是因素之一，而非决定性因素②。因此可以说，仲裁庭的做法间接承认了韦桑岛及其相邻岛屿可以构成"一系列岛屿"。仲裁庭的这一做法说明，如果距离大陆海岸不算太远（如 10 海里），那么若干小岛可以构成"一系列岛屿"（的一环）。

（三）1985 年几内亚诉几内亚比绍案

本案涉及几内亚和几内亚比绍两国之间领海、专属经济区和大陆架的划界问题。在本案中，仲裁庭回避了对当事国直线基线合法性问题的审查。仲裁庭指出，确定双方承认的 200 海里专属经济区界限所必需的基线问题，并非法庭直接关注的问题，因为这些基线是由有关国家单方面决定的，并不属于争端的一部分。在口头辩论阶段，双方搁置了它们在争端发生以后划定的基线（几内亚 1980 年 7 月 30 日法令和几内亚比绍 1978 年 5 月 19 日法律），考虑了争端发生以前划定的基线（几内亚 1964 年 6 月 3 日法令和几内亚比绍 1974 年 12 月 31 日决定）。然而，争端发生以前划定的基线对划界没有实际的影响。③ 就几内亚 1964 年 6 月 3 日法令划定的直线基线来说，美国认为，这一直线基线系统是独特的：一条直线从几内亚最北的岛屿一直延伸到最向海的南部岛屿，直线基线的长度接近

---

① 参见 Case Concerning the Delimitation of Continental Shelf Between the United Kingdom of Great Britain and Northern Ireland, and the French Republic (Decision of 30 June 1977), para. 248。

② 参见 Jonathan Charney and Lewis M. Alexander, International Maritime Boundaries (Vol. Ⅱ), Martinus Nijhoff, 1993, p. 1741。

③ 参见 Case Concerning the Delimitation of the Maritime Boundary Between Guinea and Guinea-Bissau, Reports of International Arbitral Awards, Vol. XIX, para. 96, p. 184。

120 海里；几内亚的海岸线几乎不能被定义为"极为弯曲"（deeply indented and cut into）或"被岛屿环绕"（fringed with islands），这一基线系统并不符合美国在海洋界限（Limits in the Seas）系列研究中使用的一般标准。① 无论如何，这仅是美国的一家之言，如果仲裁庭对这一问题进行了审议，则这一问题就可能得到比较权威的解决。在本案中，仲裁庭最终自己构造出一条基线，这条基线把某些离岸岛屿都考虑进去了。② 法庭认为，为了确保当事双方对其沿岸的海洋领土的控制，一个重要考虑因素是海岸的结构和走向，这种结构必须包括有关岛屿，即沿岸岛屿和比热戈斯群岛（Bijagos Archipelago)③。简言之，尽管没有对直线基线的合法性作出审查，但是仲裁庭却承认比热戈斯群岛是海岸一般结构的一部分。

　　本案划界的相关海岸外存在大量岛屿，这些岛屿可分为三类：第一类是被狭窄的海峡或水道与大陆分割开来的，在低潮时与大陆连在一起的沿岸群岛，它们构成了整个大陆的一部分；第二类是比热戈斯群岛，该群岛中最近的岛屿距离大陆 2 海里，最远的距大陆 37 海里，任意两个岛屿之间的距离不超过 5 海里，在领海宽度为 12 海里的情况下，岛屿之间以及岛屿与大陆之间均有领海相连；第三类为更南部的分布在浅水区域的岛屿，其中一些在确定基线时可以考虑，并可以被包含在领水之内。④ 由于几内亚比绍的直线基线主要围绕比热戈斯群岛划定，因此此处主要讨论该群岛的相关情

---

　　①　参见 US, State Department. Limits in the Sea No. 40 Straight Baselines Guinea，1972，pp. 3-4。

　　②　参见 Case Concerning the Delimitation of the Maritime Boundary Between Guinea and Guinea-Bissau, Reports of International Arbitral Awards, Vol. XIX, para. 97, pp. 184-185。

　　③　参见 Case Concerning the Delimitation of the Maritime Boundary Between Guinea and Guinea-Bissau, Reports of International Arbitral Awards, Vol. XIX, para. 98, p. 185。

　　④　参见 Case Concerning the Delimitation of the Maritime Boundary Between Guinea and Guinea-Bissau, Reports of International Arbitral Awards, Vol. XIX, para. 95, pp. 183-184。

况。正如几内亚比绍直线基线图所示，比热戈斯群岛整体上呈团状分布，而非呈带状分布（即并非基本平行于几内亚比绍本土海岸）。然而，由于作为整体群岛距离本土海岸的距离不大，同时构成群岛的各岛屿之间的距离也不大，因此仲裁庭将该群岛视为本土海岸的一部分。仲裁庭的做法隐含了其对围绕比热戈斯群岛的直线基线（合法性）的某种认可。

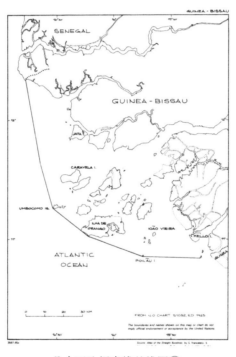

几内亚比绍直线基线图①

（四）1993 年厄立特里亚诉也门案

在该案中，仲裁庭对直线基线在厄立特里亚达赫拉克群岛

---

① 参见 UN Office for Ocean Affairs and the Law of the Sea, Baselines: Baselines National Legislation With Illustrative Maps, UN, 1989, p. 181。

（Dahlak islands）及也门西北部沿岸群岛的可适用性作出了裁判。达赫拉克群岛被厄立特里亚称为紧密结合的岛屿和小岛群或岛屿和小岛"毯状物"（"carpet"）。仲裁庭认为，达赫拉克群岛构成沿岸整体结构组成部分的典型例子；群岛边缘适合适用《公约》第7条规定的直线基线。① 此外，仲裁庭也对直线基线在也门沿岸群岛的可适用性作出了肯定。仲裁庭认为，卡马兰岛（Kamaran）和它南面的大陆海角一起构成了重要的海湾，这些地物是也门海岸的组成部分。卡马兰岛北面的缇克法什岛（Tiqfash）、库塔玛岛（Kutama）和阿克班岛（Uqban），似乎均为守卫（guard）该部分

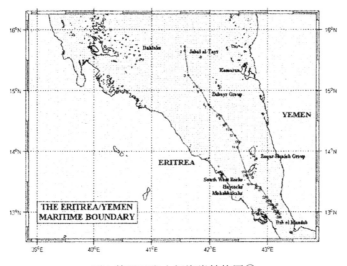

厄立特里亚和也门海岸结构图②

① 参见 In the Matter of An Arbitration Pursuant to An Agreement to Arbitrate Dated 3 October 1996 Between：The Government of the State of Eritrea and the Government of the Republic of Yemen，Second Stage：Maritime Delimitation，paras. 139-140。
② 参见 Nuno Sergio Marques Antunes，The 1999 Eritrea-Yemen Maritime Delimitation Award and the Development of International Law，The International and Comparative Law Quarterly，Vol. 50，No. 2，2001，p. 322。

海岸的岛屿、小岛和礁石组成复杂系统（intricate system）的一部分。即便也门并没有主张，但事实上它们是《公约》第7条所设想的那一类"边缘系统"（fringe system）。① 在该案中，达赫拉克群岛由岛屿和小岛构成，也门沿岸的"边缘系统"由岛屿、小岛和礁石构成。从上述判决可知，仲裁庭对构成"一系列岛屿"的认定是基于其地物数量众多，结构复杂，与大陆海岸联系紧密等；同时，仲裁庭并不排斥小岛和礁石作为"一系列岛屿"的组成部分。

（五）2001年卡塔尔诉巴林案

首先，本案说明，构成"一系列岛屿"的地物在面积和数量上存在着一种协调关系，即当地物的面积较小时，对地物数量的要求可能有所增加。在本案中，主岛巴林岛东部有小岛礁凯塔贾拉达（Qit'at Jaradah）、乌姆贾利德（Umm Jalid）、马什坦岛（Jazirat Mashtan）和海瓦尔群岛（Hawar Islands）等，有低潮高地法什布图尔（Fasht Bu Thur），以及无法判断法律属性的地物法什阿拉玛（Fasht al Azm②）。"法院并不否认巴林主岛东部的海洋地物是整体地理构造的一部分（part of the overall geographical-configuration）。然而，将其当作海岸的一系列岛屿就与要求相差甚远。有关岛屿在数量相对太小（relatively small in number）。"③ 联合国的研究报告中指出，在一系列（a fringe of）中必须有多于一个的岛屿，④ 基

---

① 参见 In the Matter of An Arbitration Pursuant to An Agreement to Arbitrate Dated 3 October 1996 Between：The Government of the State of Eritrea and the Government of the Republic of Yemen，Second Stage：Maritime Delimitation，paras. 150-151。

② 参见 Maritime Delimitation and Territorial Questions Between Qatar and Bahrain，Merits，Judgment，I. C. J. Reports，2001，pp. 97-99，109。

③ Maritime Delimitation and Territorial Questions Between Qatar and Bahrain，Merits，Judgment，I. C. J. Reports，2001，p. 103，para. 214.

④ 参见 UN Office for Ocean Affairs and the Law of the Sea United Nations，Baselines：An Examination of the Relevant Provisions of the United Nations Convention on the Law of the Sea，UN，1989，p. 21，para. 43。

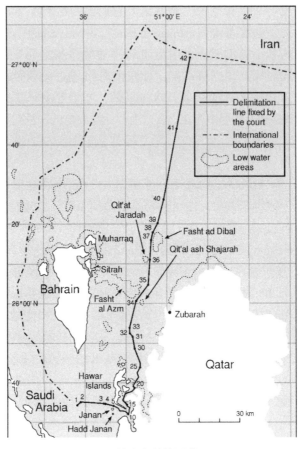

巴林海岸结构图①

于此，在满足其他相关条件的情况下，两个岛屿也有可能构成一系列。依据这一观点可知，巴林岛东部的小型海洋地物的数量并不算少，法院作出这一论断的真实原因可能是：这些小型地物的面积

① 参见 Barbara Kwiatkowska, The Qatar v. Bahrain Maritime Delimitation and Territorial Questions Case, Ocean Development and International Law, Vol. 33, Issue 3-4, 2002, p. 262。

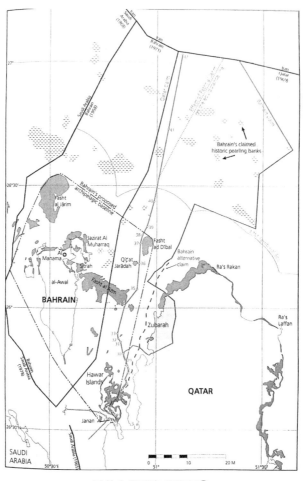

巴林主张群岛基线图①

"非常小（very small）"，因此对它们的数量要求就有所增加。其次，从库伊曼斯（Kooijmans）法官的独立意见中可知，"一系列岛屿"需要地物在地理位置和分布方向上满足一定的条件。库伊曼

---

　　① 参见 Stephen Fietta and Robin Cleverly, A Practitioner's Guide to Maritime Boundary Delimitation, Oxford University Press 2016, p. 377。

斯法官在其独立意见中所指出的，"从地理角度来看，海瓦尔群岛属于卡塔尔半岛或是半岛的一部分，不仅因为它们非常靠近群岛，也因为它们构成沿着海岸线走向的一系列岛屿"。① 换言之，海瓦尔群岛既不靠近巴林主岛，也没有"沿着"巴林主岛分布（事实上，海瓦尔群岛与巴林主岛几乎呈线状结构），因此其不属于巴林主岛的一系列岛屿。

（六）2022 年尼加拉瓜诉哥伦比亚案

在本案中，在援引 2001 年卡塔尔诉巴林案判决和 1993 年厄立特里亚诉也门案裁决有关 "一系列" 的术语的基础上，国际法院为 "一系列" 创立了新的标准加以明确。国际法院主张，"一系列" 必须包含一组或者一群岛屿，这些岛屿以某种一致性或连续性呈现为一个相互关联的系统（a "fringe" must enclose a set, or a cluster of islands which present an interconnected system with some consistency or continuity）；在某些情况下，守卫海岸的 "一系列岛屿" 需要对大部分海岸具有遮盖效应（masking effect）。② 国际法院认为，尼加拉瓜的 "岛屿" 彼此之间的距离不够近，无法沿海岸形成连贯的 "一群" 或 "一串"（a coherent "cluster" or a "chapelet"），与陆地的联系也不够紧密，无法被视为海岸的外缘（outer edge）；③ 尼加拉瓜识别为岛屿的海洋地物的遮盖效应并不足以使它们被认为遮盖了一大部分海岸，④ 尼加拉瓜并不存在连续的一系列（地物）（a continuous fringe）或 "守卫该部分海岸的岛

---

① Maritime Delimitation and Territorial Questions Between Qatar and Bahrain, Separate Opinion of Judge Kooijmans, p. 241, para 64.

② Alleged Violations of Sovereign Rights and Maritime Spaces in the Caribbean Sea（Nicaragua v. Colombia），Judgment of 21April 2022, para. 254。

③ 参见 Alleged Violations of Sovereign Rights and Maritime Spaces in the Caribbean Sea（Nicaragua v. Colombia），Judgment of 21April 2022, para. 256。

④ 参见 Alleged Violations of Sovereign Rights and Maritime Spaces in the Caribbean Sea（Nicaragua v. Colombia），Judgment of 21April 2022, para. 257。

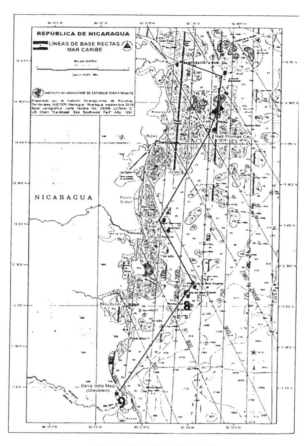

尼加拉瓜直线基线图1①

屿、小岛和礁石组成复杂系统"②。不难看出，本案受到以往判决的重要影响，非常重视地物的数量及地物之间的距离等因素，而对

① Presidential Decree No. 17-2018, Decree of Reform to Decree No. 33 2013, "Baselines of the Maritime Spaces of the Republic of Nicaragua in the Caribbean Sea", 10 October 2018, See Law of the Sea Bulletin No. 99, p. 37, https：//www. un. org/Depts/los/LEGISLATIONANDTREATIES/PDFFILES/MAPS/ NIC_MZN141_2018_00ill. jpg。

② Alleged Violations of Sovereign Rights and Maritime Spaces in the Caribbean Sea（Nicaragua v. Colombia），Judgment of 21April 2022，para. 258.

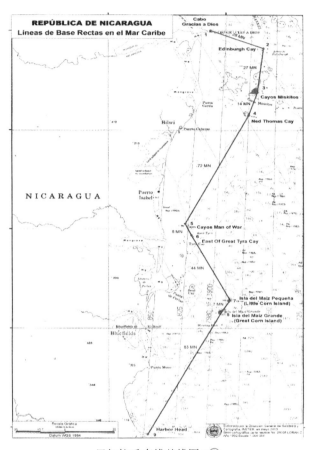

尼加拉瓜直线基线图2①

地物的性质和法律地物似乎没有那么看重。换言之，国际法院仍然注重一种总体评价的方法。与此同时，国际法院也对"一系列"

---

① 参见 M. Z. N. 99. 2013. LOS of 11 October 2013：Deposit of a List of Geographical Coordinates of Points Defining the Straight Baselines of Nicaragua as Contained in Decree No. 33-2013 of 19 August 2013，https：//www. un. org/Depts/los/LEGISLATIONANDTREATIES/PDFFILES/MAPS/NIC _ MZN99 _ 2013 _ 00ill. jpg。

的含义作出了新的解释以使其更加明确。从对尼加拉瓜相关"岛屿"的判定来看，国际法院新创立的标准似乎更加严格。

从上述案例中可以发现，国际司法机构并没有按照1982年《公约》第121条中"岛屿"的定义来解释"一系列岛屿"。挪威的"石垒"群岛、厄立特里亚的达赫拉克群岛、也门西北部的沿岸群岛及巴林岛周围的小型地物等均不属于全部由1982年《公约》第121条中定义的"岛屿"构成。这些划定或"适合"划定直线基线的"一系列岛屿"均包含岛屿、小岛、岩礁或礁石等，因此不应对"一系列岛屿"中"岛屿"一词作限制解释。同时，这些"一系列岛屿"均具备地物众多、地物之间及地物与大陆之间联系密切的特征。在满足这些特征时，这些地物并不需要"平行于"本土海岸呈带状分布。上述多个群岛的分布方向均体现了这一点。需要指出的是：（1）仲裁庭对韦桑岛附近直线基线的间接承认说明"一系列岛屿"的岛屿数量不必像挪威"石垒"群岛和厄立特里亚达赫拉克群岛那样众多，岛屿之间或岛屿与大陆之间的距离也不必那么小；（2）在2022年尼加拉瓜诉哥伦比亚案判决中，国际法院为"一系列岛屿"创立了新的标准，新标准对地物的数量及地物之间的距离等因素重视程度似乎增加，总体上的要求也更加严格。

三、国家实践与国际司法裁判的比较

在国家实践方面，加拿大北极群岛和芬兰奥兰群岛（瓦尔肯群岛）的实践说明，当沿岸群岛的岛屿数量众多且分布较为集中时，即便岛屿分布方向与大陆海岸的一般方向"显著"不一致也仍可能构成"一系列岛屿"，因此，构成"一系列岛屿"的条件是相对的而非绝对的。在国际司法裁判方面，在1951年英挪渔业案和1993年厄立特里亚诉也门案等案件中，国际司法机构均从岛屿数量、岛屿与岛屿之间的关系及岛屿与大陆海岸之间的关系等要素对沿岸群岛进行整体把握，而没有对岛屿和其他地物进行区分。在2022年尼加拉瓜诉哥伦比亚案中，尽管国际法院仍然没有将构成"一系列岛屿"的地物限定为1982年《公约》第121条第3款所定义的"岛屿"，但是国际法院对地物的数量、距离、遮盖效应等

条件的要求更高、更严格。

从国家实践和国际司法裁判中可以推断："一系列岛屿"中的"岛屿"一词应作宽松解释；只要岩礁数量足够多，岩礁与岩礁之间及岩礁和大陆海岸之间联系足够紧密，仅有岩礁也能够构成"一系列岛屿"；而且，当岛屿足够密集时（如呈团状分布），对岛屿分布方向的要求会有所降低。然而，随着2022年尼加拉瓜诉哥伦比亚案判决中关于"一系列"的更为明确的标准提出，从国家实践和国际司法裁判的"公约数"中作出相关推断的难度有所增加。毕竟，按照该案中提出的标准，许多沿海国的沿岸地物都将难以构成"一系列岛屿"。

第三节　对"海岸的一般方向"分析：满足一定条件时群岛的"外缘线"能够被视为海岸线

本小节主要探讨以下两个问题：第一，适用直线基线的沿岸群岛的分布能否"明显"偏离海岸的一般方向；第二，什么条件下，沿岸群岛的外缘线能够被视为大陆海岸线？

一、国家实践分析

（一）加拿大北极群岛和芬兰奥兰群岛

如果将"海岸的一般方向"中的"海岸"解释为大陆海岸，则北极群岛的直线基线明显偏离海岸的一般方向。学者奇拉斯认为，由于北极群岛呈三角形轮廓，基线必然偏离大陆海岸的东西方向。[1] 奇拉斯的这一看法与多数地图上的显示相一致。然而，如果

---

① 参见 Mark Killas, The Legality of Canada's Claims to the Waters of Its Arctic Archipelago, Ottawa Law Review, Vol. 19, No. 1, 1987, p. 117; J. Bruce McKinnon, Arctic Baselines: A Litore Usque Ad Litus, Canadian Bar Review, Vol. 66, 1987, p. 806。

将"海岸的一般方向"中的"海岸"解释为沿岸群岛的外缘线,那么加拿大北极群岛的直线基线与海岸的方向完全一致。法兰德指出:"真正构成加拿大海岸线的是群岛的外缘线,而北极群岛的直线基线遵循这一外缘线。"① 前文已述,在一些失真较少的地图上,北极群岛的直线基线并没有明显偏离海岸的一般方向。正如斯科瓦齐所指出的,加拿大北极群岛的岛屿之间及岛屿与大陆之间的联系如此紧密(inextricably)以至于群岛的外部边缘(external margin)能够构成本地区海岸的一般方向。具体而言,北极群岛几乎所有的海域都布满了无数的岛屿、岩石和暗礁,② 海域和岛屿紧密地融合在一起。北极群岛的水陆面积比为 0.822∶1,这大大优于挪威群岛 3.5∶1 的比值。③ 此外,大部分北极水域每年有 7 个月是冰冻的,这一事实为证明水域充分接近陆地提供了证据。冰层能够提供在 1951 年英挪渔业案中国际法院所要求的与陆地领土实质性的联系。④ 因此,完全有理由将北极群岛的外缘线视为加拿大的大陆海岸线,在此前提下直线基线与海岸的一般方向完全一致。

在海岸的一般方向上,芬兰奥兰群岛(瓦尔肯群岛)与加拿大北极群岛具有相似性。为了能够更加直观地呈现出这种相似性,本书特将芬兰直线基线图加以调整,基本情况如下。可知,北极群岛和奥兰群岛都存在局部与"大陆"海岸"垂直"的情形。然而,由于群岛规模相对较小(构成群岛的岛屿数量众多,群岛与本土海岸的距离不大),几乎没有人关注奥兰群岛直线基线与海岸的一般方向的这种不一致。

---

① Suzanne Lalonde, Increased Traffic through Canadian Arctic Waters: Canada's State of Readiness, Revue Juridique Themis, Vol. 38, No. 1, 2004, p. 72.

② 参见 Mark Killas, The Legality of Canada's Claims to the Waters of Its Arctic Archipelago, Ottawa Law Review, Vol. 19, No. 1, 1987, p. 114。

③ 参见 Donat Pharand, Canada's Arctic Waters in International Law, Cambridge University Press, 2009, p. 163。

④ 参见 Roy A. Perrin Ⅲ, Crashing through the Ice: legal Control of the Northwest Passage or Who Shall Be Emperor of the North, Tulane Maritime Law Journal, Vol. 13, 1988-89, p. 148。

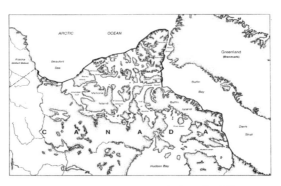

加拿大北极群岛和大陆直线基线图①

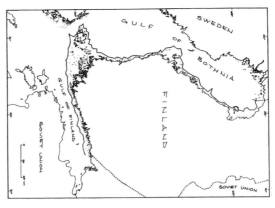

芬兰直线基线图②

（二）智利：智利群岛（Chilean Archipelago③）

依据 1977 年 7 月 14 日第 714 号法令，智利分别为沿岸群岛建

---

① 参见 J. Ashley Roach and Robert W. Smith, Excessive Maritime Claims, 3rd ed, Martinus Nijhoff Publishers, 2012, p. 113。

② 参见 Tullio Scovazzi etc., Atlas of the Straight Baselines, 2nd ed, Giuffre Editore, 1989, p. 307。

③ "智利群岛（Chilean Archipelago）" 并非某一群岛确切的名称，而是对智利狭长国土上一系列群岛的泛称。这种表述与挪威 "石垒" 群岛（Norwegian "skjærgaard"）的表述有某种相似性。参见 Sophia Kopela, Dependent Archipelagos in the Law of the Sea, Martinus Nijhoff Publishers, 2013, p. 77。

立了两组直线基线系统:一组位于麦哲伦海峡(Magellan Strait)以北地区,另一组位于海峡以南。智利海岸线及其沿岸群岛与挪威的地理环境相似,① 美国国务院的报告称之为国际法发展直线基线系统所需要的典型的地理结构。② 麦哲伦海峡以南地区为火地列岛(Tierra del Fuego),但该群岛并非一国独有,而是西东分属于智利和阿根廷这两个国家。智利的直线基线围绕火地列岛智利所属部分划定,并未将该群岛与海峡以北的本土海岸连为一体③,因此使该群岛呈现出一些"洋中群岛"的特点。智利上述的做法首先与沿岸群岛(火地列岛)独特的地理环境有关,其次与麦哲伦海峡的航行制度有关。实际上,基于上述地理环境和通行制度方面的考虑,如果智利不划定麦哲伦海峡两侧的直线基线,则可以避免使火地列岛位于麦哲伦海峡沿岸的直线基线偏离海岸的一般方向。换言之,围绕火地列岛的直线基线遵循的是该群岛本身的外缘线,而与海峡以北本土海岸的一般方向关系不大。客观地说,在火地列岛特殊的地理环境中,并不具备遵循海峡以北本土海岸的一般方向的条件。

二、国际司法裁判分析

(一)1951年英挪渔业案

在本案中,国际法院对海岸的一般方向的判定采用从宏观上进行把握的方法。在否定英国关于封闭洛普哈维海盆(Lopphavet Basin)的基线偏离海岸的一般方向的观点时,国际法院指出,海

---

① 参见 Sophia Kopela, Dependent Archipelagos in the Law of the Sea, Martinus Nijhoff Publishers, 2013, p. 77。
② 参见 US Department of State, Limits in the Seas No. 80: Straight Baselines: Chile, US, 1978, p. 4。
③ 当然也可理解为,由于麦哲伦海峡宽度不大,智利已将火地列岛视为本土的一部分而非沿岸群岛。但是,本书依据地理现实(火地列岛构成沿岸群岛)分析,对上述认知不作讨论。

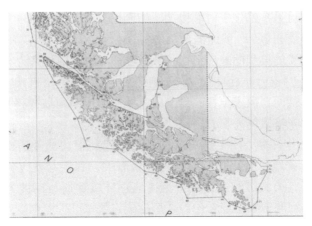

智利直线基线图（局部）①

岸的一般方向这一规则缺乏数值上的准确性。这似乎暗示了对海岸的一般方向提出普遍接受的数值标准的难度之大。正如普雷斯科特和斯科菲尔德所指出的，"尝试通过精确的数值检验来衡量直线基线的正当性（propriety）是一项有趣的学术活动，但可以预见的是，在国家海洋主张的现实世界中，这些尝试注定会失败"。② 同时，法院还指出了适用这一规则的方法：既不能仅仅局限于某一部分海岸，除非存在明显滥用的情况，同时也不能仅仅依赖从该部分海岸的大比例尺海图上获得的印象。③ 换言之，对海岸的一般方向的认定应依据小比例尺海图作出，同时应将整个海岸纳入考量；国际法院对"一般"这一限定词的强调即显示出这一标准并不精确。④

---

① 参见 US Department of State, Limits in the Seas No. 80: Straight Baselines: Chile, US, 1978, p. 6。

② 参见 Victor Prescott and Clive Schofield, The Maritime Political Boundaries of the World, 2nd ed, Martinus Nijhoff Publishers, 2005, p. 157。

③ 参见 Fisheries Case, Judgment, I. C. J. Reports, 1951, pp. 141-142。

④ 参见 Donat Pharand, Canada's Arctic Waters in International Law, Cambridge University Press, 2009, p. 136。

此外，在本案中，国际法院指出，事实上真正构成挪威海岸线的是"石垒的外缘线"（outer line of the "skjærgaard"）。① 换言之，国际法院将沿岸群岛的外部海岸视为"海岸的一般方向"中的"海岸"。不可否认，"石垒"外部海岸与大陆海岸平行，这一事实对上述结论稍有削弱。② 但法院的这一做法至少说明，"海岸的一般方向"中的"海岸"可以进行宽松解释。换言之，在沿岸群岛具备某些条件的情况下（例如与大陆海岸基本平行或与大陆海岸紧密相连），其外部海岸可以视为大陆海岸。在实践当中，这种解释对判断沿岸群岛直线基线的合法性具有重要影响，例如加拿大北极群岛。

（二）1982 年突尼斯诉利比亚案

在本案中，国际法院没有对突尼斯直线基线对利比亚的有效性或可对抗性作出任何裁决。③ 在其反对意见中，埃文森法官认为，1973 年 8 月 2 日法令所规定的直线基线并不违反国际法。埃文森法官从多个方面对突尼斯直线基线的正当性作出了分析。第一，在科肯纳群岛（the Kerkennah Islands）和杰尔巴岛（Jerba，Djerba）周围构成低潮高地的特殊地理构造中，大部分都符合《公约》第 7 条第 4 款关于低潮高地的规定。第二，这一地区历史和经济方面的事实完全符合第 7 条第 5 款的规定。第三，围绕科肯纳群岛划定的直线基线在长度上是适度的（modest）。而历史性海湾加贝斯湾（Gulf of Gabes）的封口直线基线在长度上同样是适度的。第四，岛屿上稠密的人口、特殊的地理特征和重要的水曲（加贝斯湾）等均为该地区特有的相关情况。同时，该地区的水域面积狭窄，在

---

① 参见 Fisheries Case, Judgment, I. C. J. Reports, 1951, pp. 127-128, 130。

② 参见 J. Bruce McKinnon, Arctic Baselines: A Litore Usque Ad Litus, Canadian Bar Review, Vol. 66, 1987, p. 805。

③ Continental Shelf (Tunisia/Libyan Arab Jamahiriya), Judgment, I. C. J. Report, 1982, para. 104.

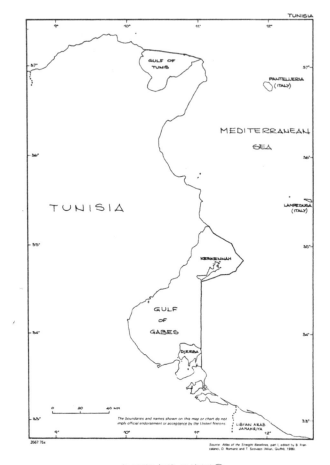

突尼斯直线基线图①

很大程度上被当地居民视为陆地领土的附属。② 然而，由突尼斯直线基线图可知，大陆海岸卡布迪亚角（Ras Kaboudia）至克肯纳群

---

① 参见 UN Office for Ocean Affairs and the Law of the Sea, Baselines: Baselines National Legislation With Illustrative Maps, UN, 1989, p. 312。

② 参见 Continental Shelf（Tunisia/Libyan Arab Jamahiriya），Dissenting Opinion of Judge Evensen, para. 24。

岛东北方埃尔-姆泽布拉（El-Mzebla）之间的直线基线偏离了海岸的一般方向。在综合考量多方面因素的基础上，埃文森法官认为突尼斯的直线基线具有合法性，而对直线基线在局部地区明显偏离海岸的一般方向却并不看重。

以上两个案件显示，对海岸的一般方向的判定并非像一些观点所认为的那样严格；海岸的一般方向的作用和影响似乎没有那么重大。因此，应从宏观上去把握海岸的一般方向而不必局限于某些具体的数值标准；应在综合考量多种相关因素的基础上判断直线基线的合法性而非仅仅依据某一标准来判断（如海岸的一般方向）。

三、国家实践与国际司法裁判的比较

上述国家实践和司法判例所涉及的沿岸群岛中，智利群岛（火地群岛）的直线基线既与地理结构有关也与特殊的航行制度安排有关，因此不具有一般性；相对而言，加拿大北极群岛、芬兰奥兰群岛和挪威"石垒"等更具一般性。从这三个国家的实践可知，当沿岸群岛的岛屿之间及岛屿与大陆之间存在密不可分的联系（inextricably linked①），沿岸群岛的外缘线可以视为大陆的海岸线。埃文森法官在中对突尼斯直线基线分析和评价的方法则提供了一种思路，即从多种相关因素对直线基线进行综合把握，淡化对某一要件过度依赖；在其他因素总体满足适用直线基线的条件下，海岸的一般方向这一个条件并不具有决定性影响。

第四节　洋中群岛适用直线基线的一个前提：1982年《公约》第5条并不具有绝对排他性

1982年《公约》第5条中"除本公约另有规定外"意味着基

---

① 参见 Tullio Scovazzi, The Establishment of Straight Baselines Systems: The Rules and the Practice, Davor Vidas and Willy Ostreng（ed.）, Order for the Oceans at the Turn of the Century, Kluwer Law International, 1999, p.454。

线原则上应为低潮线。① 国际法院在 1951 年英挪渔业案判决中所指出的，"为了测量领海宽度，在国家实践中通常采用的是低潮线而非高潮线，亦非二者之间的平均值。这是对沿海国最有利的标准，它清楚地表明了领海作为陆地领土附属的性质"。② 简言之，第 5 条与其他基线条款是一般条款和特殊条款的关系，仅此而已。这并不意味着第 5 条具有绝对排他性。多个方面的信息都显示了这一点。

一、立法史显示第 5 条不具有绝对排他性

1982 年《公约》第 5 条的立法史显示该条不具有绝对排他性。1982 年《公约》第 5 条 "除本公约另有规定外" 究竟包含哪些 "规定" 呢？1982 年《公约》第 5 条与 1958 年《公约》第 3 条基本相同。1958 年《公约》第 3 条规定："除这些条款另有规定外（Except where otherwise provided in these articles），测算领海宽度的正常基线是……沿岸低潮线。"③ 前后对比可知，唯一的变化是 "这些条款" 变成了 "本公约"。往前追溯，1958 年《公约》第 3 条 "除这些条款另有规定外沿用了" 来源于 1956 年国际法委员会报告的第 4 条，而第 4 条仅仅表述为 "除第 5 条的规定（直线基线）及关于海湾和岛屿的规定外"。而 1958 年《公约》第 5 条的起源可以追溯到 1930 年国际法编纂会的筹备阶段，当时对基线的讨论仅限于对正常基线和直线基线的区分上。④ 综上可知，越往前追溯，正常基线规则之外的特殊基线规则越少。换言之，自 20 世纪 20—30 年代以来，正常基线规则以外的特殊基线规则越来越多。因此，"除本公约另有规定外" 这一表述及其前身从未限

---

① 参见 Yoshifumi Tanaka, The International Law of the Sea, 3rd ed, Cambridge University Press, 2019, p. 54。

② 参见 Fisheries Case, Judgment, I. C. J. Reports, 1951, p. 128。

③ Article 3 of Convention on Territorial Sea and Contiguous Zone.

④ 参见 ILA, Reports of the International Law Association Committee on Baselines under the International Law of the Sea, Brill, 2018, pp. 19-20。

制特殊基线规则的出现，相反，随着特殊规则越来越多，而除外条款每隔一个时期就要对新的特殊规则予以确认。故此，第5条不具有绝对排他性。

二、司法判例证明第5条不具有绝对排他性

学者洛奇认为，"除本公约另有规定外"这一表述意味着，"本《公约》未予规定的事项，应继续以一般国际法的规则和原则为准据"并不适用于1982年《公约》中的基线制度，但10条第6款中的历史性海湾和第10条第1款未规定的多国海湾（multi-state bays）除外。① 可见，洛奇也承认历史性海湾和多国海湾为1982年《公约》未予规定的事项，这两类海湾的基线问题应由习惯国际法的规则和原则来调整。洛奇的目的是加强论证菲律宾和非法无效的"南海仲裁案"仲裁庭关于1982年《公约》已经穷尽了基线规则的观点，然而，洛奇的举例却起到了相反的作用，因为如果承认历史性海湾和多国海湾的基线问题是1982年《公约》未规定的事项，则说明关于1982年《公约》已经穷尽了基线规则的观点不能成立。洛奇的依据很可能在于第10条6款中"上述规定不适用于所谓'历史性'海湾"和第1款中"本条仅涉及海岸属于一国的海湾"的表述。② 简言之，洛奇仅承认"不适用于"和"仅涉及"此类明文规定，而不承认群岛和群岛基线那样的潜在规定。③ 毋庸置疑，这种观点是片面的。

---

① 参见 J. A. Roach, Offshore Archipelagos Enclosed by Straight Baselines: An Excessive Claim?, Ocean Development & International Law, Vol. 49, No. 2, 2018, p. 178。

② 参见 Article 10 of United Nation Convention of the Law of the Sea。

③ 除立法史显示洋中群岛是1982年《公约》"未予规定的事项"以外，1982年《公约》第46条规定了群岛的定义，第47条授权群岛国可划定直线基线（即群岛基线），群岛的定义适用于洋中群岛而适用群岛基线的主体却不包含洋中群岛，这也能得出洋中群岛的基线问题是"未予规定的事项"的结论。

在 1992 年萨尔瓦多诉洪都拉斯案中，国际法院查明，西班牙自 1522 年开始对丰塞卡湾（Fonseca）主张并持续和平地行使主权，直至 1821 年萨尔瓦多、洪都拉斯和尼加拉瓜独立，并无产生任何争议。从 1821 年至 1839 年，丰塞卡湾处于中美洲联邦共和国（Federal Republic of Central Arnerica）的统治之下，上述三国为这一共和国的成员国。因此，上述三国通过继承从西班牙取得了对丰塞卡湾的权利。① 简言之，国际法院确认了丰塞卡湾的历史性海湾地位。此外，国际法院承认多国历史性海湾的封口线构成了相关沿海国的领海基线。② 该案证明 1982 年《公约》中的基线制度并未穷尽所有基线规则，历史性海湾（的基线问题）是 "未予规定的事项"。学者洛奇既然已经承认了这一点，就不应否定尚存在其他基线规则的可能。

三、国家实践说明第 5 条不具有绝对排他性

国家实践也证明了第 5 条不具有绝对排他性。实践当中还存在其他类型的基线，这些基线在一定程度上还得到国际社会的认可或默许。

（一）海岸线

《赤道几内亚共和国总统关于划定科里斯科海湾及其木尼河省南部毗连群岛管辖水域界限的法令（1970 年 9 月 24 日第 17 号）》第 1 条第 3 款规定："科里斯科岛领海宽度从海岸线起算。"③ 安图内斯（Antunes）指出，"海岸线" 应被视为与 "正常基线" 不同

---

① 参见 Land, Island and Maritime Frontier（El Salvador/Honduras：Nicaragua intervening），Judgement, I. C. J. Reports, 1992, para. 385。

② 参见 Land, Island and Maritime Frontier（El Salvador/Honduras：Nicaragua intervening），Judgement, I. C. J. Reports, 1992, para. 432。

③ 农业部渔政监督管理局：《国外渔业法规选编（第二集）》，海洋出版社 1992 年，第 191 页。

的一个术语, 其不一定指低潮线。①

(二) "地理基线"

冈比亚《渔业法 (1977 年)》第 2 条规定:"'冈比亚管辖下的渔业水域'指领海从低潮线或从地理基线 (当与低潮线不一致时) 扩展。"②

(三) 冰封海岸的直线基线

1982 年《公约》并未对永久冰封海岸的基线作出规定, 即冰封海岸的基线问题是"未予规定的事项"。③ 已经有证据显示一些极地国家在南极或北极沿着冰封海岸及其毗邻地区划定直线基线, 但并不确定是否依据 1982 年《公约》第 7 条第 2 款。④

(四) 其他基线

几内亚比绍《关于扩大领海和专属经济区的法律 (1978 年 5 月 19 日第 3-78 号)》第 1 条规定:"几内亚比绍共和国的领海和专属经济区的宽度的起算线为 1886 年法国-葡萄牙条约确定的连接

---

① 参见 Nuno Sergio Marques Antunes, Towards the Conceptualisation of Maritime Delimitation: Legal and Technical Aspects of a Political Process, Durham theses, Durham University, 2002, p. 306, Note. 153。

② 农业部渔政监督管理局:《国外渔业法规选编 (第二集)》, 海洋出版社 1992 年, 第 105 页。

③ 参见 Victor Prescott and Clive Schofield, The Maritime Political Boundaries of the World, 2nd ed, Martinus Nijhoff Publishers, 2005, p. 102。

④ 参见 Donald R. Rothwell, Antarctic Baselines: Flexing the Law for Ice-Covered Coastlines, Alex G. Oude Elferink and Donald R. Rothwell (eds.), The Law of the Sea and Polar Maritime Delimitation and Jurisdiction, Martinus Nijhoff, 2001, pp. 49-68; Tullio Scovazzi, The Baseline of the Territorial Sea: The Practice of Arctic States, Alex G. Oude Elferink and Donald R. Rothwell (eds.), The Law of the Sea and Polar Maritime Delimitation and Jurisdiction, Martinus Nijhoff, 2001, pp. 69-84。

以下各基点的基线。"①

福克兰群岛《1986 年第 4 号公告（临时渔业保护和管理区）》第 2 条规定："临时渔业保护和管理区以半径为 150 海里、圆心位于南纬 51°40′西经 59°30′的圆周形成的线作为其向海边界。"②

这些例子说明，在实践当中沿海国通常会采取一些变通的做法，因此《公约》第 5 条并不具有绝对排他性。这为洋中群岛这一"未予规定的事项"依据 1982 年《公约》序言的规定适用一般国际法原则和规则提供了可能。

第五节　洋中群岛整体适用 1982 年《公约》第 7 条分析

前文已知，洋中群岛适用直线基线是 1982 年《公约》未予规定的事项。但是，从文义解释的角度来看，1982 年《公约》第 7 条能够对洋中群岛的整体进行适用，条件是洋中群岛中存在可视为"海岸"的"主岛"与可构成"一系列岛屿"的其他岛屿。换言之，不应对第 7 条中的"海岸"一词进行限制解释。下文将对洋中群岛适用直线基线的国家实践进行分析和梳理，并总结出此类国家实践反映的问题。

一、洋中群岛整体适用 1982 年《公约》第 7 条的国家实践分析

（一）阿根廷：马尔维纳斯群岛（Islas Malvinas）

1991 年 8 月 14 日，阿根廷颁布第 23.968 号法案，将直线基线

---

① 农业部渔政监督管理局：《国外渔业法规选编（第二集）》，海洋出版社 1992 年，第 184 页。

② 参见 UN Office for Ocean Affairs and the Law of the Sea, Law of the Sea Bulletin No. 9, 1987, p. 19。

适用于整个马尔维纳斯群岛。① 具体而言，阿根廷采用了分组划定的方法，围绕大马尔维纳群岛（Gran Malvina/West Falkland）和莱索达岛（Isla Soledad/East Falkland）分别建立了直线基线系统。从马尔维纳斯群岛直线基线图可知，整个马尔维纳斯群岛的海岸线都极为破碎，而且两个主岛的周围有众多的小岛和岛群。就围绕莱索达岛的直线基线来看，大部分都可以 1982 年《公约》第 7 条为法律依据。然而，斯皮德韦尔岛（Speedwell Island）、乔治岛（George Island）、巴伦岛（Barren Island）并不属于严格意义上的一系列岛屿，因此这些直线基线合法性的建立需要对第 7 条进行宽松解释。此外，连接群岛西北部的雷莫利纳斯岩（Remolinas Rock）的直线基线明显偏离海岸的一般方向，但该部分在整个直线基线系统中所占

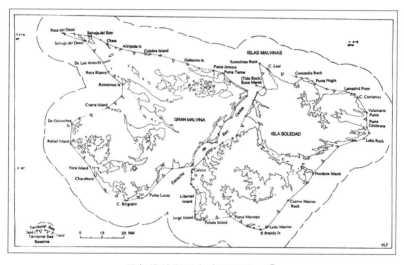

马尔维纳斯群岛直线基线图②

---

①　参见 Argentina, Act No. 23. 968 of 14 August 1991。

②　参见 Patrick Armstrong and Vivian Forbes, The Falkland Islands and their Adjacent Maritime Area, International Boundaries Research Unit（ed.）, Maritime Briefing, Vol. 2, No. 3, 1997, p. 17。

比重较小。就围绕大马尔维纳斯群岛的直线基线来看，威德尔岛（Weddell Island）、比弗岛（Beaver Island）、纽岛（New Island）也不属于严格意义上的"一系列岛屿"，因此这些直线基线同样需要对第 7 条作出较为宽松的解释。与此同时，连接群岛西北部的塞瓦尔德斯群岛（Sebaldes/ Jason Islands）明显偏离海岸的一般方向。

（二）澳大利亚：弗诺群岛（Furneaux Group）

依据"1983 年 2 月 4 日声明（内部界限（基线）声明）"①，澳大利亚为弗诺群岛划定了直线基线系统。如弗诺群岛直线基线图所示，右上方为"主岛"主岛弗林德斯岛（Flinders），其下部两个稍大的岛屿分别为巴伦角岛（Cape Barren Island）和克拉克岛（Clarke Island），由于巴伦角岛和克拉克岛与主岛弗林德斯岛几乎呈"线状结构"（linear configuration）而非平行结构，所以这两个岛屿不能构成紧接主岛海岸的"一系列岛屿"。然而，这两个岛屿与主岛弗林德斯岛左侧的古斯岛（Goose Island）和普赖姆西尔岛（Prime Seal Island）等综合起来对主岛阐述了覆盖或遮盖的作用，基于此，可将这些岛屿一并视为主岛周围的"一系列岛屿"。简言之，弗诺群岛对直线基线的适用需要对 1982 年《公约》第 7 条作出较为宽松的解释。

（三）丹麦：西兰群岛（Sjælland/ Zealand）

1966年,丹麦颁布"关于划定领海的皇家法令",其第4条将"西兰岛及其南部群岛（Zealand and the islands S of Zealand）"（即本书所称的"西兰群岛"）连为一体。② 1978 年 189 号法令对

---

① 参见 Australia, Proclamation of 4 February 1983（Proclamation of the Inner Limits（the Baseline）），Pursuant to Section 7 of the Seas and Submerged Lands Act 1973。

② 参见 US Department of State, Limits in the Seas No. 19（Revised）: Straight Baselines：Denmark，1978, pp. 2-8。

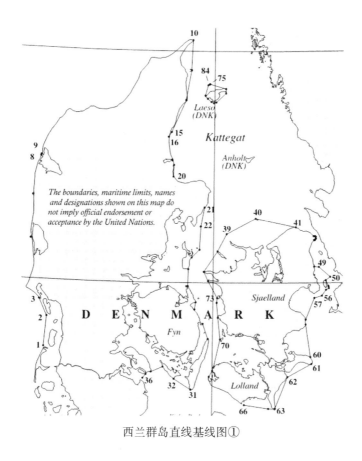

西兰群岛直线基线图①

前述法令中的个别基点作出了调整。② 1999 年，丹麦颁布 "242 号行政令"③，并于 2003 年作出了修正④。对比可知，1978 年法令中

---

①　参见 UN Division for Ocean Affairs and the Law of the Sea Office of Legal Affairs，Law of the Sea Bulletin No. 53, United Nations, 2004, p. 53。

②　参见 Denmark, Ordinance No. 189 of 19 April 1978 Amending Ordinance No. 437 of 21 December 1966 Governing the Delimitation of the Territorial Sea。

③　参见 Denmark, Executive Order No 242 of 21 April 1999。

④　参见 UN Division for Ocean Affairs and the Law of the Sea Office of Legal Affairs，Law of the Sea Bulletin No. 53, United Nations, 2004, p. 46。

和 2003 年修正案中直线基线的差异不大。由西兰群岛直线基线图可知，直线基线将主岛西兰岛和其北部相对较远的微型地物（基点 39 和基点 40）连接起来似乎有所不当。① 除此之外，主岛南部的罗兰岛（Lolland）、法尔斯特岛（Falster）、默恩岛（Møn）等紧邻主岛，而且构成"一系列岛屿"。从总体上来看，丹麦可以依据 1982 年《公约》第 7 条将西兰岛和这些岛屿连接起来。

（四）法国：瓜德罗普群岛（Guadeloupe Islands）和凯尔盖朗群岛（Iles Kerguelun）

1. 瓜德罗普群岛

1999 年，法国颁布"第 99-324 号法令"，将直线基线适用于瓜德罗普群岛。② 2017 年，法国又颁布了新的法令以取代前述法令。③ 对比可知，新法令中与原法令中对瓜德罗普群岛直线基线的规定基本相同。因此下文仍借用原法令中的直线基线图进行分析。如图所示，两个相连的主岛从左至右分别为巴斯特尔岛（Basse-Terre）和格朗德特尔（Grande -Terre），可将其视为 1982 年《公约》第 7 条中的"海岸"；主岛南面的小岛及小群岛从左至右分别为桑特群岛（Saintes）、玛丽-加朗特岛（Marie-Galante）、小特尔群岛（Petite Terre）和拉代西拉德岛（La Désirade），由于各地物之间的距离不大，方向基本一致，因此可视为"一系列岛屿"。基于上述原因，瓜德罗普群岛的直线基线完全可以将 1982 年《公约》第 7 条作为依据。

2. 凯尔盖朗群岛

① 参见 Sophia Kopela, Dependent Archipelagos in the Law of the Sea, Martinus Nijhoff Publishers, 2013, p. 120。

② 参见 UN Division for Ocean Affairs and the Law of the Sea Office of Legal Affairs, Law of the Sea Bulletin No. 50, United Nations, 2003, pp. 27-30。

③ 参见 French, Decree No. 2017-1511 of 30 October 2017 Defining the Baselines from Which the Breadth of the Territorial Sea Adjacent to the FrenchAntilles is Measured。

瓜德罗普群岛直线基线图①

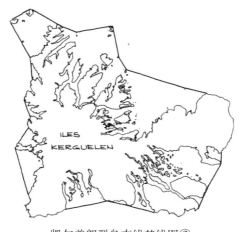

凯尔盖朗群岛直线基线图②

　　法国曾于 1978 年颁布法令划定凯尔盖朗群岛的直线基线。③

　　①　参见 UN Division for Ocean Affairs and the Law of the Sea Office of Legal Affairs, Law of the Sea Bulletin No. 50, United Nations, 2003, p. 30。

　　②　参见 Tullio Scovazzi et al. , Atlas of the Straight Baselines, Giuffre Editore, 1989, p. 135。

　　③　参见 Sophia Kopela, Dependent Archipelagos in the Law of the Sea, Martinus Nijhoff Publishers, 2013, p. 117。

2015 年，法国又颁布了新的法令以确定凯尔盖朗群岛领海基线的。① 对比调整后的坐标可知，新的直线基线系统封闭的水域面积有所增加。新法令并未公布新的直线基线海图，故此处采用原直线基线图。如凯尔盖朗群岛直线基线图所示，如果对《公约》第 7 条采用宽松解释，则这些直线基线基本符合相关的要求。

此外，法国皮埃尔和密克隆群岛（Saint-Pierre-et-Miquelon）中的圣皮埃尔岛（Saint-Pierre）直线基线②也可将 1982 年《公约》第 7 条作为依据。

（五）日本：琉球群岛（Ryukyu Islands）③

（1）冲绳岛（Okinawa-Jima）岛群

依据 1996 年新修订的《领海与毗连区法》，日本沿其群岛海岸划定了 15 组直线基线。其中，第 7 组直线基线是围绕琉球群岛的部分岛群划定。如琉球群岛直线基线图所示，图中左下部分直线基线围绕的岛群即为冲绳岛岛群。从总体上来看，可将冲绳岛西侧的伊平屋村（Iheya）、伊是名岛（Izena）、伊江岛（Ie）等可视为"紧接"海岸的一系列岛屿，因此，在扩大解释下，1982 年《公约》第 7 条可以为冲绳岛的直线基线提供依据。

（2）奄美大岛（Amami-shoto）岛群

琉球群岛直线基线图中右上岛群即为奄美大岛岛群，或称为奄美诸岛。奄美大岛南部的加计吕麻岛、与路岛和请岛等可视为主岛奄美大岛的"一系列岛屿"。在相当宽松的解释下，1982 年《公约》第 7 条可为围绕奄美大岛岛群的直线基线提供依据。

---

① 参见 France，Decree No. 2015-635 Defining the Baselines from Which the Breadth of the French Territorial Sea Adjacent to the Kerguelen Islands（French Southern andAntarctic Territories）Is Measured，5 June 2015。

② 参见 Tullio Scovazzi etc.，Atlas of the Straight Baselines，2nd ed，Giuffre Editore，1989，p. 139。

③ 基于历史和国际法依据，本书对日本拥有琉球群岛主权的观点持怀疑态度。小标题内容仅为了满足文字表述形式一致性的需要。

（六）挪威：斯瓦尔巴群岛（Svalbard Archipelago）

1970年，挪威颁布皇家法令划定了斯瓦尔巴群岛南部和西部地区的直线基线①，这些直线基线将斯匹次卑尔根岛（Spitsbergen）、埃季岛（Edgeøya）和卡尔王子岛（Prins Karls Forland）连接起来。2001年，挪威又颁布"关于斯瓦尔巴群岛领海边界的规定"以取代前述1970年法令，将直线基线适用于整个斯瓦尔巴群岛。② 不过，距离稍远的白岛（Kvitøya）、卡尔王地群岛（Kong Karls land）、希望岛（Hopen）和熊岛（Bjørnøya）则分别单独划定直线基线系统。从整体上来看，斯瓦尔巴群岛海岸线极为曲折或紧接海岸有一系列岛屿，适合划定直线基线。尽管如此，

斯瓦尔巴群岛

①　参见 UN Office for Ocean Affairs and the Law of the Sea, Baselines：Baselines National Legislation With Illustrative Maps, UN, 1989, p. 244。

②　参见 UN Office for Ocean Affairs and the Law of the Sea, Law of the Sea Bulletin No. 46, 2001, p. 72。

由于东北地岛（Nordaustlandet）本身面积较大，而且与大岛斯匹次卑尔根岛之间隔着欣洛彭海峡（Hinlopenstretet），所以1982年《公约》第7条并不能为封闭海峡连接两岛的直线基线提供依据；而且，需要对第7条作出极为宽松的解释才能将埃及岛、巴伦支岛（Barentsøya）等视为主岛周围的"一系列岛屿"。

（七）英国：福克兰群岛（Falkland Islands）

英国所称的福克兰群岛即阿根廷声称享有主权的马尔维纳斯群岛。与阿根廷的做法不同，英国对福克兰群岛整体采用了直线基线。通过颁布"1989年福克兰群岛（基线）法令"①，英国建立了福克兰群岛的直线基线系统。与前文阿根廷建立的直线基线系统对比，福克兰群岛的基线系统最大的不同之处在于，一是直线基线系统封闭了福克兰海峡两端的入口，二是西福克兰群岛西侧的基线连接纽岛（New Island）和尖岛（Steeple Jason Island）、封闭的水域面积更大。正如学者科佩拉所指出的，基线段8-9和19-20这两条直线基线段将东西两个大岛连接起来，基线段12-13穿过一片并无沿岸岛屿的水域，这三条基线段不符合1982年《公约》第7条的规定。② 换言之，如果以1982年《公约》第7条为依据，福克兰群岛的直线基线系统比前述阿根廷马尔维纳斯群岛的直线基线系统存在的瑕疵更多。

（八）中国：赤尾屿岛群

我国钓鱼岛附属岛屿之赤尾屿岛群的直线基线也属于对1982年《公约》第7条的适用。关于赤尾屿岛群直线基线图及赤尾屿岛群直线基线的分析，参见本书第五章的相关节和目。

---

① 参见 UK, The Falkland Islands（Territorial Sea）Order 1989。

② 参见 Sophia Kopela, Dependent Archipelagos in the Law of the Sea, Martinus Nijhoff Publishers, 2013, p. 123。

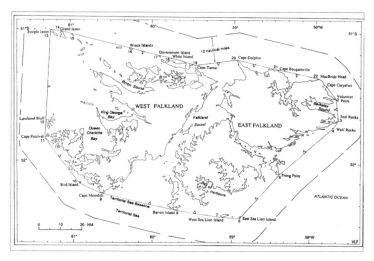

福克兰群岛直线基线图①

二、洋中群岛整体适用 1982 年《公约》第 7 条的特点

正如张华教授所指出的，洋中群岛适用直线基线时，需要对 1982 年《公约》第 7 条作出较为灵活的解释。上述典型国家实践中，仅有瓜德罗普群岛、凯尔盖朗群岛和西兰群岛等少数群岛适用的直线基线与第 7 条的规定较为一致，而多数群岛的适用均对第 7 条作出了极为宽松的解释。例如，马尔维纳斯群岛、弗诺群岛和斯瓦尔巴群岛等均需对"一系列岛屿"和"海岸的一般方向"等适用条件作出极为宽松的解释。前文已述，就直线基线规则而言，1951 年英挪渔业案所阐述的习惯法比 1958 年《公约》和 1982 年《公约》的规定更为宽松，因此可参照英挪渔业案判决对直线基线

---

① 参见 Patrick Armstrong and Vivian Forbes, The Falkland Islands and their Adjacent Maritime Area, International Boundaries Research Unit（ed.）, Maritime Briefing, Vol. 2, No. 3, 1997, p. 16。

的条约规则作出较为宽松的解释。就洋中群岛整体适用 1982 年
《公约》第 7 条而言，通常需要这些洋中群岛由"大岛"及其周围
的若干小岛构成，即洋中群岛属于前文所界定的"主附型"洋中
群岛。总之，"主附型"洋中群岛可以作为一个整体来适用 1982
年《公约》第 7 条；而且，通常实际适用的条件比 1982 年《公
约》第 7 条规定的条件更加宽松。

三、说明的问题："南海仲裁案"最终裁决相关观点
的错误性

上述国家实践表明，"主附型"洋中群岛可以作为一个整体来
适用 1982 年《公约》第 7 条，而非只有构成洋中群岛的单个岛屿
才可适用。这一点正在得到越来越多的国际认可，甚至在《海洋
界限第 35 号》中，连美国国务院都对斯瓦尔巴群岛海岸与挪威北
部海岸的相似性及直线基线的可适用性予以肯定。① 综上可知，
"南海仲裁案"最终裁决否定 1982 年《公约》第 7 条可以适用于
洋中群岛的观点不能成立。与此同时，学者洛奇认为直线基线仅能
适用于群岛的单个岛屿同样是站不住脚的。事实上，洛奇的观点不
攻自破：如果洋中群岛的单个岛屿符合 1982 年《公约》第 7 条的
规定可以适用直线基线，那么洋中群岛的若干岛屿作为一个整体只
要符合规定同样可以适用直线基线。

第六节　洋中群岛适用直线基线的
习惯法考察及习惯法内容

一、洋中群岛适用直线基线的习惯法考察：正在形成
的习惯法

本节将探讨以下问题：洋中群岛适用直线基线是否已经形成

---

① 参见 US Department of State, Limits in the Seas No. 39: Straight
Baselines: Svalbard, US, 1972, p. 5。

习惯法，这一习惯法包含哪些适用条件，以及具有哪些影响。其中，对习惯法的考察是主要问题。这一问题需要对一些典型的国家实践进行简要的梳理和分析，并对是否构成通例作出判断；继而对国际社会的相关态度作出梳理和分析，对是否形成法律确信作出判断，在前两步判断的基础上即可得出最终的结论。"主附型"洋中群岛适用直线基线可以援引 1982 年《公约》第 7 条作为法律依据，1982 年《公约》第 7 条本身被视为习惯法的反映，① 因此已经无须对"主附型"洋中群岛适用直线基线进行习惯法方面的考察。

（一）国家实践：通例基本形成

由于国内立法是用来证明形成习惯法所需国家实践的最重要的证据之一，② 此处将主要梳理和分析通过国内立法在"并列型"洋中群岛划定直线基线的典型实践。

1. 澳大利亚：豪特曼群礁（Houtman Abrolhos）

豪特曼群礁位于澳大利亚西海岸，其由 122 个岛屿和岩礁组成，虽名为"群礁（abrolhos）"，但实为"群岛（islands）"。依据"1983 年 2 月 4 日声明（内部界限［基线］声明）"，澳大利亚将直线基线适用于豪特曼群礁。③ "这些礁群彼此之间距离较近，领海基线总长为 81 海里，其中最长的两段直线基线为 17.7 海里和

---

① 例如，在 2022 年尼加拉瓜诉哥伦比亚案中，当事国和国际法院均认可这一观点。参见 Alleged Violations of Sovereign Rights and Maritime Spaces in the Caribbean Sea（Nicaragua v. Colombia），Judgment of 21April 2022，paras. 241，245。

② 参见［英］马尔科姆·N. 肖：《国际法（上）》，白桂梅等译，北京大学出版社 2011 年版，第 65 页；［英］奥本海著，詹宁斯、瓦茨修订：《奥本海国际法（第 1 卷第 1 分册）》，王铁崖等译，中国大百科全书出版社 1995 年版，第 16 页。

③ 参见 Australia, Proclamation of 4 February 1983（Proclamation of the Inner Limits（the Baseline）），Pursuant to Section 7 of the Seas and Submerged Lands Act 1973。

13.5 海里。"① 豪特曼群礁不存在主岛被小岛环绕的情形，1982 年《公约》第 7 条不能直接适用。②

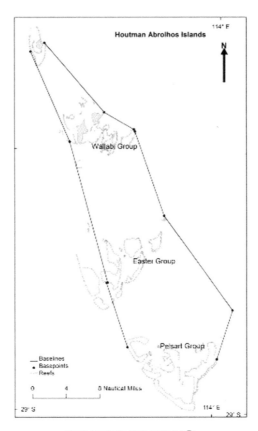

豪特曼群礁直线基线图③

① 张华：《中国洋中群岛适用直线基线的合法性：国际习惯法的视角》，载《外交评论》2014 年第 2 期，第 132 页。
② 参见 Sophia Kopela, Dependent Archipelagos in the Law of the Sea, Martinus Nijhoff Publishers, 2013, p. 127。
③ 参见 Sophia Kopela, Dependent Archipelagos in the Law of the Sea, Martinus Nijhoff Publishers, 2013, p. 280。

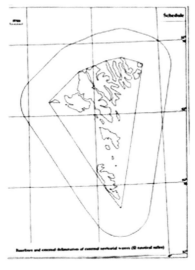

法罗群岛直线基线图①

2. 丹麦：法罗群岛（Faroe/Føroyar）

自颁布 1903 年第 29 号法令开始，丹麦就将法罗群岛视为一个整体来主张本国的专属渔区。② 1963 年，丹麦颁布第 156 号法令，划定 13 个基点，将直线基线适用于整个法罗群岛。③ 1976 年，丹麦颁布第 599 号法令，对 1963 年的直线基线作出修正：基点减少1 个，基点坐标也有所调整。④ 2002 年，依据第 306 号行政令，丹

---

①　参见 UN Office for Ocean Affairs and the Law of the Sea, Law of the Sea Bulletin No. 68, 2008, p. 16。

②　参见 Denmark, Order No. 29 of 27 February 1903 Respecting the Supervision of Fisheries in the Sea surrounding the Faroe Islands and Iceland Outside the Danish Territorial Sea。

③　参见 Denmark, Prime Minister's Department Decree No. 156 of April 24, 1963。

④　参见 Denmark, Ordinance No. 599 of 21 December 1976 on the Delimitation of the Territorial Sea around the FaroeIslands。

麦将法罗群岛的直线基线调整为 15 条。① 如果将法罗群岛北部岛群的海岸视为一个整体，则该"海岸"极为曲折，符合 1982 年《公约》第 7 条中规定的条件。但从整体上来看，岛屿自北向南呈"T"形分布，并不存在主岛被小岛环绕的结构，因此法罗群岛并不能直接适用 1982 年《公约》第 7 条。

3. 厄瓜多尔：加拉帕戈斯群岛（Galápagos/ Colón）

1934 年，厄瓜多尔颁布"第 607 号法令"，规定加拉帕戈斯群岛的领海从"群岛最突出各点（most salient points of the islands）"的低潮线开始测算。② 此外，1951 年 2 月颁布的法令和经 1970 年 2 月 27 日第 256-CLP 号法令修正的民法典均将加拉帕戈斯群岛视为一个整体。③ "1971 年 6 月 28 日规定测量领海的直线基线的第 959-A 号最高法令"规定了加拉帕戈斯群岛的直线基线的基点名称。依据该法令，直线基线系统由 8 条直线基线段组成，最长的两条分别为 124 海里和 95 海里；基线内的水域为厄瓜多尔的内水。④ 如果对 1982 年《公约》第 7 条采用宽松解释，以最大的岛屿伊莎贝拉岛（Isla Isabela）为主岛，其东面、南面的小岛基本可以满足第 7 条的规定，但是，北部连接达尔文岛的直线基线太长且封闭了一大片海域。⑤ 换言之，该群岛整体并不能直接适用 1982 年《公约》第 7 条。

4. 德国：黑尔戈兰岛（Helgoland/Heligoland）

---

① 参见 Denmark, Executive Order on the Delimitation of the Territorial Sea of the Faroe Islands（No. 306 of 16 May 2002）。

② 参见 Ecuador, Decree No. 607 of 29 August 1934。

③ 参见 Ecuador, No. 9 Decree of the Congress of the Republic of Ecuador, Dated 21st February, 1951, Relating to Territorial Waters; Civil Code as Amended by Decree No. 256-CLP of 27 February 1970（1）。

④ 参见 US Department of State, Limits in the Seas No. 42: Straight Baselines: Ecuador, 1972, pp. 2-4, 7。

⑤ 参见 Sophia Kopela, Dependent Archipelagos in the Law of the Sea, Martinus Nijhoff Publishers, 2013, pp. 125-126。

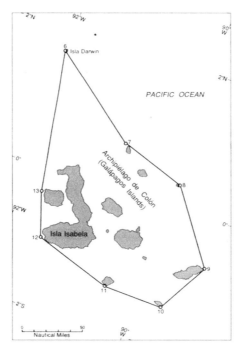

加拉帕戈斯群岛直线基线图①

黑尔戈兰岛直线基线图②

---

① 参见 W. Michael Reisman and Gayl S. Westerman, Straight Baselines in Maritime Boundary Delimitation, Palgrave Macmillan, 1992, p. 157。

② 参见 J. Ashley Roach and Robert W. Smith, Excessive Maritime Claims, 3rd ed, Martinus Nijhoff Publishers, 2012, p. 119; UN Office for Ocean Affairs and the Law of the Sea, Baselines: National Legislation With Illustrative Maps, United Nation, 1989, p. 178。

1970 年 1 月 28 日德国（即当时的德意志联邦共和国）水文研究所第 1184 号公报摘要公布了黑尔戈兰岛的直线基线和基点坐标（包括基点 19、20、21、22 和 23，未公布基点 18 的坐标）。这些直线基线将整个黑尔戈兰岛封闭起来。黑尔戈兰岛名为岛屿而实为群岛，它由黑尔戈兰岛和迪讷岛（Helgoland-Dune）组成。迪讷岛是位于黑尔戈兰岛东部的孤岛，这一条件使其难以构成一系列岛屿，因此不可直接适用 1982 年《公约》第 7 条。

5. 西班牙：巴利阿里群岛（Balearic Islands）和加那利群岛（Islas Canarias）

（1）巴利阿里群岛

1977 年 8 月，依据"第 2510/1977 号皇家法令"，西班牙划定了巴利阿里群岛的直线基线系统。① 由于三个大岛马略卡岛（Majorca）、米诺卡岛（Minorca）和伊比沙岛（Ibiza）之间的距离较大、水域辽阔，西班牙为三个岛屿及其周围的小岛分别划定了独

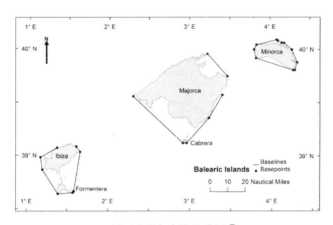

巴利阿里群岛直线基线图②

①　参见 UN Office for Ocean Affairs and the Law of the Sea, Baselines: Baselines National Legislation With Illustrative Maps, UN, 1989, pp. 287-293。

②　参见 Sophia Kopela, Dependent Archipelagos in the Law of the Sea, Martinus Nijhoff Publishers, 2013, p. 282。

立的直线基线系统。马略卡岛和伊比沙岛有相似之处，由于这两个主岛周围小岛面积较小且小岛之间的距离较大，所以这两组"岛群"不可直接适用 1982 年《公约》第 7 条。米诺卡岛周围的小岛数量有限，围绕该岛的直线基线似乎以"海岸线极为曲折"的相关规定为依据。

（2）加那利群岛

依据"2510/1977 号皇家法令"，西班牙对加那利群岛的若干较大的岛屿（或岛群）分别适用了直线基线。2010 年，西班牙又颁布了"关于加那利水域的 44/2010 号法令"。这一法令的真实目的尚具有争议性，然而西班牙多数学者支持在加纳利群岛适用群岛制度。换言之，并不能排除"关于加那利水域的 44/2010 号法令"的目的是在加那利群岛类推适用 1982 年《公约》的"群岛国制度"。[1]

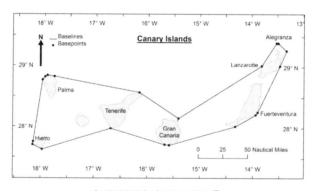

加那利群岛直线基线图[2]

6. 葡萄牙：马德拉群岛（Madeira Islands）和亚速尔群岛（the Azores）

---

① 参见 Sophia Kopela, Dependent Archipelagos in the Law of the Sea, Martinus Nijhoff Publishers, 2013, pp. 250-252。

② 参见 Sophia Kopela, Dependent Archipelagos in the Law of the Sea, Martinus Nijhoff Publishers, 2013, p. 238。

（1）马德拉群岛

依据"1985 年 11 月 29 日第 495/85 号法令"，葡萄牙将直线基线适用于马德拉群岛。这些直线基线分为两个部分：其一为封闭马德拉岛和德塞塔岛群岛（Desertas Islands, Ilhas Desertas）直线基线系统；其二为封闭圣港岛（Porto Santo）及其周围小岛的直线基线系统。马德拉岛和德塞塔岛群岛之间的距离不大，但德塞塔岛群岛和马德拉岛几乎呈线状分布，因此该岛群不能直线适用 1982 年《公约》第 7 条。而圣港岛及其周围小岛符合 1982 年《公约》第 7 条规定的情形。

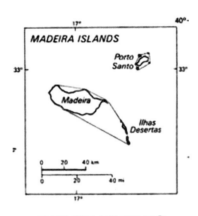

马德拉群岛直线基线图①

（2）亚速尔群岛

葡萄牙"1985 年 11 月 29 日第 495/85 号法令"也将直线基线适用于亚速尔群岛。依据这一法令，马德拉群岛被分为西部岛群（Western Group）、中部岛群（Central Group）和东部岛群（Eastern Central Group）分别划定直线基线系统。这是由于三个岛群之间的距离太远，如果以直线基线连接这些岛群，长度可能达到 163 海里和 146 海里。具体来看：（1）西部岛群以弗洛雷斯岛（Flores）为

---

① 参见 UN Office for Ocean Affairs and the Law of the Sea, Baselines: National Legislation With Illustrative Maps, United Nation, 1989, p. 266。

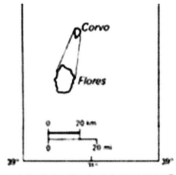

亚速尔群岛西部岛群直线基线图①

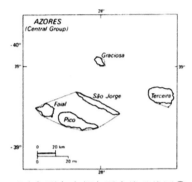

亚速尔群岛中部岛群直线基线图②

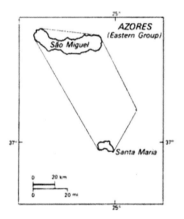

亚速尔群岛东部岛群直线基线图③

主岛，科尔武镇（Corvo）为主岛周围的孤岛，故该岛群不可直线适用 1982 年《公约》第 7 条；（2）中部岛群中皮库岛（Pico）、

---

　　①　参见 UN Office for Ocean Affairs and the Law of the Sea, Baselines：National Legislation With Illustrative Maps, United Nation, 1989, p. 266。

　　②　参见 UN Office for Ocean Affairs and the Law of the Sea, Baselines：National Legislation With Illustrative Maps, United Nation, 1989, p. 266。

　　③　参见 UN Office for Ocean Affairs and the Law of the Sea, Baselines：National Legislation With Illustrative Maps, United Nation, 1989, p. 266。

圣若热岛（São Jorge）和法亚尔岛（Faial）三个岛屿当中不易确定主岛，因此不能直接适用1982年《公约》第7条；（3）东部岛群由主岛圣米格尔岛（São Miguel）与圣玛利亚岛（Santa Maria）和福米加什群岛（Ilhéus das Formigas）这两个小岛构成。从岛屿面积和分布来看，不可直接适用1982年《公约》第7条。

7. 印度：拉克沙群岛（Lakshadweep Islands）和安达曼—尼科巴群岛（Andaman & Nicobar Islands）

依据"2009年5月11日关于基线系统的外交部公告"①，印度划定了拉克沙群岛的直线基线系统。拉克沙群岛缺乏大陆型岛屿，因此不具备主岛加一系列岛屿的结构，因此不可直接适用1982年《公约》第7条。此外，长度超过100海里的基线段所占的比例超过3%，拉克沙群岛水陆面积比超过了9∶1，因此，拉克沙群岛的直线基线超出了1982《公约》第47条中规定的限制。②

拉克沙群岛直线基线图③

---

① 参见 UN Office for Ocean Affairs and the Law of the Sea, Law of the Sea Bulletin No. 71, 2009, pp. 29-30。

② 参见 Sophia Kopela, Dependent Archipelagos in the Law of the Sea, Martinus Nijhoff Publishers, 2013, pp. 137-138。

③ 参见 UN Division for Ocean Affairs and the Law of the Sea Office of Legal Affairs, Law of the Sea Bulletin No. 71, United Nations, 2009, p. 31。

安达曼—尼科巴群岛直线基线图①

拉克沙群岛直线基线图中清晰地显示，拉克沙群岛岛屿狭小，基线系统封闭了大量的水域；拉克沙群岛的下面为群岛国马尔代夫（Maldives），拉克沙群岛的直线基线系统封闭的水域与整个马尔代夫分布的区域相当。

另外，"2009 年 5 月 11 日关于基线系统的外交部公告"还对安达曼—尼科巴群岛（Andaman and Nicobar Islands）的直线基线系统作出了规定。该公告仅划定了该群岛西部的直线基线，群岛东部的直线基线尚未划定。依据印度 2009 年 11 月的公告，安达曼—尼科巴群岛东部的基点将来另行公布。② 在上述 17 条直线基线段

---

①　参见 Maritime Claims Reference Manual（Burma），https：//www. jag. navy. mil/organization/code_10_mcrm. htm, visited on December 1，2019。

②　参见 UN Division for Ocean Affairs and the Law of the Sea Office of Legal Affairs，Law of the Sea Bulletin No. 72，United Nations，2010，p. 80。

中最长的两段分别达到84.7和83.2海里。作为整体，安达曼—尼科巴群岛呈南北纵向排列，安达曼—尼科巴群岛直线基线图中，右上部为缅甸的伊洛瓦底河三角洲地区，右下部为印尼的苏门答腊岛，这足见安达曼—尼科巴群岛的跨度之大。1982《公约》第7条并不能为该群岛提供依据。

8. 缅甸：普雷帕里斯群岛（Praparis Islands）和科科群岛（Coco Islands）

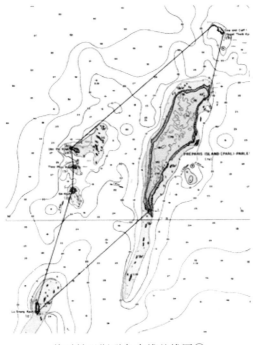

普雷帕里斯群岛直线基线图①

依据2008年12月5日修订领海和海洋区域法的法律（国家和

---

① 参见 Myanmar, Maritime Space：Maritime Zones and Maritime Delimitation, https：//www.un.org/Depts/los/LEGISLATIONANDTREATIES/asia.htm, visited on December 1, 2019。

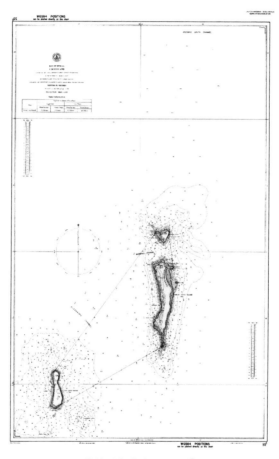

科科群岛直线基线图①

平与发展委员会第 8/2008 号法律）附件第 4 条的规定，缅甸划定了普雷帕里斯群岛（Praparis Islands）直线基线，该直线基线系统共有 6 段直线基线段。它们的长度较小，最长的一段仅为 5.91 海

① 参见 Myanmar，Maritime Space：Maritime Zones and Maritime Delimitation，https：//www.un.org/Depts/los/LEGISLATIONANDTREATIES/asia.htm，visited on December 1，2019。

里。由普雷帕里斯群岛直线基线图可知，虽然主岛普雷帕里斯岛（Preparis）北面、西面和西南面的小岛距离主岛距离不大，但是，北面和西南面的小岛与主岛几乎呈线状分布，因此该群岛不可直接适用 1982 年《公约》第 7 条。

2008 年 12 月 5 日修订领海和海洋区域法的法律（国家和平与发展委员会第 8/2008 号法律）附件第 4 条同时规定了科科群岛（Coco Islands）的直线基线系统。这一基线系统由 3 条直线基线段组成，每一条直线基线段的长度都不大。由科科群岛直线基线图可知，泰普尔岛（Table Island）位于主岛大科科岛（Great Coco Island）的北面，与主岛呈线状排列；小科科岛（Little Coco Island）位于主岛的西南面：这两个小岛不属于严格意义上的一系列岛屿，因此该群岛不能直接适用 1982 年《公约》第 7 条。

9. 英国：特克斯与凯科斯群岛（Turks and Caicos Islands）

依据《特克斯与凯科斯群岛（领海）1989 年法令》①，英国划定了特克斯与凯科斯群岛的直线基线。1988 年和 2007 年，英国又通过法案对 1989 年法令进行了修正。② 将这两个修正案与 1989 年法令对比可知，通过修正该岛的直线基线段数量有所减少，长度有所增加，直线基线系统封闭的水域面积更加广阔。由特克斯与凯科斯群岛直线基线图可知，由于南部和东部的小岛面积狭小，与"主岛"之间的距离过大，直线基线封闭的水域面积较大，所以该群岛不可直接适用 1982 年《公约》第 7 条。

10. 中国：西沙群岛和钓鱼岛及其附属岛屿

我国西沙群岛和钓鱼岛群岛（赤尾屿岛群除外）均可归为"并列型"洋中群岛的分类。本书第五章将对此详细分析。

上文已经对一系列典型国际实践作出分析和梳理，接下来需要

---

① 参见 UK, The Turks and Caicos Islands（Territorial Sea）Order 1989。

② 参见 UK, The Turks and Caicos Islands（Territorial Sea）（Amendment）Order 1998; The Turks and Caicos Islands（Territorial Sea）（Amendment）Order 2007。

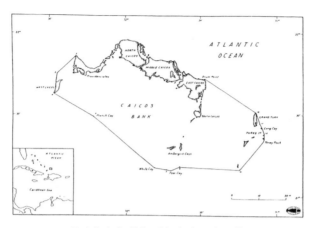

特克斯与凯科斯群岛直线基线图①

对这些国家实践是否形成通例作出分析和判断。

上述洋中群岛多数不具备主岛加周围小岛的结构，因此不属于"主附型"洋中群岛，而属于"并列型"洋中群岛。通过对上述国家实践中的总结可以得出以下几点：

第一，"并列型"洋中群岛适用直线基线的国家实践具有广泛性和代表性。首先，这一实践具有广泛性。中国国际法学会编纂的《南海仲裁案裁决之批判》显示，已经有 17 个沿海国的洋中群岛划定了直线基线，或者尚未具体划定基线但是立法体现群岛整体性。② 以上数据还不包含本书发现的德国（黑尔戈兰岛）。而这些划定直线基线的洋中群岛大部分为"并列型"洋中群岛。"虽然国际社会有 200 多个国家，但拥有洋中群岛的国家毕竟只是其中一小部分。"③ 在"并列型"洋中群岛适用直线基线的沿海国看似数量不大，其实已经占据拥有洋中群岛的国家的多数，因此这一实践具

---

① 参见 Tullio Scovazzi etc. , Atlas of the Straight Baselines, 2nd ed, Giuffre Editore, 1989, p. 48。

② 参见中国国际法学会：《南海仲裁案裁决之批判》，外文出版社 2018 年版，第 245~246 页。

③ 参见张华：《中国洋中群岛适用直线基线的合法性：国际习惯法的视角》，载《外交评论》2014 年第 2 期，第 136 页。

有广泛性。其次，这一实践具有代表性。这一实践广泛存在于世界各个大洋，参与实践的国家既有西方传统大国（英国、法国、西班牙等），又有其他地区的新兴国家（印度、厄瓜多尔等），它们代表了不同的地区或受影响的不同利益，因此，这一实践具有代表性。

第二，"并列型"洋中群岛适用直线基线的国家实践在一致性上略有不足。对于一些岛屿分散且有常用海道通过的洋中群岛，国际上已经存在不同的实践。例如，西班牙在加那利群岛很可能已经展开适用《公约》中群岛制度的讨论与实践，① 至少西班牙适用群岛制度的可能性不能排除。洋中群岛制度与群岛国制度在直线基线所封闭水域的法律地位方面存在根本的区别：直线基线所封闭的洋中群岛的水域基本上被沿海国主张为内水，而群岛基线封闭的水域为群岛水域，两种水域的地位不同决定了外国船舶在水域内拥有的航行权利并不相同。在识别习惯国际法时，"一国"的实践须具备"内在一致性（internal uniformity/consistency）"，所谓"内在一致性"是指，在考察一国的实践时，该国在相同的情形下应自始至终采取"相同的行为模式"。② 由于西班牙在加那利群岛的直线基线实践不甚明确，所以不仅西班牙与其他国家的实践是否具有一致性存疑，而且西班牙自身在不同群岛的实践是否具有"内在一致性"也存疑。

基于上述原因，可以认为，"并列型"洋中群岛适用直线基线的通例基本形成。

（二）国际社会的态度：法律确信正在形成

由于沿海国主张权利的声明、国际社会的抗议或默认是判断相

---

① 参见 Sophia Kopela, Dependent Archipelagos in the Law of the Sea, Martinus Nijhoff Publishers, 2013, pp. 247-252。

② 参见 M. H. Mendelson, The Formation of Customary International Law, Collected Courses of the Hague Academy of International Law, Vol. 272, 1998, pp. 155, 212-213。

关法律确信的重要依据,① 下文将主要从国际社会的态度和反应方面进行分析。

目前,国际社会对"并列型"洋中群岛适用直线基线的态度并不完全一致。一方面,大多数国家对"并列型"洋中群岛适用直线基线采取"默认"的态度,甚至一些国家通过签订划界协定等形式对这些直线基线实践予以间接认可。实践当中,大多数国家对洋中群岛适用直线基线基本上采取沉默的态度。沉默有可能仅仅出于漠不关心,但也可理解为默认。② 所谓默认是一种默示的承认,即基于善意原则,一国本应作出回应,却在一定时间内未作出回应,它并非单纯的沉默,而是一种有着法律意义的沉默或不作为(Qualified Silence/Inaction)。③ 就"并列型"洋中群岛适用直线基线而言,其他国家受到这一实践的影响,也有足够的时间对这一实践作出反应,因而这种沉默可以构成默认。

另一方面,以美国为代表的一些国家对"并列型"洋中群岛适用直线基线提出了反对或挑战。正如易显河教授所指出的,"以原始材料简单地评估国家实践,是不可靠的,国际法要求对国家实践进行仔细的检视,并查明其背后原因"。④ 如果探明背后的原因,不少国家对"并列型"洋中群岛适用直线基线的反应看似是反对,实则并非如此。然而,虽然通过查明背后的原因可以排除一部分国家的反应,但是仍有少数国家的反应无法通过查明深层的原因来否定或削弱其反对立场。

1. 美国对多个洋中群岛直线基线的挑战

---

①　参见［英］马尔科姆·N. 肖:《国际法(上)》,白桂梅等译,北京大学出版社 2011 年版,第 89 页;［英］M. 阿库斯特:《现代国际法概论》,中国社会科学出版社 1981 年版,第 36 页。

②　参见 James Crawford, Brownlie's Principles of Public International Law, 8th ed, Oxford University Press, 2012, p. 25。

③　参见 MacGibbon, The Scope of Acquiescence in International Law, British Year Book of International Law, Vol. 31, 1954, p. 31。

④　参见 ILA, Reports of the International Law Association Committee on Baselines Under the International Law of the Sea, Brill, 2018, pp. 39-40。

正如《南海仲裁案裁决之批判》所指出的，"美国的抗议是有限的、选择性的、缺乏一致性，在很大程度上是出于维护美国军用舰机出入世界各大洋和主要海域的考虑"。① 换言之，美国对洋中群岛适用直线基线的批判并未做到全面、系统、标准一致。美国国务院对他国直线基线的批评并不总是一致的，② 鲜有美国对法国和印度等国在洋中群岛适用直线基线提出批评。标准的不一致削弱了美国批评的效力。退一步讲，即便美国的反对做到了全面、系统、标准一致，可以将其视为"持续反对者"（persistent objector），从而实现各方利益的平衡。③ 在国际习惯法的形成过程中，一直持反对态度的国家有可能构成"持续反对者"。④ 然而，"持续反对者"的存在并不能阻碍习惯法的形成。

2. 比利时对加拉帕格斯群岛直线基线的抗议

前文已述，厄瓜多尔分别于 1934 年和 1951 年颁布法令表示从加拉帕格斯群岛最外各点开始划定领海，1971 年正式划定直线基线。2012 年，厄瓜多尔加入 1982 年《公约》时重申其直线基线的合法性。针对厄瓜多尔加入《公约》时所作的声明，比利时认为加拉帕格斯群岛的直线基线不符合《公约》的规定（do not correspond to the prescriptions of the Convention），比利时对厄瓜多尔的声明表示反对（objects to this declaration）。⑤ 由此可知，比利时的反对态度是明确的。

---

① 中国国际法学会：《南海仲裁案裁决之批判》，外文出版社 2018 年版，第 250 页。

② 参见 Victor Prescott and Clive Schofield, The Maritime Political Boundaries of the World, 2nd ed, Martinus Nijhoff Publishers, 2005, p. 149。

③ 参见张华：《中国洋中群岛适用直线基线的合法性：国际习惯法的视角》，载《外交评论》2014 年第 2 期，第 137~138 页。

④ 参见 James Crawford, Brownlie's Principles of Public International Law, 8th ed, Oxford University Press, 2012, 2012, p. 28。

⑤ 参见 UN Office for Ocean Affairs and the Law of the Sea, Law of the Sea Bulletin No. 83, United Nation, 2013, p. 18。

3. 瑞典对加拉帕格斯群岛直线基线的抗议

针对厄瓜多尔上述 2012 年声明，瑞典在其声明中表示：厄瓜多尔所描述的基线偏离了《联合国海洋法公约》规定的主要规则。① 可见，瑞典的反对态度同样是明确的。

4. 英国对加拉帕格斯群岛直线基线的抗议

英国 1951 年 9 月对厄瓜多尔的加拉帕戈斯群岛进行过抗议，② 抗议中有这样的表述：厄瓜多尔 1951 年法令第 3 条违反了国际法，厄瓜多尔没有从整个海岸的低潮线起算领海界限。厄瓜多尔 1951 年法令第 3 条第 1 款规定大陆海岸的直线基线、第 2 款规定了加拉帕格斯群岛的直线基线，而英国对上述两款进行了概括性的抗议。鉴于英国在 1951 年英挪渔业案中对挪威直线基线的反对态度，很难认为英国与英挪渔业案判决基本同时甚至稍早时是支持厄瓜多尔（加拉帕格斯群岛）的直线基线的。换言之，英国在上述表述中对加拉帕格斯群岛直线基线合法性的否定态度无法通过法律解释加以排除。此外，本书认为，不能因为英国没有对厄瓜多尔 2012 年声明进行明确反对③就认为英国已经改变了前述 1951 年的立场，下文英国对西沙群岛的挑战可以说明这一点。

5. 德国对加拉帕格斯群岛直线基线的抗议

2016 年，国际法协会的研究报告中显示：德国曾于 1986 年对厄瓜多尔加拉帕戈斯群岛的直线基线进行过抗议，但并未见刊。④ 关于厄瓜多尔 2012 年声明，德国认为，这一声明构成了公约条款在厄瓜多尔适用过程中的保留、排除或修改，尤其是关于航行自

---

① 参见 UN Office for Ocean Affairs and the Law of the Sea, Law of the Sea Bulletin No. 83, United Nation, 2013, pp. 15-16。

② 参见 J. A. Roach, Offshore Archipelagos Enclosed by Straight Baselines: An Excessive Claim? Ocean Development & International Law, Vol. 49, No. 2, 2018, p. 180, 195。

③ 参见 UN Office for Ocean Affairs and the Law of the Sea, Law of the Sea Bulletin No. 83, United Nation, 2013, p. 14。

④ ILA Straight Baselines Study—Protests, 2016, p. 3, http://www.ila-hq.org/index.php/committees, visited on December 1, 2019。

由，建立海洋区域，以及在这些区域内行使管辖权和主权权利。①
德国这一概括性的抗议并不能说明德国完全放弃了前述 1986 年的
立场。

6. 西班牙对加拉帕格斯群岛直线基线的抗议

西班牙同样对厄瓜多尔 2012 年的声明作出了回应。关于厄瓜
多尔的直线基线，西班牙仅笼统地表示：西班牙不承认没有按照
《公约》要求划定的基线。② 西班牙的抗议虽然不够明确（即没有
明确指出加拉帕格斯群岛的直线基线），但结合厄瓜多尔 2012 年声
明的内容，无法排除西班牙对加拉帕格斯群岛直线基线合法性的抗
议。

7. 英国对西沙群岛直线基线的挑战

2018 年 8 月 31 日，英国"海神之子"号两栖船坞登陆舰在前
往越南途中进入西沙群岛中国领海，彰显所谓"航行自由"。事发
后，中国海军依法对英国舰艇实施查证识别，并予以警告驱离。③
"英方认为其军舰并未进入西沙群岛单个岛礁 12 海里范围内，但
中方指出其已进入以直线基线划设的整个西沙群岛领海范围。中英
双方对以直线基线划设大陆国家远洋群岛领海基线的合法性问题存
在不同主张，对外国军舰进入中国领海的管制措施亦存分歧。"④
英舰此次行动是此前美国在南海海域执行所谓"航行自由"行动
的翻版。据此，可以借用美国迪凯特号海军驱逐舰擅闯西沙群岛这
一事件，来更加直观地展示英国对西沙群岛直线基线的挑战。2016
年 10 月 21 日，美国海军驱逐舰迪凯特号（USS Decatur）执行所谓
"航行自由"行动穿越中国主张的西沙群岛直线基线，在直线基线封

① 参见 UN Office for Ocean Affairs and the Law of the Sea, Law of the Sea
Bulletin No. 83, United Nation, 2013, p. 16。

② 参见 UN Office for Ocean Affairs and the Law of the Sea, Law of the Sea
Bulletin No. 83, United Nation, 2013, p. 14。

③ 参见胡杰：《英国干涉中国在南海维权：前瞻与预防》，载《太平洋
学报》2019 年第 3 期，第 65 页。

④ 叶强：《英国军舰"试水"南海，寓意并不简单》，载《世界知识》
2018 年第 20 期，第 30 页。

闭的水域内盘旋（loitering），并进行了机动演习（maneuvering drills）。迪凯特号没有进入单个陆地地物的12海里以内，但它驶入了从直线基线起算的12海里领海以内。美国试图以此行动挑战西沙群岛所谓的"非法的直线基线主张"（Illegal Straight Baseline Claims）及外国军舰进入中国领海的管制措施。①

英国是对洋中群岛整体适用直线基线的典型国家之一，其已经对福克兰群岛、特克斯和凯科斯群岛等整体适用了直线基线。然而，英国以海军军舰执行所谓"航行自由"行动的方式对中国西沙群岛的直线基线提出了挑战。该如何理解英国的这一矛盾行为：英国只认可本国洋中群岛适用直线基线的合法性而否认他国相似实践的国际合法性？英国的这一做法无疑对洋中群岛适用直线基线的法律确信带来了冲击和挑战。

8. 越南对西沙群岛直线基线的抗议

针对我国1996年5月15日发布的领海基线声明，越南在1996年6月6日的抗议声明中表示中华人民共和国建立了西沙群岛的直线基线的行为"违反"了国际法，中华人民共和国赋予西沙群岛"群岛国地位"，将大量海域圈占为群岛的内水，因此"违反"了《联合国海洋法公约》的规定。② 不可否认，越南的上述声明与其对我国西沙群岛提出非法的主张有关，而且，越南将西沙群岛划定直线基线视为"群岛国地位"的观点并不正确。然而，同样不可否认的是，这一声明的指向是否认西沙群岛直线基线的合法性。

9. 孟加拉国对布里巴里斯和科科群岛直线基线的抗议

针对缅甸为布里巴里斯和科科群岛所划的直线基线，孟加拉国在2009年7月6日的照会中提出了抗议，孟加拉国明确表示：布

---

① 参见 Eleanor Freund, Freedom of Navigation in the South China Sea: A Practical Guide, Belfer Center for Science and International Affairs Harvard Kennedy School, Special Report, 2017, p. 40。

② 参见 UN Office for Ocean Affairs and the Law of the Sea, Law of the Sea Bulletin No. 32, United Nation, 1996, p. 91。

里巴里斯和科科群岛直线基线违反习惯国际法，也违反 1982 年
《联合国海洋法公约》的有关规定。① 孟加拉国在照会中表现出的
主要顾虑是上述直线基线对孟缅两国划界问题的影响，而 2012 年
的划界案成功划定了两国之间的海洋边界。尽管如此，这并不能否
认孟加拉 2009 年照会对布里巴里斯和科科群岛直线基线合法性
的否定。

　　通过以上梳理可知，多个海洋国家对"并列型"洋中群岛适
用直线基线提出了反对，另有一些沿海国对邻国洋中群岛的直线基
线表达了抗议。尤其需要指出的是，德国、西班牙和英国等国是洋
中群岛适用直线基线这一实践的参与国，然而它们却对其他国家的
这一实践进行了抗议或挑战。这几个国家的行为既影响了法律确信
的形成，同时也影响了实践的"内在一致性"。

　　（三）正在形成的习惯法：意义和影响

　　上文详细梳理了"并列型"洋中群岛适用直线基线的国家实
践，以及国际社会对此类实践的态度。"并列型"洋中群岛适用直
线基线的通例基本形成；同时，由于某些实践参与国不一致的行为
或表态，相关的法律确信还正在形成。因此，"并列型"洋中群岛
适用直线基线是正在形成的习惯法。

　　我国学者姜世波指出，援引"正在形成习惯国际法"的论点
是最便宜的论据，因为它的形成条件含糊而不精确。② 对此，本书
有不同的看法。就洋中群岛适用直线基线这一"正在形成习惯国
际法"来说，它不仅表明了此类国家实践具有形成习惯法的趋势，
而且表明相关的习惯法已经接近形成。这些数量可观的国家实践为
其他国家参与此类实践提供了实践方面的依据。而且，在较大程度
上，这些为他国所接受的国家实践能够为其他沿海国的实践提供合

---

　　① 参见 UN Office for Ocean Affairs and the Law of the Sea, Law of the Sea
Bulletin No. 70, United Nation, 2009, p. 61。

　　② 参见姜世波：《习惯国际法的司法确定》，中国政法大学出版社 2010
年版，第 356 页。

法性依据。①

二、正在形成的习惯法的内涵

(一) 洋中群岛适用直线基线的地理条件

并非所有的"并列型"洋中群岛均可适用直线基线。"并列型"洋中群岛适用直线基线时,需要对岛屿数量、大小、分布范围等重要因素进行综合考量和宏观把握。岛屿较小、分布范围过大、整体适用直线基线将造成严重不公和混乱的群岛就可能被排除出去。例如,南乔治亚岛和南桑威奇群岛 (South Georgia and The South Sandwich Islands) 在地缘和政治上属于一个统一的单位,但是,南乔治亚岛距离南桑威奇群岛较远 (约为 700 公里),如果二者构成一个群岛,将其用直线基线连接起来显然是不现实的。

(二) 洋中群岛适用直线基线的限制条件

学者们已经对洋中群岛适用直线基线的限制条件进行了探讨。张华教授认为:洋中群岛适用直线基线应当满足的限制条件有,"(1) 直线基线应包含主要岛屿,并反映洋中群岛的轮廓;(2) 直线基线的最大长度应尽可能控制在合理的范围内;(3) 直线基线应避免产生'隔断效应'"。② 学者科佩拉认为洋中群岛适用直线基线应遵循 1951 年英挪渔业案所阐述的原则,即海域与陆地之间存在紧密的联系,基线的划定不应明显偏离海岸的一般方向,以及存在诸如经济、环境或历史等方面的当地特有的利益。③ 综上可知,学者们通常从 1951 年英挪渔业案判决或 1982 年《公约》第 7

---

① 参见黄瑶、黄靖文:《无人居住岛屿主张专属经济区和大陆架的新近国家实践——兼论对我国主张南沙岛礁海域权利的启示》,载《武大国际法评论》2014 年第 2 期,第 56 页。

② 张华:《中国洋中群岛适用直线基线的合法性:国际习惯法的视角》,载《外交评论》2014 年第 2 期,第 140 页。

③ 参见 Sophia Kopela, Dependent Archipelagos in the Law of the Sea, Martinus Nijhoff Publishers, 2013, 2013, pp. 185-189。

条和第 47 条中总结这些限制条件，只是得出的具体条件不同而已。

尽管"并列型"洋中群岛适用直线基线属于正在形成的习惯法，但是此类实践仍应遵循领海基线共同遵循的限制条件，即（1）基点不应位于海上或位于他国领土，（2）基线的划定不应在任何明显的程度上偏离群岛的一般轮廓，（3）基线内的海域与陆地存在紧密的联系，（4）避免使另一国的领海同公海或专属经济区隔断等。这些限制条件不仅仅是对 1951 年英挪渔业案判决或1982 年《公约》第 7 条等的总结，而且是对正常基线、直线基线和群岛基线等各种基线类型的限制条件的提炼。洋中群岛适用的直线基线仍应遵循这些条件，否则这些基线将没有基础和根据可言。

三、适用条件的规范化路径

在分类考察的视角下，"主附型"洋中群岛适用直线基线可以归入 1982 年《公约》第 7 条（1958 年《公约》第 4 条和 1951 年英挪渔业案判决）的调整范围；而"并列型"洋中群岛适用直线基线并不能归入上述调整范围，其"法律依据"应为正在形成的习惯法。"正在形成的习惯法"具有较大的不确定性，因此，只能从宏观方面对其适用条件作出总结。然而，不确定既意味着适用直线基线过程中的灵活性，同时也意味着潜在的争议性。这一问题的解决有待国家实践的进一步发展和习惯国际法的最终形成，或者有待国际社会制定相关的条约规则①。无论最终采用哪一种路径，这都需要国际社会积极参与和务实合作。

本 章 小 结

通过对国家实践和国际司法裁判等的分析可知，"极为曲折""一系列岛屿"和"海岸的一般方向"等直线基线的适用条件都具有相当大的宽松解释和灵活适用的空间；在满足一定的条件下，上

---

① 参见杨泽伟：《〈联合国海洋法公约〉的主要缺陷及其完善》，载《法学评论》2012 年第 5 期，第 63 页。

述适用条件均可扩大解释到看似极端的程度。同时，国家实践已经赋予这些适用条件以新的含义。第一，相对于"极为曲折"，在平缓海岸划定直线基线的国家实践正在增加，而且不少实践并未受到国际社会的抗议或反对。在平缓海岸适用直线基线应以不明显增加内水和领海的面积为限。第二，"一系列岛屿"对构成"一系列岛屿"的地物的属性没有作出明确的要求，只要数量足够多、分布足够密集，仅有小岛，甚至仅有岩礁同样能够构成一系列岛屿。第三，沿岸群岛的外缘线可以被视为大陆海岸线，条件是构成群岛的岛屿数量众多，分布集中，群岛与大陆海岸几乎融为一体。这说明对直线基线规则进行严格解释将面临极大的难度。

"主附型"洋中群岛适用直线基线时，1982 年《公约》第 7 条表现出较大的局限性：仅有少数此类实践与该条的规定较为一致，而多数实践需要对第 7 条作出相当宽松的解释，主要表现为需要对"一系列岛屿"和"海岸的一般方向"作出较为宽松解释。基于 1951 年英挪渔业案所阐述的习惯法（"海岸邻接群岛"）比第 7 条的规定（"紧接海岸有一系列岛屿"）更为宽松，"主附型"洋中群岛适用直线基线时可对 1982 年《公约》第 7 条作出更为宽松的解释。

"并列型"洋中群岛适用直线已经具有数量可观的国家实践。然而，西班牙在加那利群岛可能类推适用了群岛国制度。西班牙的这一实践对集体一致性和内在一致性的形成均产生了消极的影响。因此只能说相关的通例"基本"形成。此外，西班牙、德国和英国均为此类实践的参与国，然而它们却对其他国家的此类实践提出了抗议或挑战，这严重影响了相关法律确信的形成。综上，"并列型"洋中群岛适用直线基线是正在形成的习惯法。尽管属于"正在形成的习惯法"，但是此类国家实践数量可观且得到了国际社会广泛认可，因此仍然能够为未来的此类实践提供充分的依据与正当性。

第四章　适用直线基线应注意的问题

本章是本书分析问题章节的进一步延伸，主要就适用直线基线应注意的重要问题加以总结和分析。"海域的划界通常具有国际性；它不能仅仅取决于沿海国在其国内法中所表达的意愿。虽然划界行为确实必然是一种单方面行为，因为只有沿海国才有能力进行这种行为，但划界行为对其他国家的有效性取决于国际法。"① 适用直线基线应注意的问题与直线基线的合法性、相关海域的管理、相关海域的划界等问题密切关联。适用直线基线，在利益层面，应注意各方利益的平衡问题；在技术层面，要划定长度较为合理的基线段。

第一节　应注意各方利益的平衡问题

公平是法律最基本的价值之一，公平原则是公认的一般法律原则，适用直线基线应牢牢把握这一原则。学者梁小青认为："国际法上的公平原则源于'衡平'……'公平'实质上是考虑一切因素使各方得到一定满足的相互间的妥协。"② 王秀英指出，国际法上的公平来源于衡平法，但与后者不同，其含义接近于公正、正义以及作为法律的例外，其目的在于防止机械适用某一法律规则造成

---

① Fisheries Case, Judgment, I. C. J. Reports, 1951, p. 132.

② 梁小青：《国际法上的公平原则》，载《中山大学研究生学刊》1994年第 4 期，第 49 页。

的不合理、不公平的结果。① 简言之，公平原则要求考虑一切相关因素、促进各方利益妥协，从而实现公平合理的结果。具体到适用直线基线问题，公平原则要求综合考量划定基线各方面的因素、促进划定基线的沿海国与国际社会之间利益的平衡。

一、应综合考量各方面的因素确保沿海国划定直线基线的权利

(一) 综合考量宏观因素

从基线的演进过程来看，直线基线和群岛基线的合法性均建立在对地理、历史和经济等多方面因素综合考量的基础上。在1951年英挪渔业案中，国际法院在综合考量挪威海岸的地理、历史和经济等因素的基础上判定直线基线并不违反国际法。在三次联合国海洋法会议上，菲律宾等国从地理、历史、经济和安全等多个方面来论证建立群岛制度（群岛基线）的必要性与可行性，并最终得到国际社会的认可（参见本书第一章第二节）。基于此，对直线基线的适用和评价应综合考量各方面的因素，不应过分依赖某一因素。以加拿大北极群岛为例，如果严格按照1982年《公约》中"紧接海岸有一系列群岛"这一规定或者按照海岸的一般方向的严格解释，那么加拿大北极群岛的直线基线并不符合要求。然而，如果综合考量北极群岛在海岸构成、水陆比等方面的复杂性与特殊性，以及因纽特人对北极地区的历史性使用等因素，那么北极群岛直线基线的合法性完全能够建立。② 此外，加拿大北极群岛和芬兰奥兰群岛具有高度的相似性，如果仅仅因为面积上的差异而对两个群

---

① 参见王秀英：《海洋权益论：中日东海争议解决机制研究》，中国民主法制出版社2012年版，第61页。

② 参见 Tullio Scovazzi, The Establishment of Straight Baselines Systems：The Rules and the Practice, Davor Vidas and Willy Ostreng（ed.），Order for the Oceans at the Turn of the Century, Kluwer Law International, 1999, p. 454。

岛与海岸的关系作出不同的判断，那么这一判断既片面又缺乏公
正。

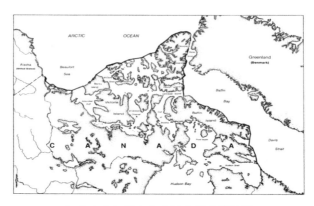

加拿大北极群岛和大陆直线基线图①

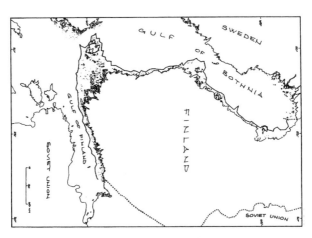

芬兰直线基线图②

---

① 参见 J. Ashley Roach and Robert W. Smith, Excessive Maritime Claims, 3rd ed, Martinus Nijhoff Publishers, 2012, p. 113。

② 参见 Tullio Scovazzi etc., Atlas of the Straight Baselines, 2nd ed., Giuffre Editore, 1989, p. 307。

加拿大北极群岛罗宾逊投影法地图（美国国家地理学会 1988 年出版）①

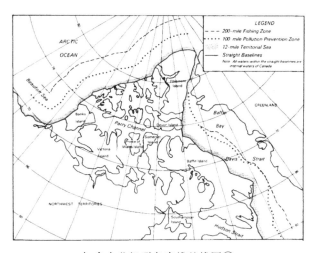

加拿大北极群岛直线基线图②

---

① 参见 Donat Pharand, The Arctic Waters and the Northwest Passage: A Final Revisit, Ocean Development and International Law, Vol. 38, No. 1-2, 2007, p. 20。

② 参见 J. M. Van Dyke, etc. (ed.), International Navigations: Rocks and Shoals Ahead? The Law of the Sea Institute, 1988, p. 7。

（二）综合考量单一适用条件的相关内容

适用直线基线，不仅需要对地理、历史、经济等宏观因素进行综合考量，而且需要对一些重要的微观因素进行综合考量。例如，在评估"一系列岛屿"这一要件时，对岛屿数量、岛屿大小、岛屿之间的距离、岛屿与大陆海岸之间的距离，以及有关海岸的长度这五个因素进行综合考量，从整体上加以把握。① 在某些情况下，为了进行综合考量，需要对同一要件采用不同的解释方法。例如，依据对海岸的一般方向的不同解释（海岸为大陆海岸还是群岛本身的外缘线），加拿大北极群岛的直线基线将呈现出不同的特征。目前国际上并不存在关于直线基线规则的普遍接受的解释方法。在此前提下，应允许使用不同的解释方法，② 如果强力推行某一种解释，③ 那将无异于否定直线基线规则所具有的灵活性，而且难以实现预定的目标。

（三）综合考量区域实践特征

不可否认，直线基线实践确实呈现出区域特征。例如，以挪威、瑞典和芬兰为代表的西北欧地区多存在"严格"适用直线基线的实践，以摩洛哥、阿尔及利亚和埃及为代表的非洲地区多产生平缓海岸适用直线基线的实践，而以缅甸、泰国和越南为代表的东亚地区多存在宽松适用直线基线的实践。如果形成了区域习惯，那么相关问题可以依据区域习惯作出处理。即便没有形成区域习惯，区域性内普遍存在的实践也为未来的实践提供了参考和"依据"。

---

① 参见 Sophia Kopela, Dependent Archipelagos in the Law of the Sea, Martinus Nijhoff Publishers, 2013, pp. 60-63, 104。

② 参见 William Burker, Customary Norms and Conventional Rules, America Proceedings of the Annual Meeting（American Society of International Law），Vol. 81, 1987, p. 82。

③ 参见 US Department of State, Limits in the Seas No. 106: Developing Standard Guidelines for Evaluating Straight Baselines, US, 1987, pp. 6, 16。

因此，如果某一地区存在明显的区域特征，那么对区域内某国的直线基线作出评价时应对区域特征作出必要的考虑，否则对该国的评价并不公平。此外，海岸面向大洋还是面向闭海和半闭海可能会对直线基线实践产生不同影响。在实践中，面向大洋的国家比面向闭海和半闭海的国家在划定直线基线时更为有利，国际社会对前者的"要求"有可能放宽。这一点在适用直线基线时也应注意。

二、应促进划定直线基线的国家与邻国之间利益的平衡

沿海国划界直线基线，其邻国通常是利益受到直接影响的国家。1982 年《公约》第 7 条第 6 款与第 47 条第 6 款均规定，基线的划定不得"致使另一国的领海同公海或专属经济区隔断"。这里的"另一国"即为划定直线基线的沿海国的邻国，这一规定体现了 1982 年《公约》对划定直线基线的国家及其邻国之间利益的平衡。实践当中，沿海国划定直线基线牵涉到与邻国之间的众多现实利益问题，例如管辖区问题、海洋划界问题、历史性权利问题等。因此，在划定直线基线的过程中如果能对邻国的正当权利予以适当考虑，那么不仅直线基线能够得到更多的肯定，也能够避免不必要的分歧或争端。印度尼西亚在建立其群岛基线的过程中，通过大量的双边协议对邻国的利益予以保障，从而促进了邻国对群岛基线的接受和认可。[1] 印度尼西亚的这一实践为沿海国划定直线基线提供了良好的借鉴。

三、应促进划定直线基线的国家与国际社会之间利益的平衡

划定直线基线的国家与国际社会之间的利益冲突目前集中体现在国家管辖权与航行自由（航行权）之间的矛盾和博弈。以美国

---

[1] 参见刘新山、郑吉辉：《群岛水域制度与印度尼西亚的国家实践》，载《中国海商法年刊》2011 年第 1 期，第 106 页。

《2018 财年航行自由报告》为例，美国海军对缅甸、柬埔寨、中国、日本、泰国和越南等国的直线基线进行了挑战。① 1982 年《公约》第 7 条在赋予沿海国划定直线基线权利的同时，第 8 条赋予了国际社会在"新内水"中的无害通过权；第 47 条赋予群岛国划定群岛基线的同时，第 52 条和第 53 条赋予了所有国家的无害通过权和群岛海道通过权。在某种程度上，海洋法赋予沿海国的管辖权越多，其义务也相应地有所增加。1982 年《公约》的上述制度安排正是基于"公平"的考量。然而，基于国家利益最大化的考量，实践中不乏一些沿海国只强调其划定直线基线的权利而对不履行其享有义务的实例。尽管面临美国和欧盟的抗议，② 加拿大坚持认为北极群岛的直线基线并不违反国际法；与此同时，加拿大主张西北航道并不存在无害通过的权利。③ 显然，加拿大的这种做法并不符合公平原则的要求。因此，尽管本书认同加拿大北极群岛直线基线具有合法性和正当性，但是对加拿大否定西北航道无害通过权的做法持保留意见。

　　从某种意义上来讲，航行自由是"一项全球公共产品，涉及各国利益"，④ 各国均为航行自由的受益者。事实上，1982 年《公约》"对航行于自由的立法不仅体现在重申航行自由原则，更在于

---

① 参见 U. S. Department of Defense, Freedom of Navigation (FON) Report for Fiscal Year (FY) 2018, United States, 2018。

② 参见 J. Ashley Roach and Robert W. Smith, Excessive Maritime Claims, 3rd ed, Martinus Nijhoff Publishers, 2012, pp. 111-112。

③ 参见 J. Bruce McKinnon, Arctic Baselines: A Litore Usque Ad Litus, Canadian Bar Review, Vol. 66, 1987, pp. 814-815; Donat Pharand, The Arctic Waters and the Northwest Passage: A Final Revisit, Ocean Development and International Law, Vol. 38, No. 1-2, 2007, pp. 43-44。

④ Tara Davenport, Combating Piracy and Armed Robbery in Southeast Asia: An Evolution in Cooperation, Myron H. Nordquist etc. (ed.), Freedom of Navigation and Globalization, Brill Nijhoff, 2015, p. 5。

为不同海域的航行都对应地规定了船舶和沿海国的权利与义务"①。因此，必须合理地平衡和协调国家管辖权与航行自由之间的关系，换言之，沿海国在划定直线基线的过程中应对国际社会的航行权利作出必要的考虑。沿海国对航行权利的态度应更加开放，各国人民并不是通过自我封闭来实现共存的，而是通过相互交往并解决分歧来共创未来的辉煌。②

总而言之，为了更加合理地适用直线基线，应综合考量地理、历史和经济等宏观方面的因素；综合考量单一适用条件各相关内容，避免片面地否定沿海国适用直线基线的条件；综合考量直线基线实践的区域特征。同时，应促进直线基线划定国与邻国之间利益的平衡，促进直线基线划定国与国际社会之间利益的平衡。

第二节 应注意直线基线长度的合理性问题

学者菲茨莫里斯（Fitzmaurice）指出，在 1951 年英挪渔业案中国际法院并没有说直线基线必须适度、合理，但是直线基线应当如此，而且直线基线必须以合理的方式划定；长度是评估合理与适度的一个因素。③

一、对直线基线最大长度作出限制具有必要性

（一）理论方面

法律规则应具有适当的确定性与灵活性。学者诺伊豪斯（Paul Heinrich Neuhaus）指出："法律的确定性与公正性之间的矛盾与法

---

① 袁发强：《航行自由制度与中国的政策选择》，载《国际问题研究》，2016 年第 2 期，第 85 页。

② 参见 William Feeny Foster, Baselines and Freedom of the Seas, American University thesis, 1966, p. 127。

③ 参见 Sir Gerald Fitzmaurice, The Law and Procedure of the International Court of Justice, vol. 1, Cambridge, 1986, p. 239。

律本身一样古老。尽管人们使用的概念有时不同，但法律一方面必须具有确定性、可预见性和统一性，因为法律规则的不确定性、不可预见和不一致将直接引起人们对法律的无所适从，从而减损甚至取消法律的效力。因此，它们是所有法律领域的基本价值。另一方面，法律要有灵活性、公正性和个性化的解决方法。前者主要是对立法的要求，后者则是对司法判决的期望。"① 具体到直线基线规则而言，作为一项与地理特征密不可分的规则，竟然没有任何地理数值方面的标准（海湾封口线和群岛基线具有这样的标准），这无疑是确定性的不足。正如斯科瓦齐所言，由于直线基线规则的确定性存在问题、国际争端可能增加，因此总体情况远远不能令人满意，而对不确定性的一个可能的补救措施就是确定普遍同意的最大长度限制。②

（二）实践方面

对直线基线缺乏最大长度限制至少会对 1982 年《公约》本身和国际社会的公共利益造成不良影响。一方面，缺乏最大长度限制可能损害 1982 年《公约》的权威性与完整性。"不合理和不精确的领海基线能够导致对《公约》所有条文内容的普遍贬低和蔑视，进而又能够削弱由《公约》所建立的国际海洋新秩序的全面有效性。领海基线是海洋划界的起始线，过长和无规则的基线的法律效果只能助长海洋划界争端的产生。"③ 没有长度限制势必引发滥用，从而挤压和侵蚀其他基线规则的适用空间。另一方面，缺乏最大长度限制可能引发海洋"圈地运动"，从而掠夺邻国海域或者侵蚀公

---

① Paul Heinrich Neuhaus, Legal Certainty versus Equity in the Conflict of Laws, Law and Contemporary Problems, Vol. 28, No. 4, 1963, p. 795.

② 参见 Tullio Scovazzi, The Establishment of Straight Baselines Systems: The Rules and the Practice, Davor Vidas and Willy Ostreng（ed.）, Order for the Oceans at the Turn of the Century, Kluwer Law International, 1999, p. 456。

③ 曹英志、范晓婷：《论领海基点和基线问题的发展趋势》，载《太平洋学报》2009 年第 1 期，第 69 页。

海和国际海底等"全球公域"。一些极端的实践最能反映这一情况。例如，越南直线基线封闭的海域约为 27000 平方海里，相当于缅因州或印第安纳州的面积;[1] 缅甸横越马塔班湾（Gulf of Martaban）的湾口划定的直线基线长约 222 海里，封闭的水域面积为 14300 平方海里，相当于丹麦的面积。[2]

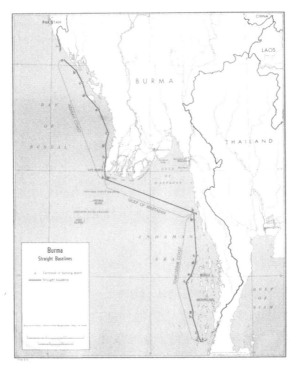

缅甸直线基线图[3]

① Victor Prescott, Indonesia's Maritime Claims and Outstanding Delimitation Problems, Boundary and Security Bulletin, Vol. 3, No. 4, 1996, pp. 94-95.

② 参见 J. Ashley Roach & Robert W. Smith, Excessive Maritime Claims, 3rd ed, Martinus Nijhoff Publishers, 2012, p. 20。

③ 参见 US Department of State, Limits in the Seas No. 14: Straight Baselines: Burma, US, 1970, p. 7。

朝鲜直线基线图①

二、对直线基线最大长度作出限制目前尚缺乏可行性

（一）缺乏可行性的表现

1. 作出限制的尝试在实践中屡屡失败

关于直线基线最大长度限制的问题由来已久。在 1951 年英挪渔业案中，英国依据所谓的 10 海里规则来否定挪威直线基线的合法性。国际法院指出："虽然某些国家在其国内法及其条约和公约中采用了 10 英里规则，而且某些仲裁裁决也在这些国家之间适用了这一规则，但是其他国家采用了不同的长度限制。因此，10 英里规则没有获得国际法一般规则的权威。"② 因此，自其合法性得到国际社会的确认开始，直线基线规则就不存在最大

---

① 参见 Jonathan I. Charney and Lewis M. Alexander, International Maritime Boundaries（Vol. I）, Martinus Nijhoff, 1993, p. 1141。

② Fisheries Case, Judgment, I. C. J. Reports, 1951, p. 131.

长度方面的限制。第一次联合国海洋法会议期间曾对这一问题进行多次讨论，最终并未在直线基线的长度限制方面获得成功。第三次联合国海洋法会议上对这一问题的讨论相对有限，情况并没有多大改变。

2. 学界不能形成一致的建议

暂且不论不支持对直线基线作出长度限制的观点，① 关于直线基线的最大长度限制，学界已经提出许多不同的建议。霍奇森（Hodgson）与亚历山大（Alexander）借鉴英挪渔业案中挪威直线基线的具体情况，建议将40海里作为直线基线的最大长度。② 同样基于挪威直线基线的最大长度（不超过45海里），比斯利（Beazley）建议直线基线的最大长度为45海里。③ 1976年美国国务院的研究报告认为直线基线的最大长度为48海里是可以接受的。④ 然而，1994年洛奇（Roach）和史密斯（Smith）又提出24海里的主张。⑤ 罗斯维尔（Rothwell）和史蒂芬斯（Stephens）潜在地指出不超过24海里的主张。⑥ 上述建议从侧面反映了对直线基线最大长度作出限制的难度之大。

---

① 参见 R. R. Churchill and A. V. Lowe, The Law of the Sea, 3rd ed, Manchester University Press, 1999, p. 37; Sophia Kopela, Dependent Archipelagos in the Law of the Sea, Martinus Nijhoff Publishers, 2013, p. 66。

② 参见 Robert D. Hodgson and Lewis M. Alexander, Towards an Objective Analysis of Special Circumstances: Bays, Rivers, Coastal and Oceanic Archipelagos and Atolls, Law of the Sea Institute University of Rhode Island, 1972, pp. 42-43。

③ 参见 P. E. Beazley, Maritime Limits and Baselines: A Guide to Their Delineation, 3rd ed, The Hydrographic Society, 1987, p. 14。

④ 参见 US Department of State, Limits in the Seas No. 106: Developing Standard Guidelines for Evaluating Straight Baselines, US, 1987, pp. 20-21。

⑤ 参见 J. Ashley Roach and Robert W. Smith, Straight Baselines: The Need for a Universally Applied Norm, Ocean Development & International Law, Vol. 31, No. 1-2, 2000, p. 50。

⑥ 参见 Donald R. Rothwell and Tim Stephens, The International Law of the Sea, 2nd ed, Hart Publishing, 2016, p. 46.

（二）缺乏可行性的原因

沿海国对规则灵活性的追求及对国家利益的捍卫，使得目前难以对直线基线的最大长度作出限制。一方面，世界海岸的现实情况决定了直线基线规则必须具有充分的灵活性。世界各国的海岸特征具有多样性，正如我国台湾学者姜皇池所指出的，"并非每一国家之海岸线均是平直或均为高度曲折，沿海国海岸或许并非全部是地形极度曲折，或沿海附近有一系列岛屿，而仅有部分海岸符合能主张直线基线之条件，而部分海岸则是相当平整"。① 因此，对直线基线作出最大长度限制很可能限制规则的灵活性。另一方面，基于对国家利益的追求和维护，划定直线基线的沿海国和其他国家在短期内难以就这一问题达成妥协和共识。对直线基线作出最大限制与否，抑或航行自由行动对所谓"过度"直线基线的挑战，其实质是国家利益之争及国家管辖权与海洋自由的博弈。两次海洋法会议期间各国对这一问题的反复讨论已经充分体现了达成妥协和共识的巨大难度。相比较而言，主观的原因（共识的缺乏）是主要原因，客观原因（世界海岸现实的多样性）是次要原因。

（三）本书关于直线基线最大长度限制的思考

关于直线基线的最大长度限制，本书有两点思考和建议。其一，完善直线基线规则可以借鉴群岛基线规则的立法模式②，即以比值或区间的形式对直线基线最大长度作出限制。群岛基线规则中关于水陆面积比和最长基线条数的规定均属于相对意义的标准。与绝对意义的标准相比，相对意义的标准能够兼顾确定性和灵活性，因此更具可行性。需要说明的是，本书并非主张严格解释和适用直

---

① 姜皇池：《国际海洋法》，台湾学林文化事业有限公司 2004 年版，第172 页。
② 1982 年《公约》第 47 条第 2 款规定，至多 3% 的直线基线可超过100 海里，且最长以 125 海里为限。

线基线规则，本书的观点是：目前直线基线规则灵活性存在某种
"过度"，在此情况下，应适当增加其确定性。本书提倡的目标是，
使直线基线规则的灵活性和确定性协调和平衡。其二，最大长度限
制可以参考世界范围内的国家实践，例如，截至 2015 年，在全世
界已划定的直线基线中，长度小于 60 海里的占比约为 55%、小于
70 海里的约为 72%、小于 80 海里的约为 81%、小于 90 海里的约
为 90%,① 基于此，为了能够最大程度地平衡各方面的利益诉求，
将直线基线的最大长度限定为 60 海里或者 70 海里较为适当。

三、一种妥协：实现直线基线长度合理化的方法

（一）践行直线基线规则的精神

联合国的研究报告中指出，1982 年《公约》第 7 条的精神是
简化适用正常基线、海湾封口线和河口封口线可能产生的复杂领海
模式，而非不合理地增加领海的面积。② 这为沿海国划定直线基线
确立了总的目标和指南。在实践当中，对直线基线规则精神遵循的
程度越高，直线基线实践获得的国际认可就越多。这一点在平缓海
岸划定直线基线的实践方面得到了充分体现。此类实践尚无条约法
方面的依据（很可能指责为"不符合国际法"）；然而，只要没有
明显增加内水和领海的面积，此类实践就可能得到包括美国在内的
国际社会的认可。依据领海基线的演进规律，现在和未来还可能有
新的直线基线规则形成。这些新规则有可能脱离直线基线规则的地
理条件，但是，领海基线共同遵循的限制条件依然能够为这些新规
则的形成和发展提供参考和指南。在实践当中，领海基线共同遵循
的限制条件是直线基线规则精神的具体体现。

---

① 以上数据由本书作者依据国际法协会（International Law Association）
网站资料 "Straight Baseline Segments >40.0 nm in length" 等统计得出。
② 参见 UN Office for Ocean Affairs and the Law of the Sea, Baselines:
Baselines National Legislation With Illustrative Maps, UN, 1989, p. 21, para. 39。

（二）避免采用极端的直线基线

在通常情况下，极端的直线基线意味着对直线基线规则及其精神和目标的全面违反，不可避免地面临诸多的抗议和挑战。因此，极端的直线基线既不能促进国际法的发展，也不能起到维护国家利益的实际作用。具体而言，"过长的基线往往会导致基线偏离海岸的一般方向，从而影响到直线基线的有效性"。① 例如，缅甸横越马塔班湾划定的长约 222 海里的直线基线，② 越南最长一段直线基线为 161.8 海里，③ 朝鲜两段直线基线总长远大于 300 海里④。缅甸的实践已经受到美国和印度等国的抗议。⑤ 沿海国应避免划定极端的直线基线，这有利于本国的直线基线得到国际上的认可和使用，同时有利于国际社会尽早形成相对一致的直线基线实践，从而促进相关习惯法规则的形成。例如，芬兰等国的直线基线均进行了某些自我限制，因此得到了广泛的认可。

（三）沿海国和国际社会共同承担责任

如果说上面两个方面是对划定直线基线的沿海国指明的方向，那么该部分则是在强调沿海国和国际社会"共同但有区别的责任"。一方面，实现直线基线长度合理化的关键在于划定直线基线的沿海国。相对而言，规则的确定性是外在因素，沿海国的自觉遵守和自我限制才是解决基线问题的关键所在。国家追求利益的天性

---

① 王秀英：《海洋权益论：中日东海争议解决机制研究》，中国民主法制出版社 2012 年版，第 129 页。

② 参见 J. Ashley Roach & Robert W. Smith, Excessive Maritime Claims, 3rd ed, Martinus Nijhoff Publishers, 2012, p. 20。

③ 参见 US Department of State, Limits in the Seas No. 99: Straight Baselines: Vietnam, US, 1983, p. 8。

④ 参见 Jonathan I. Charney and Lewis M. Alexander, International Maritime Boundaries (Vol. I), Martinus Nijhoff, 1993, p. 1148。

⑤ 参见 US Department of State, Limits in the Seas No. 14: Straight Baselines: Burma, US, 1970, pp. 1-6。

使得国家不易作出自我限制和自我约束。例如，尽管 1982 年《公约》对群岛基线作出了较为明确的规定，但是菲律宾的群岛基线并没有完全符合规定。与此同时，仍然存在数量可观的与直线基线规则相一致的实践。因此，国际海洋法并非现实主义的"丛林法则"，建立合理的直线基线秩序仍然需要沿海国来承担主要责任。另一方面，国际社会应发挥应有的作用。总体来看，自 1951 年英挪渔业案以来，国际社会在直线基线问题上没有发挥应有的作用。以国际法院和法庭为例，在 1982 年突尼斯诉利比亚案和 1985 年利比亚诉马耳他案等案件中，国际法院或仲裁庭避免对直线基线的合法性发表意见；① 在 2001 年卡塔尔诉巴林案和 2016 年所谓"南海仲裁案"等案件中，国际法院或仲裁庭奉行司法克制主义，对普遍存在的国家实践缺乏必要的考察，因此没有对沿海国的正当利益作出恰当的安排和处理，甚至严重损害了沿海国的正当利益。因此，未来在促进直线基线适用合理化、维护基线规则体系的完整性的进程中，需要以国际法院和法庭为代表的国际组织积极承担责任，发挥正确的作用。

综上所述，直线基线规则具有"过度"的灵活性，对直线基线的最大长度作出限制是增加直线基线规则的确定性的必然选择。基于各方面的原因，目前对直线基线的最大长度作出限制具有一定的难度。基于此，沿海国应积极践行直线基线规则的精神（简化领海模式而非增加领海面积），避免采用极端的直线基线；同时，以国际组织为代表的国际社会应发挥好引导和促进作用，因为"国际组织的准造法功能，是更直接推动现代国际法发展的重要因素之一"②。

---

① 瑞斯曼和韦斯特曼认为，国际法院不使用直线基线是因为如果使用将阻碍公平划界的实现。参见 W. Michael Reisman and Gayl S. Westerman, Straight Baselines in Maritime Boundary Delimitation, Palgrave Macmillan, 1992, p. xv, Introduction。那么，这说明相关直线基线的合法性存在争议。

② 梁西著，杨泽伟修订：《梁西国际组织法（第七版）》，武汉大学出版社 2022 年版，第 406 页。

本 章 小 结

　　划定直线基线是沿海国主权范围内的事情，然而直线基线的合法性取决于国际法。为了维护沿海国划定直线基线的权利，同时为了确保直线基线的合法性得到国际社会的承认，适用直线基线应注意以下两个方面的问题：（1）利益平衡问题；（2）直线基线的长度合理化问题。具体而言，适用直线基线的过程，应综合考量各有关因素，确保沿海国划定直线基线的权利，减少依据片面或单一的因素而否定沿海国划定直线基线的权利。同时应平衡沿海国与邻国之间的海洋权益诉求，实现沿海国与国际社会在管辖权与公海自由方面的协调。为了划定的直线基线更加合理，沿海国应遵循必要的限制条件。

第五章　对我国领海基线的分析和建议

我国海岸线漫长，大陆海岸线 1.8 万公里，岛屿海岸线 1.4 万公里，共 3.2 万公里。我国海洋形势复杂而严峻，台湾海峡两岸尚未统一；钓鱼岛自甲午战争之后被日本窃取，现由中日双方实际控制；南沙群岛的大量岛礁自上世纪 70 年代开始被越南、菲律宾、马来西亚和文莱等非法占据，现在由六国七方分别实际控制。复杂的海洋形势影响了我国领海基线的划定进程。目前，我国已经公布了从山东半岛到海南岛的直线基线，围绕西沙群岛的直线基线和围绕钓鱼岛及其附属岛屿的直线基线；其他地区尚未公布领海基线。本章是本书的解决问题部分，将对我国已公布直线基线的合法性问题作出剖析，并对未公布基线地区的基线方案提出相关建议。

第一节　对我国大陆沿岸与海南岛
直线基线的合法性分析

一、我国大陆沿岸与海南岛的直线基线立法概况

旧中国并没有建立起独立的领海制度，通常遵循世界上多数国家的做法或西方大国的做法。1899 年，清政府与墨西哥缔结的《友好通商条约》规定："彼此均以海岸去地 3 力克（即 9 海里）为水界，以退潮时为准。"[1] 这一规定显示，清政府以海岸（低潮

---

[1] 王铁崖：《中外旧约章汇编（第 1 册）》，三联书店 1982 年版，第 936 页。

线）为领海起算线。民国政府则照搬英美等国的做法，规定领海
自低潮线（即正常基线）起算，领海宽度为 3 海里。总之，旧中
国将低潮线作为领海基线。

新中国的领海制度受到 1958 年《领海及毗连区公约》的影
响，借鉴了海洋法发展的最新成果，将直线基线法作为领海制度。
1958 年 9 月 4 日，我国发布《中华人民共和国政府关于领海的声
明》，标志着新中国领海制度初步建立。其第 2 条宣布："中国大
陆及其沿海岛屿的领海以连接大陆岸上和沿海岸外缘岛屿上各基点
之间的各直线为基线，从基线向外延伸 12 海里的水域是中国的领
海……"1958 年 10 月 6 日至 12 月 6 日，我国完成了北起辽宁鸭
绿江口南至广西北仑河口的测量任务，测定控制点和方位点 316
个；1959 年 1 月，整理出全国领海基线（除台、澎、金、马及南
海诸岛外）资料；1981 年对个别领海基点作了调整；1985 年完成
了领海基点的复测。① 1992 年 2 月 25 日，《中华人民共和国领海
及毗连区法》开始实施，其第 3 条规定："中华人民共和国领海的
宽度从领海基线量起为十二海里。中华人民共和国领海基线采用直
线基线法划定，由各相邻基点之间的直线连线组成。中华人民共和
国领海的外部界限为一条其每一点与领海基线的最近点距离等于十
二海里的线。"该法进一步发展了中国的领海制度。1996 年《中华
人民共和国政府关于中华人民共和国领海基线的声明》宣布了我
国大陆海岸从山东半岛东端到海南岛西海岸的直线基线和西沙群岛
的直线基线。总之，"目前，中国将直线基线制度作为法定的唯一
领海基线制度"②。

我国领海基线制度具有时代色彩。旧中国的基线制度体现了当
时中国法制不健全、深受西方大国影响的特点。新中国成立初期，

---

① 参见沈文周主编：《海域划界技术方法》，海洋出版社 2003 年版，第
458 页。

② 黄瑶：《中国在南海断续线内的合法权益——以南海仲裁案裁决评析
为视角》，载《人民论坛·学术前沿》2012 年第 23 期，第 12 页。

作为第三世界的一员，为了更好地维护国家利益，我国单一采用直线基线制度，以后的立法均沿袭了这一制度。与不少第三世界国家的基线制度相似，我国的基线制度略显僵化：我国是世界上少数海岸线漫长却单一采用直线基线的国家之一。

根据 1996 年《中华人民共和国政府关于中华人民共和国领海基线的声明》，我国大陆海岸的直线基线由连接下列 49 个基点的直线组成。

我国大陆沿岸和海南岛基点表①

基点编号	基点名称	地理坐标		基点编号	基点名称	地理坐标	
		维度（N）	经度（E）			维度（N）	经度（E）
1	山东高角（1）	37°24.0′	122°42.3′	17	台州列岛（2）	28°23.5′	121°54.7′
2	山东高角（2）	37°23.7′	122°42.3′	18	稻挑山	27°27.9′	121°07.8′
3	镆耶岛（1）	36°57.8′	122°34.2′	19	东引岛	26°22.6′	120°30.4′
4	镆耶岛（2）	36°55.1′	122°32.7′	20	东沙岛	26°09.4′	120°24.3′
5	镆耶岛（3）	36°53.7′	122°31.1′	21	牛山岛	25°25.8′	119°56.3′
6	苏山岛	36°44.8′	122°15.8′	22	乌丘屿	24°58.6′	119°28.7′
7	朝连岛	35°53.6′	120°53.1′	23	东碇岛	24°09.7′	118°14.2′
8	达山岛	35°00.2′	119°54.2′	24	大柑山	23°31.9′	117°41.3′
9	麻菜珩	33°21.8′	121°20.8′	25	南澎列岛（1）	23°12.9′	117°14.9′
10	外磕脚	33°00.9′	121°38.4′	26	南澎列岛（2）	23°12.3′	117°13.9′
11	佘山岛	31°25.3′	122°14.6′	27	石碑山角	22°56.1′	116°29.7′
12	海礁	30°44.1′	123°09.4′	28	针头岩	22°18.9′	115°07.5′
13	东南礁	30°43.5′	123°09.7′	29	佳蓬列岛	21°48.5′	113°58.0′
14	两兄弟屿	30°10.1′	122°56.7′	30	围夹岛	21°34.1′	112°47.9′
15	渔山列岛	28°53.3′	122°16.5′	31	大帆石	21°27.7′	112°21.5′
16	台州列岛（1）	28°23.9′	121°55.0′	32	七洲列岛	19°58.5′	111°16.4′

① 参见中华人民共和国国务院：《中华人民共和国政府关于中华人民共和国领海基线的声明》，1996 年 5 月 15 日。

续表

基点编号	基点名称	地理坐标		基点编号	基点名称	地理坐标	
		维度（N）	经度（E）			维度（N）	经度（E）
33	双帆	19°53.0′	111°12.8′	42	西鼓岛	18°19.3′	108°57.1′
34	大洲岛（1）	18°39.7′	110°29.6′	43	莺歌嘴（1）	18°31.1′	108°40.5′
35	大洲岛（2）	18°39.4′	110°29.1′	44	莺歌嘴（2）	18°30.4′	108°41.1′
36	双帆石	18°26.1′	110°03.0′	45	莺歌嘴（3）	18°31.0	108°40.6′
37	陵水角	18°23.0′	110°03.0′	46	莺歌嘴（4）	18°31.1′	108°40.5′
38	东洲（1）	18°11.0′	109°42.1′	47	感恩角	18°50.5′	108°37.3′
39	东洲（2）	18°11.0′	109°41.8′	48	四更沙角	19°11.6′	108°36.0′
40	锦母角	18°09.5′	109°34.4′	49	峻壁角	19°21.1′	108°38.6′
41	深石礁	18°14.6′	109°07.6′				

我国大陆沿岸和海南岛直线基线长度表①

基线	长度（海里）	基线	长度（海里）	基线	长度（海里）	基线	长度（海里）
1-2	0.3	13-14	35.2	25-26	1.1	37-38	23.2
2-3	26.7	14-15	84.2	26-27	43.8	38-39	0.3
3-4	3.0	15-16	34.9	27-28	84.6	39-40	7.2
4-5	1.9	16-17	0.5	28-29	71.3	40-41	26.0
5-6	15.2	17-18	69.3	29-30	66.8	41-42	11.0
6-7	84.1	18-19	73.2	30-31	25.4	42-43	18.5
7-8	71.8	19-20	14.3	31-32	107.8	43-44	0.3
8-9	121.7	20-21	50.3	32-33	6.4	44-45	0.8
9-10	25.6	21-22	36.9	33-34	83.7	45-46	0.1

---

① 参见中华人民共和国国务院：《中华人民共和国政府关于中华人民共和国领海基线的声明》，1996 年 5 月 15 日；基线长度，参见 US Department of State，Limits in the Seas No. 117：Straight Baselines Claim：China，US，1996，p. 15。

续表

基线	长度（海里）	基线	长度（海里）	基线	长度（海里）	基线	长度（海里）
10-11	100.2	22-23	83.6	34-35	0.6	46-47	19.6
11-12	62.5	23-24	48.3	35-36	23.7	47-48	21.0
12-13	0.6	24-25	30.8	36-37	6.0	48-49	9.8

总体来看，大陆领海的基线从山东高角开始至峻壁角，总长度约 1734 海里，平均每段长约 36.3 海里；基线长度从 0.1 海里到 121.7 海里；基点距离海岸从 0.3 海里到 39 海里，基线和海岸的一般方向之间的夹角基本上不超过 21°。① 具体来看，长度 40-50 海里的直线基线段有 4 条，51-60 海里的有 1 条，61-70 海里的有 5 条，71-80 海里的有 5 条，81-90 海里的有 4 条，101-110 海里有 2 条，121-130 海里的有 1 条：长度超过 40 海里的直线基线段共 22 条。

二、我国大陆沿岸与海南岛直线基线的整体分析

1996 年 8 月 21 日，美国对我国大陆沿海和海南岛的直线基线提出抗议，其主要理由是：中国的海岸线并非全部为极为曲折或紧接海岸有一系列岛屿，因此国际法不允许中国将直线基线作为划定基线的唯一方法。具体来说，美方认为大部分中国海岸线不满足《公约》第 7 条第 1 款规定的适用直线基线的两个条件中的任何一个，1996 年 5 月 15 日声明中的基点所在的地方既非极为曲折，也非紧接海岸有一系列岛屿；在大部分地方，被直线基线包围的水域与陆地的关系并不紧密，并且在一些地方，直线基线在明显的程度上偏离海岸的一般方向；超过半数的基线段在长度上超过 24 海里，

① 参见高健军：《中国与国际海洋法》，海洋出版社 2004 年版，第 40 页。

其中有 3 段超过 100 海里。① 在美国国务院的一份报告里，美国也表达了相似的立场。② 同时，也有韩国学者认为我国的直线基线主张违反《公约》。③ 简言之，美国认为我国的直线基线主要存在以下问题：（1）划定直线基线的海岸并不符合要求；（3）直线基线偏离海岸的一般方向；（3）直线基线段过长。显然，上述观点是极为片面的。

其一，就海岸特征而言，我国大陆和海南岛的直线基线基本符合《公约》规定的标准。从中国大陆海岸与海南岛直线基线图可知，我国大陆海岸（尤其是长江口以南）海岸线极为曲折，海岸外有众多岛屿分布。正如格林菲尔德（Greenfield）教授所指出的，3416 个岛屿的 2/3 以上位于中国东海的沿岸海域（这一比例与英挪渔业案中挪威海岸的情况相似）；海岸线支离破碎，岛屿星罗棋布，这意味着中国的直线基线是符合直线基线规则的相关标准的。④ 韩国学者朴金贤（音译，Jin-Hyun Park）也认为，除了某些例外情况以外（例如将距离大陆海岸 69 海里的童岛作为基点），中国的直线基线基本符合《联合国海洋法公约》规定的标准。⑤ 鲍威特教授（Bowett）指出，就杭州湾的特定区域而言，将童岛等纳入直线基线似乎不符合标准；但是，就整个海岸线而言，连接这

① 参见 J. Ashley Roach and Robert W. Smith, Straight Baselines: The Need for a Universally Applied Norm, Ocean Development & International Law, Vol. 31, No. 1-2, 2000, p. 62。

② 参见 US Department of State, Limits in the Seas No. 117: Straight Baselines Claim: China, US, 1996, p. 4。

③ 参见 Hyunsoo Kim, China's Basepoints and Baselines under the United Nations Convention on the Law of the Sea: A Critical Analysis, Journal of East Asia & International Law, Vol. 6, No. 1, 2013, p. 4。

④ 参见 Jeanette Greenfield, China's Practice in the Law of the Sea. Oxford Clarendon Press, 1992, p. 68。

⑤ 参见 Jin-Hyun Paik, East Asia and the Law of the Sea, James Crawford and Donald R. Rothwell (ed.), Law of the Sea in the Asian Pacific Region Developments and Prospects, Martinus Nijhoff Publishers, 1995, p. 8。

些岛屿的直线基线并没有明显偏离海岸的一般方向。①

其二，美国采用的标准既不权威也不合理。美国采用的标准是单方面提出的，并未得到国际社会的普遍承认，更没有得到多少国家遵守。以直线基线的最大长度为例，美国的官方意见是，作为一般规则，基线长度不应超过 24 海里。② 美国提出的标准很难得到国际社会普遍接受。首先，这一标准与国际司法判例不符。"挪威1935 年划定的直线基线中有 8 段长度超过 24 海里，而国际法院指出这些直线基线并不违反国际法。"③ 其次，这一标准与国家实践严重不符。"鉴于现有的长度超过 50 海里的基线段的数量，美国的提议似乎只是一个勇敢的姿态。"④ 最后，这一标准对包括我国在内的大多数沿海国并不合理。美国拒绝采用直线基线并对他国的直线基线提出极为严格的标准是基于维护其军事和商业航行的需要。⑤ 美国的主张只能让美国及其他少数军事科技强国受益，广大沿海国并不能因此受益。针对美国在防空识别区问题上的做法，我国学者张晏瑢有一个生动的比方，在直线基线问题上，这一比方同样适用，"美国是千里眼，他国是近视眼甚至瞎眼，若把篱笆和围墙拆除，千里眼自然什么都看得到，近视眼却还是什么都不知道"⑥。

其三，美国的评价脱离了区域内国家实践的总体特征，缺乏现

---

① 参见 Derek W. Bowett, The Legal Regime of Island in International Law, Oceana Publications, 1979, p. 287。

② 参见 U. S. Department of State, Law of the Sea Convention, Letters of Transmittal and Submittal and Commentary, Vol. 6, 1995, p. 8.

③ Victor Prescott and Clive Schofield, The Maritime Political Boundaries of the World, 2nd ed, Martinus Nijhoff Publishers, 2005, p. 146.

④ Victor Prescott and Clive Schofield, The Maritime Political Boundaries of the World, 2nd ed, Martinus Nijhoff Publishers, 2005, p. 149.

⑤ 参见 James Kraska, Maritime Power and the Law of the Sea, Oxford University Press, 2011, pp. 112-113。

⑥ 张晏瑢:《防空识别区设置的法理依据与实践》，载《比较法研究》2015 年第 3 期，第 180 页。

实意义。直线基线的适用或评价都是一个系统工程。实践当中，直线基线呈现出区域特征，任何脱离东亚地区直线基线的实践整体特征而否定我国直线基线合法性的做法都将是武断且不合理的。一方面，与世界其他地区相比，东亚地区采用的直线基线标准更加宽松与灵活，而且东亚地区宽松灵活适用直线基线的实践也表现出形成区域习惯的趋势或可能。另一方面，与地区内其他国家相比，我的直线基线明显地更为温和和保守。以长直线基线段为例，邻国越南长度超过 40 海里的直线基线段占比高达 70%，我国占比仅为 45.8%。① 再以最长直线基线段为例，越南最长直线基线段为 161.8 海里，朝鲜的为 245 海里，我国最长直线基线段仅为 121.7 海里。需要指出的是，如果依据美国提出的严格标准来考察，韩国的直线基线也不符合《公约》，遗憾的是，韩国学者并未以同样的标准去考察其本国的直线基线，因此，韩国学者对我国大陆海岸直线基线的批判并不值得反驳。韩国学者这种双重标准的做法，无非是为其国家利益辩护，目的是为未来的中韩海洋划界争取对韩国有利的立场。综上所述，我国的直线基线基本上符合《公约》规定的标准。

其四，如果依据国际法院在 2022 年尼加拉瓜诉哥伦比亚案判决中所阐述的标准进行分析，那么我国的直线基线将处于相对不利的位置。但这并不能否定我国大陆沿岸与海南岛直线基线的正当性与合法性。一方面，该案的判决并不能代表国际法的全部，因为按照《国际法院规约》第 59 条和第 38 条的规定，法院的判决只对当事国和本案有拘束力，且判例只能作为辅助资料。另一方面，如果按照该案阐述的标准，那么全球范围内只有很少国家的直线基线能够符合要求，因此该案的判决严重脱离了国家实践。针对这一点，本案法官唐纳德·麦克雷（Donald M. Mcrae）在其反对意见

---

① 以上数据由本书作者依据国际法协会（International Law Association）网站资料 "Straight Baseline Segments >40.0 nm in length" 等统计得出。

有明确的阐述。①

三、我国大陆沿岸与海南岛直线基线局部分析

（一）从山东半岛至长江出海口直线基线的合法性分析及完善建议

国外和我国台湾地区学者对我国大陆海岸直线基线质疑最多的，是从山东半岛到长江出海口的直线基线以及封闭琼州海峡东部入口的直线基线。本书认为，根据国外及我国台湾地区学者的质疑情况，可以将该部分海岸结构的范围界定在从基点 1 至基点 15 之间。

1. 基点的选定完全符合国际法

基点 1 至基点 2 位于我国大陆向海的凸出点山东高角，基点 3 至基点 5 位于紧邻大陆的小岛镆耶岛。这些基点的合法性无须解释。基点 6（苏山岛）、基点 7（朝连岛）、基点 8（达山岛）、基点 9（麻菜珩）、基点 10（外磕脚）、基点 11（佘山岛）、基点 12（海礁）、基点 14（两兄弟屿）、基点 15（渔山列岛）均建有灯塔。

其中，韩国学者梁熙喆的论文中指出基点 9（麻菜珩）和基点 10（外磕脚）为海底沙洲（submerged sandbank）和低潮高地（low tide elevation），② 因为已建有灯塔，依据 1982 年《公约》第 7 条第 2 款，完全具备作为直线基线基点的资格。基点 12（海礁）实为一个小岛群的统称，主要包括华礁（海礁大块）、嵩礁（中块）、恒礁（小块）和泰薄礁等 15 个岛屿。其中，华礁为海礁诸小岛的

---

① 参见 Donald M. Mcrae, Dissenting Opinion of Judge ad hoc Mcrae, Alleged Violations of Sovereign Rights and Maritime Spaces in the Caribbean Sea（Nicaragua v. Colombia）, Judgment of 21April 2022。

② 参见梁熙喆：《从国际海洋划界原则和实践论中国 EEZ 和大陆架划界问题——以黄海和东中国海划界问题为中心》，台湾大学博士学位论文，2006 年，第 262 页。

主岛，距离大陆最近点为 118.8 千米（约为 64.1 海里①），顶部建有灯桩，名为"海礁灯桩"或"童礁灯桩"。泰薄礁距离大陆最近点 120.8 千米（65.2 海里②），领海基点碑位于"泰薄礁"。③ 简言之，基点 12（海礁）实为小岛群，其基点碑实际位于泰薄礁，其灯桩实际位于主岛华礁。需要指出的是，海礁海域渔业资源丰富，为我国浙江省的三大钓场之一。基点 13（东南礁）实为海礁小岛群的组成部分。

需要指出的是，前文提及韩国学者朴金贤对距离大陆海岸 69 海里的童岛（即海礁）作为基点的合法性表示怀疑。实际上，即便是海礁基点碑所在的泰薄礁（相对较远）距离大陆最近点也仅为 65.2 海里，因此，韩国学者掌握的数据有误。另据本书作者计算，韩国的基点 14 小黑山岛（Soheugsan Do）和基点 15 小局屹岛（音译，Sogugheul Do）距离其大陆海岸的最短距离均大于童岛的上述距离，基点 15 小局屹岛距离大陆海岸 67 海里以上。

2. 直线基线系统完全符合国际法：分段论证

连接基点 9（麻菜珩）和基点 10（外磕脚）的直线基线可以 1982 年《公约》第 7 条第 2 款"海岸线非常不稳定"的相关规定作为依据。原因如下：基点 9（麻菜珩）和基点 10（外磕脚）位于南黄海辐射沙脊群海域，而南黄海辐射沙脊群"是一个全球罕见、规模巨大、形态独特的辐射沙脊群""沙洲在不断变化，外围的水下沙脊遭受冲刷，侵蚀的部分冲积物被输送到沙脊顶部，使沙脊不断增高、变宽并出露水面，近岸则不断发生沙洲淤高合并；较细物质随潮流悬浮输送至潮间带沉积，使沿岸滩涂不断淤涨"。④

基点 12（海礁）基点 13（东南礁）和基点 14（两兄弟屿）

---

① 本书计算所得。

② 本书计算所得。

③ 参见《中国海岛志》编纂委员会：《中国海岛志（浙江卷第 1 册）》，海洋出版社 2013 年版，第 344~346、351 页。

④ 中国海岛志编纂委员会：《中国海图志（江苏上海卷）》，海洋出版社 2013 年版，第 479 页。

分别位于舟山群岛东北部外缘和东部外缘。根据前文的分析，当沿岸群岛岛屿数量众多，分布较为集中时，对海岸的一般方向可以作出相当宽松的解释（甚至存在将沿岸群岛的外缘线视为海岸的一般方向的国家实践，如挪威、瑞典、加拿大）。基于我国舟山群岛岛屿数量众多、分布较为集中的特点，可以认为连接基点 12（海礁）至基点 15（渔山列岛）之间的直线基线并没有任何明显偏离海岸的一般方向。①

最后回到最关键的问题：我国镆耶岛、苏山岛、佘山岛等能否构成一系列岛屿？无须回避的是，这些小岛之间的距离相对较大。这似乎与前文对一系列岛屿的要求有所差异。与此同时也应承认，"一系列岛屿"是一个相对意义上的概念，在岛屿数量和岛屿之间距离上也并不存在一个确切的标准；而且在满足一定的条件下，可以对其作出较为宽松的解释。总之，需要对各种因素综合考量以宏观把握。

本书所要强调的是，对我国相关实践的评判不可脱离区域实践的总体特征。美国国务院报告《海洋界限第 117 号》的附图中清晰地显示，该段直线基线与韩国的直线基线具有相似性，甚至在基点的选择、直线基线封闭水域的面积上，韩国的做法更加宽松。韩国学者指出，韩国海岸线的几个地区都有很深的凹入（deeply indented），尤其是南部和西部海岸，围绕着成千上万的小岛。② 普雷斯科特和斯科菲尔德认为，韩国的直线基线是根据对 1982 年《公约》第 7 条的合理而严格的解释划定的直线基线。③ 可见，这

---

①　如果将舟山群岛的"外缘线"视为海岸的一般方向，那么基点 12 至基点 15 之间的直线基线与海岸的一般方向基本完全一致。如果以江苏省大陆海岸和浙江省大陆海岸的连线为海岸的一般方向，那么基点 12 至 15 之间的直线基线偏离海岸的一般方向也不超过 30。

②　参见 Suk Kyoon Kim, Maritime Disputes in Northeast Asia: Regional Challenges and Cooperation, Brill Nijhoff, 2017, p. 42.

③　参见 Victor Prescott and Clive Schofield, The Maritime Political Boundaries of the World, 2nd ed, Martinus Nijhoff Publishers, 2005, p. 164。

两位学者在对韩国的直线基线进行综合考量和宏观把握时忽略了一些细节上的不足，最终采用了较为宽松的评价标准。那么在肯定韩国直线基线合法性的前提下，否定我国从山东半岛到长江出海口的直线基线的合法性是缺乏说服力的。

我国的另一个邻国越南的实践则更加能够反映我国用直线基线连接上述岛屿的正当性。越南划定的直线基线在岛屿之间的距离、岛屿与大陆之间的距离等方面均达到"极端"的程度。这更加说明了我国的直线基线实践是较为温和与保守的。在东亚地区的总体环境下，我国山东半岛至长江口的直线基线完全具有正当性与合理性，直线基线连接的岛屿可以视为"一系列岛屿"的实践。

除了区域实践的总体特征能证明我国长江口以北直线基线的正当性以外，相关海岸的自然生态考量也能为划定直线基线提供依据。1971 年，厄瓜多尔宣布加拉帕戈斯群岛①的直线基线时即强调了保护生态系统的考量。② 我国相关海岸的生态系统同样需要建立直线基线以加强保护。以江苏省沿海为例，我国已经建立了江苏盐城国家级珍禽自然保护区、江苏大丰麋鹿国家级保护区、启东长江口（北支）湿地生态系统保护区。而且，中国黄（渤）海候鸟栖息地（第一期）已于 2019 年被列入"世界遗产名录"。

3. 完善建议

从现实来看，该段直线基线不宜作出修改。"在当前与我国存在划界争端的邻国如日本、韩国等国家采用远离海岸的岛屿作为领海基点划定直线基线的情况下，我国片面放弃自己的主张不符合国家和人民的主权权利的维护。"③ 然而，从理论上来看，该段直线基线未来可以通过适当增加基点的数量、减小直线基线的长度来加

---

① 加拉帕戈斯群岛于 1978 年列入"世界自然遗产名录"。

② 参见贾楠：《论大陆国家远洋群岛的法律地位》，载《中国海洋法学评论（中英文版）》2012 年第 1 期，第 36 页。

③ 张卫彬：《海洋划界的趋势与相关情况规则——黑海划界案对我国海域划界的启示》，载《华东政法大学学报》2010 年第 2 期，第 56 页。

以完善。据统计，我国江苏有 20 多个岛屿 100 多个低潮高地。因此，只要对基点地物作出适当的选择就可以对直线基线作出合理的完善，同时并不会对我国的海洋主张产生不利影响。

（二）琼州海峡东部直线基线①的合法性分析及完善建议

1. 琼州海峡的地位

在分析琼州海峡东部直线基线的合法性之前，有必要对琼州海峡的法律地位作出说明，此为前者的前提问题。美国学者克拉斯卡（James Kraska）就认为，琼州海峡是用于国际航行的海峡，因此，不应通过主张其为内水而用直线基线加以封闭。② 事实上，"琼州海峡不是、也不曾是公海的一部分。琼州海峡所处的地理位置使其不构成国际海上交通要道或唯一通道，在琼州海峡的外侧还有在航行和水文特征方面同样方便的航道。因此，琼州海峡在任何意义上都不构成用于国际航行的海峡……琼州海峡是中国的历史性水域，中国享有历史性所有权。"③ 早在 1958 领海声明中，我国就已经对琼州海峡的内水性质进行了说明。

2. 琼州海峡东部直线基线的合法性分析

关于该段直线基线的有效性问题，依据不同的标准或依据，能够得出不同的结论。一方面，如果单纯严格依据 1958 年《公约》第 4 条和 1982 年《公约》第 7 条规定的标准，则该段直线基线并不符合要求。首先，该段直线基线对应的海岸整体上并不符合"海岸线极为曲折"的要求。该段直线基线对应的海岸由雷州半岛东侧和海南岛东北端这两部分组成。琼州海峡东侧符合海岸线极为曲折的要求，但海南岛东北端的海岸线较为平直。更为重要的是，

---

① 该段直线基线指 1996 年《中华人民共和国政府关于中华人民共和国领海基线的声明》中基点 31 和基点 32 之间的直线基线。

② 参见 James Kraska, International Maritime Security Law, Martinus Nijhoff, 2013, p. 261。

③ 贾宇：《中国在南海的历史性权利》，载《中国法学》2015 年第 3 期，第 201 页。

从 1951 年英挪渔业案判决到 1958 年《公约》和 1982 年《公约》，
"海岸线极为曲折"的原意是对大陆海岸而言，通过灵活解释也可
适用于岛屿的海岸，但这一条件并不适用于由大陆海岸（雷州半
岛东侧）和岛屿海岸（海南岛东北端）组合而成的"海岸"。其
次，海南岛并不符合"紧接海岸有一系列岛屿"的要求。海南岛
并没有与大陆海岸形成一个整体或形成一道遮盖大陆海岸的屏
障①，数量上也不能构成"一系列岛屿"。再次，该段直线基线偏
离海岸的一般方向。该段直线基线对应的海岸实际上由雷州半岛东
侧海岸和海南岛东北端海岸这两段并不相连的海岸构成，如果将这
两段海岸视为一体，那么直线基线偏离"海岸"的一般方向。此
外，直线基线封闭的区域并不符合法律上的海湾的定义（1982 年
《公约》第 10 条），我国也未主张过该区域为历史性海湾。

　　另一方面，依据司法判例和国家实践，我国该段直线基线并不
违反国际法。（1）司法判例：1951 年英挪渔业案。在该案中，国
际法院判定挪威的直线基线并不违反国际法。挪威直线基线中基点
45-46 之间的线段封闭了韦斯特峡湾（Vestfjord）。由于 1982 年
《公约》和国际实践中尚不存在确定海岸的一般方向的具体方法，
所以还不能准确确定该段直线基线与海岸的一般方向的偏离程度。
但是，经测量显示，该段直线基线与相邻直线基线段（基点 46-
47）之间的夹角达到 60°以上。（2）国家实践：俄罗斯（包括苏
联）和加拿大。其一，参考俄罗斯（包括苏联）的实践。苏联于
1985 年 1 月 15 日划定了其北极大陆沿岸及岛屿的直线基线。俄罗
斯于 1998 年 7 月 17 日通过立法对上述基线予以继承。这些基线封
闭了新地岛（Novaya Zemlya）、北地岛（Severnaya Zemlya）、新西
伯利亚群岛（Novosibirskiye Ostrova）等岛群，基线封闭的海峡区
域为俄罗斯的内水。具体而言，封闭喀拉海峡（Kara Gates Strait）

---

① 参见 UN Office for Ocean Affairs and the Law of the Sea United Nations,
Baselines: An Examination of the Relevant Provisions of the United Nations
Convention on the Law of the Sea, UN, 1989, p. 21。

和尤戈尔海峡（Yugorskiy Shar Strait）的直线基线明显偏离海岸的一般方向；封闭绍卡利斯基海峡（Shokal'skii Strait）和维利基茨基海峡（Vil'kitskii Strait）的直线基线也明显偏离海岸的一般方向；封闭桑尼科夫海峡（Sannikov Strait）和德米特里·拉普捷夫海峡（Dmitrii Laptev Strait）的直线基线同样如此。① 这些直线基线与大陆海岸的一般方向几乎垂直（参见俄罗斯北极大陆及岛屿直线基线图）。其二，参考加拿大的实践。加拿大于1985年颁布法令以直线基线将北极群岛和大陆连为一体，该法令于1986年生效。不可否认，依据失真较少的罗宾逊投影法（Robinson projection）地图，从整体上来看，北极群岛的排布方向与加拿大大陆海岸的一般方向一致。② 但是，从局部来看，封闭阿蒙森湾、麦克卢尔海峡、兰开斯特海峡等区域的直线基线与大陆海岸的一般方向接近垂直（参见前文加拿大北极群岛和大陆直线基线图）。可见，我国该段直线基线是有司法判例和国家实践方面的依据的。与此同时，上述司法判例和国家实践也说明了在实践中确定海岸的一般方向的难度。

3. 完善建议

笔者认为，该段直线基线仍然存在进一步完善的空间。依据本书第二章的分析，在满足一定条件下（例如沿岸群岛岛屿数量众多、分布密集等），直线基线可以偏离海岸的一般方向，显然，此处的直线基线并不具备这些条件。本书作者认为，该部分直线基线可借鉴俄罗斯和加拿大等国的实践，使该段直线基线尽量靠近琼州海峡的入口，甚至仅封闭琼州海峡入口。上述完善建议是基于两方面的考虑：一方面，如果能够加以完善，该段直线基线的正当性与合法性会得到进一步的加强，能够进一步彰显我国维护国际法的形

① 这些海峡是西北航道的必经之路，航运价值极为重要。此外，喀拉海峡、维利基茨基海峡、德米特里·拉普捷夫海峡等海峡两端的入口均超过24海里。

② 参见 Donat Pharand, The Arctic Waters and the Northwest Passage: A Final Revisit, Ocean Development and International Law, Vol. 38, No. 1-2, 2007, pp. 18-20。

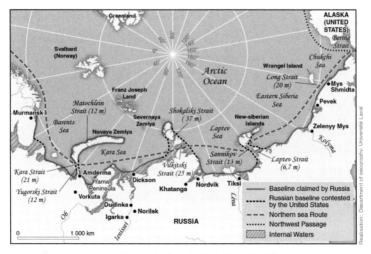

俄罗斯北极大陆及岛屿直线基线图①

象；另一方面，由于该部分海岸与邻国菲律宾之间海域面积较为广阔，即便该段直线基线经过完善以后向大陆靠近，也不会对我国与邻国之间未来的海洋划界产生实质性的影响，更何况该部分海岸和菲律宾之间还有我国相关岛屿的存在。

（三）海岸岛平缓海岸直线基线的合法性

不可否认，海南岛南部和西部的海岸线较为平缓（参见琼州海峡东部直线基线图），但是我国仍然在这些地区划定了直线基线。依据前文的分析，如果说平缓海岸划定直线基线已经形成习惯法，那么很可能与现实并不相符。实践当中，挪威、瑞典和前南斯拉夫等不少国家都参与了此类实践，1951 年英挪渔业案中也对此类实践有所提及。平缓海岸适用直线基线受到国际社会的广泛认可

---

① 参见 Suzanne Lalonde and Frdéric Lasserre，The Position of the United States on the Northwest Passage：Is the Fear of Creating a Precedent Warranted? Ocean Development & International Law，Vol. 44，No. 1，1999，p. 40。

（默认），但须以没有明显增加内水和领海面积为限。显然，围绕海南岛平缓海岸的直线基线对领海界限的影响很小，美国国务院的报告中也承认了这一点。① 因此，海南岛的这些直线基线与国际实践和国际法相一致。

第二节　对我国部分洋中群岛直线基线的合法性分析

一、西沙群岛直线基线的合法性分析

（一）立法概况

到目前为止，我国对洋中群岛单一适用直线基线。依据 1958 年《中华人民共和国政府关于领海的声明》第 4 条的规定，12 海里的领海宽度和直线基线法同样适用于西沙群岛、南沙群岛以及其他属于中国的岛屿。1992 年《中华人民共和国领海及毗连区法》第 3 条重申了上述规定。1996 年《中华人民共和国政府关于中华人民共和国领海基线的声明》宣布了西沙群岛的直线基线和基点，西沙群岛直线基线由连接 28 个基点的直线构成。基线内的水域为我国的内水。

2012 年 9 月 10 日《中华人民共和国政府关于钓鱼岛及其附属岛屿领海基线的声明》公布了钓鱼岛及其附属岛屿基线的基点坐标。西沙群岛最长基线为 78.8 海里。西沙群岛（包括岛屿、岩石和珊瑚礁包围的水域在内）的陆地面积约为 665 平方公里，直线基线包围的水域面积为 17375 平方公里：水陆地比约为 26.1∶1。②

---

① 参见 US Department of State，Limits in the Seas No. 117：Straight Baselines Claim：China，US，1996，p. 8。

② 参见 US Department of State，Limits in the Seas No. 117：Straight Baselines Claim：China，US，1996，p. 8，Note 21。

换言之，西沙群岛各岛礁的陆地面积较小。

西沙群岛直线基线长度表（单位：海里）①

基线	长度	基线	长度	基线	长度	基线	长度
1-2	0.5	8-9	0.5	15-16	0.5	22-23	41.5
2-3	0.4	9-10	0.3	16-17	0.4	23-24	0.9
3-4	36.3	10-11	0.2	17-18	0.6	24-25	1.0
4-5	3.9	11-12	0.3	18-19	1.4	25-26	1.9
5-6	1.0	12-13	0.2	19-20	1.8	26-27	1.5
6-7	2.0	13-14	0.3	20-21	0.6	27-28	1.1
7-8	75.8	14-15	78.8	21-22	0.4	28-1	28.0

（二）合法性分析

美国国务院的研究报告中认为，中国并不符合《公约》第47条中群岛国的定义，因此，中国不能在西沙群岛划定群岛直线基线。② 洋中群岛适用的直线基线是"自成一类"的直线基线，它依据的是国家实践和习惯法，因此依据《公约》第47条并不能否定西沙群岛直线基线的合法性。我国学者王志坚认为，西沙群岛直线基线的划法完全符合《联合国海洋法公约》的规定，理由有二：其一，西沙群岛的东岛（图中英文名字：Lincoln Island）、中建岛（Triton Island）、浪花礁（Bombay Reef）、北礁（North Reef）等都是高潮高地，符合《公约》中对基点的规定；其二，西沙基线线

---

① 参见中华人民共和国国务院：《中华人民共和国政府关于中华人民共和国领海基线的声明》，1996 年 5 月 15 日；基线长度，参见 US Department of State, Limits in the Seas No. 117：Straight Baselines Claim：China, US, 1996, p. 16.

② 参见 US Department of State, Limits in the Seas No. 117：Straight Baselines Claim：China, US, 1996, p. 8。

段划法不违背《公约》中群岛基线的相关规定（基线长度）。这一观点具有一定道理，尤其是理由一证明了西沙群岛基点选择的合法性；然而，洋中群岛适用的直线基线并非《公约》第47条规定的群岛基线，因此，无须用群岛基线的相关规定（基线长度）来证明西沙群岛直线基线的合法性，群岛基线的相关规定仅作参照即可。

前文已经证明，洋中群岛适用直线基线是正在形成的习惯法。一方面，西沙群岛内部结构紧凑，不少岛屿位于同一环礁之上，中间的潟湖非常浅，如永乐、宣德、东岛三个大环礁及五个中小型环礁。① 另一方面，西沙群岛中间水域没有重要国际航道，目前南海航线主要从西沙群岛外缘的北礁和浪花礁的外侧经过，并无国际航道穿过西沙群岛群岛水域。② 因此，西沙群岛可以依据习惯法划定直线基线。此外，西沙群岛直线基线的划定是比较适度的。张华教授认为，从其他国家的实践，如厄瓜多尔加拉帕戈斯群岛的直线基线长度（124海里）来看，西沙群岛直线基线的长度并无问题。③

需要指出的是，基于西沙水域不利的航行条件，以及依据《公约》第8条的规定，外国船舶可以在被基线封闭（而视为内水）的水域中无害通过，西沙群岛的直线基线并不会对国际航行造成任何不良影响，因此，任何认为西沙群岛直线基线影响航行自由的观点都是伪命题。

（三）完善建议

傅崐成教授认为，西沙群岛的直线基线可作出修改和完善，例如，在一些地理条件不宜或难以适用直线基线的地方——比如海岛

---

① 参见张海文：《南海及南海诸岛》，五洲传播出版社2014年版，第35页。

② 参见广东省地名委员会：《南海诸岛地名资料汇编》，广东省地图出版社1987年版，第169页。

③ 参见张华：《中国洋中群岛适用直线基线的合法性：国际习惯法的视角》，载《外交评论》2014年第2期，第142页。

轮廓的转弯处——以正常基线代替直线基线。① 本书认为，从长远来看，傅教授的观点有可取之处，然而，从当前来看，不宜对西沙群岛的直线基线作出修改，原因有三：其一，在 1958 年《中华人民共和国政府关于领海的声明》、1992 年《中华人民共和国领海及毗连区法》仅规定直线基线制度的前提下，西沙群岛或我国其他地区的海岸率先采用正常基线基本上是不可能的；其二，越南以较为宽松的方式划定了其直线基线，却屡屡质疑西沙群岛直线基线的合法性，在此背景下，修改西沙群岛的直线基线不利于我国海洋权益的维护，甚至还可能给越南留下中国妥协的印象从而助长其不良心态；其三，非法无效的"南海仲裁案"最终裁决罔顾国际实践和习惯法的发展而否定洋中群岛适用直线基线的合法性，在这一背景下，我国修改西沙群岛的直线基线恐被误认为是接受了裁决；我国台湾学者高圣惕教授建议台湾当局在太平岛及其他特定岛礁周围划定直线基线，以实际行动回应"最终裁决"即是出于相似的考虑。② 总之，我国暂时不宜对西沙群岛直线基线作出修改。

二、钓鱼岛及其附属岛屿直线基线的合法性分析

（一）立法概况

2012 年 9 月，日本政府上演"购岛"闹剧，与所谓的"所有者"签订"购岛合同"，对中国钓鱼岛、北小岛、南小岛等 3 座岛屿实行"国有化"。为了反击日本的这一非法行径，中国采取多种维权措施。2012 年 9 月 10 日，我国政府发表声明，公布了钓鱼岛

---

① 参见傅崐成、郑凡：《群岛的整体性与航行自由——关于中国在南海适用群岛制度的思考》，载《上海交通大学学报（哲学社会科学版）》2015 年第 6 期，第 12 页。

② 参见高圣惕：《论中菲南海仲裁案对台湾的影响》，载《战略安全研析》2016 年第 138 期，第 27~28 页。

及其附属岛屿的领海基线。① 基于地理等因素，我国并未将钓鱼岛及其附属岛屿作为一个整体划定直线基线，而是将其分为钓鱼岛岛群（包括钓鱼岛、黄尾屿、南小岛、北小岛、南屿、北屿、飞屿等）和赤尾屿岛群（赤尾屿、望赤岛、小赤尾岛、赤背北岛、赤背东岛等）两组，分别划定直线基线。钓鱼岛最长的基线为 16 公里（约 8.6 海里），基线长度较短。然而，围绕钓鱼岛、南小岛和黄尾屿的水陆面积比为 27.1∶1，这一比例也被学界所关注。②

钓鱼岛及其附属岛屿的直线基线表（单位：公里）③

钓鱼岛、黄尾屿、南小岛、北小岛、南屿、北屿、飞屿的直线连线				
基点编号	基点名称	地理坐标（WGS84 坐标系统）		讫点编号	基线长度（公里）
		维度（N）	经度（E）		
1	钓鱼岛 1	25°44.1′	123°27.4′	2	0.14
2	钓鱼岛 2	25°44.2′	123°27.4′	3	0.20
3	钓鱼岛 3	25°44.4′	123°27.4′	4	0.31
4	钓鱼岛 4	25°44.7′	123°27.5′	5	16.22
5	海豚岛	25°55.8′	123°40.7′	6	0.36
6	下虎牙岛	25°55.8′	123°41.1′	7	0.27

---

① 并且自 2013 年 2 月 18 日中国政府船只巡航钓鱼岛领海以来，中国已经实现了对钓鱼岛海域的常态化巡航。中国用行动事实否定了所谓的"日本实际控制钓鱼岛"。

② 参见 J. Ashley Roach, China's Straight Baseline Claim：Senkaku（Diaoyu）Islands, American Society International Law Insights, Vol. 17, No. 7, pp. 1-2.

③ 资料来源：《中华人民共和国政府关于钓鱼岛及其附属岛屿领海基线的声明》，2012 年 9 月 10 日，外交部。参见 J. Ashley Roach, China's Straight Baseline Claim：Senkaku（Diaoyu）Islands, American Society International Law Insights, Vol. 17, No. 7, pp. 3-4.

基点编号	基点名称	地理坐标（WGS84 坐标系统）		讫点编号	基线长度（公里）
		维度（N）	经度（E）		
7	海星岛	25°55.6′	123°41.3′	8	0.22
8	黄尾屿	25°55.4′	123°41.4′	9	0.10
9	海龟岛	25°55.3′	123°41.4′	10	14.06
10	长龙岛	25°43.2′	123°33.4′	11	0.19
11	南小岛	25°43.2′	123°33.2′	12	5.13
12	鲳鱼岛	25°44.0′	123°27.6′	1	0.14
赤尾屿的直线连线					
1	赤尾屿	25°55.3′	124°33.7′	2	0.48
2	望赤岛	25°55.2′	124°33.2′	3	0.14
3	小赤尾岛	25°55.3′	124°33.3′	4	0.27
4	赤背北岛	25°55.5′	124°33.5′	5	0.18
5	赤背东岛	25°55.5′	124°33.7′	1	0.20

（二）合法性分析

关于钓鱼岛直线基线的合法性，美国学者洛奇认为，钓鱼岛及其附属岛屿的直线基线不符合《公约》，其依据是《公约》第 7 条和第 47 条的规定，以及美国学者对"海岸极为曲折"和"紧接海岸有一系列岛屿"制定的严格标准。① 对于洛奇所依据的美国标准，前文（我国大陆沿岸与海南岛直线基线的合法性部分）已经作出了回应，此不赘述。关于其依据的《公约》第 7 条和第 47 条，本书的回应如下：

────────

① 参见 J. Ashley Roach, China's Straight Baseline Claim: Senkaku (Diaoyu) Islands, American Society International Law Insights, Vol. 17, No. 7, p. 7, Note 26。

其一，虽然钓鱼岛岛群陆地面积较小，但是岛屿之间的距离并不大（最长基线为 16 公里）。前文已知，洋中群岛整体适用直线基线是正在形成的习惯法。因此，依据《公约》第 7 条或第 47 条来否定钓鱼岛岛群适用直线基线的合法性这一做法并不合理。

其二，赤尾屿岛群由主岛赤尾屿岛和附属岛屿小赤尾岛、赤背北岛、赤背东岛等组成，这些地物的陆地面积均不大，地物之间的距离较小，这一岛群属于"主附型"群岛。在扩大解释下，这些特征符合 1982 年《公约》第 7 条的规定，因此其直线基线完全符合国际法。

第三节　对我国未公布基线海岸的建议

一、大陆海岸公布基线的时机

由于我国目前单一采用直线基线制度，所以在此没有必要对大陆相关海岸的基线方案进行分析，而仅对未来公布基线的时机问题进行讨论。

（一）北部湾沿岸

1. 北部湾沿岸领海基线问题概况

前文已述，我国 1958 年完成的测量任务中就包含了对北部湾沿岸地区控制点和方位点的测定。可推知，我国早已做好公布北部湾沿岸地区领海基线和基点的准备工作，基于某些原因，我国并未公布该地区的基点和基线。邹克渊教授指出："中国和越南均采用直线基线作为领海宽度和其他海域的起算线，由于与越南之间的海洋划界争端，中国故意没有确定北部湾的基线。"[1] 在我国和越南

---

① Zou Keyuan, The Sino-Vietnamese Agreement on Maritime Boundary Delimitation in the Gulf of Tonkin, Ocean Development & International Law, Vol. 36, No. 1, 2005, p. 14.

均未公布北部湾沿岸领海基线的前提下，2000 年两国之间签署了《中华人民共和国和越南社会主义共和国关于两国在北部湾领海、专属经济区和大陆架的划界协定》及《中华人民共和国政府和越南社会主义共和国政府北部湾渔业合作协定》。我国对北部湾领海基线的处理方法显示出一种务实的态度。同时，这种做法也广泛存在于其他国家的实践当中。

2. 对划定该地区领海基线问题的思考

本书认为，暂时无须划定该地区的领海基线。得出这一结论的主要依据是领海基线的作用和北部湾的现实情况。领海基线有三种主要作用：宣示主权①，为沿海国测量管辖的海域提供起点，以及为国际海洋划界提供起点。第一种作用关系到领土主权的取得；第二种作用关系到沿海国的日常海上执法问题；第三种作用关系到领土主权范围的确定。这三种作用是不可分割的统一体，在具体的情况下，不同作用发挥和显现的程度不同。例如，当国家之间存在主权争端尤其是主权争端激化之时，领海基线宣示主权作用尤为重要，英国和阿根廷分别宣布福克兰群岛/马尔维纳斯群岛的领海基线就是这一作用的具体体现。目前，我国在北部湾地区不存在需要宣示主权的情况；我国的海上执法也不存在必须划定领海基线以明确相关海域法律地位的问题；在北部湾海域已经划定的情况下，已经无须领海基线为海洋划界提供起点和依据。因此，我国暂时不必划定该区域的领海基线，可根据以后海洋形势的发展和国家实践的需要再作出安排。② 简言之，北部湾沿岸的领海基线可维持现状。

① 参见傅崐成、郑凡：《群岛的整体性与航行自由——关于中国在南海适用群岛制度的思考》，载《上海交通大学学报（哲学社会科学版）》2015 年第 6 期，第 12 页。

② 本书并不否认划定该地区领海基线的作用和意义。参见张海文：《关于尽快公布我国第二批领海基线的建议》，高之国、张海文主编：《海洋国策研究文集》，海洋出版社 2007 年版，第 232~232 页。

（二）黄海北部沿岸

1. 黄海北部沿岸领海基线问题概况

与北部湾地区的不同之处在于，我国和朝鲜尚未划定该地区的海洋边界。此外，"据近年来的情况分析，朝鲜在西朝鲜湾不断地进行围海造地，其目的可能是想将既定的正常基线改为直线基线"。①

2. 对划定该地区领海基线问题的思考

本书认为，在朝鲜尚未划定直线基线的情况下，我国无须先划定该地区的领海基线。这是基于两个方面的因素。其一，考虑我国在该地区的现实情况。目前我国在黄海北部地区不存在划定领海基线以宣示主权，或划定领海基线以明确相关海域内执法权限的必要性或紧迫性。其二，考虑我国北部湾划界提供的经验。划定领海基线并非海洋划界的必备条件。鉴于中朝之间在政治、地理、历史等诸多方面与中越之间具有高度的相似性，我国可以借鉴中越北部湾划界的经验，即在双方协商一致的基础上，不公布基线直接进行海洋划界。

同时，我国应做好在该地区划定领海基线的预案。原因有二。第一，朝鲜已经表现出在该地区划定直线基线的可能性，我国必须做到未雨绸缪——如果朝鲜划定直线基线，我国唯有划定直线基线才能在海洋执法和海洋划界中处于平等地位。第二，就地理情况而言，我国该地区的海岸安全符合划定直线基线的地理条件——辽东半岛东南侧海岸符合"海岸线极为曲折或紧接海岸有一系列岛屿"，山东半岛东北端符合"海岸线极为曲折"；而且，依据中朝两国在这一区域的海岸特征对比来看，如果两国同时划定直线基线，可能对我国更为有利。②

---

①　沈文周主编：《海域划界技术方法》，海洋出版社 2003 年版，第 407 页。

②　参见 UN Office for Ocean Affairs and the Law of the Sea, Baselines: Baselines National Legislation With Illustrative Maps, UN, 1989, p. 105。

二、南沙群岛、东沙群岛和中沙群岛的基线方案

前文已述，"并列型"洋中群岛适用直线基线是正在形成的习惯法。这为我国洋中群岛适用直线基线提供了"依据"和参考。

（一）南沙群岛

我国有可能在南沙群岛采用直线基线，[1] 因此对该地区的直线基线方案进行分析具有重要的现实意义。当然，也并不排除未来在南沙群岛采用其他基线类型的可能。

1. 基线方案

（1）可采用"区块式"＋"点阵式"的直线基线方案

关于南沙群岛如何划定直线基线，国内学界已经取得了不少研究成果。一般认为，南沙群岛有三种直线基线方案：第一种，"一体式"方案，即将整个南沙群岛作为一个单元划定直线基线；第二种，"点阵式"方案，将各干出礁（低潮高地）作为独立的单元，分别划定领海基线；第三种，"区块式"方案，即将南沙群岛划分为若干区域，分别划定直线基线。[2] 由于"一体式"方案面临的国际上的阻力较大，"点阵式"方案不利于维护我国的权益，所以作为一种折中的选项，"区块式"方案获得了较多学者的支持。关于具体区块（区域）的划分，学者又提出了不同的方案，例如，王志坚提出的将南沙群岛划分为 12 个区域的方案，[3] 邹立刚提出的以太平岛、中业岛、西月岛、南威岛、美济礁等主要岛礁

---

[1]　参见黄瑶：《中国在南海断续线内的合法权益——以南海仲裁案裁决评析为视角》，载《人民论坛·学术前沿》2012 年第 23 期，第 13 页。

[2]　参见周江：《论我国南海主权主张中的"附近海域"》，载《重庆理工大学学报（社会科学版）》2011 年第 9 期，第 64 页。

[3]　参见王志坚：《论基线制度在南海的适用》，高之国等主编：《国际海洋法问题研究》，海洋出版社 2011 年版，131～148 页。

为中心划分方案。①

基于南海地区的实际情况及国际上的实践，本书认为，"区块式"和"点阵式"相结合的方案具有可行性，即对于相对集中、适合划为区域的岛礁，划为区域处理；对于相对孤立、不适合划入区域的岛礁则单独处理。为此，需要修改立法，增加正常基线，供孤立的岛礁使用。群岛的完整性与技术上的可分性并不矛盾，在实践当中，无论是群岛国还是洋中群岛均有分组适用直线基线的先例。需要指出的是，以往划分区域都是根据地理因素进行的，本书提出将地理因素和政治因素结合起来划分区域，即划分区域时还要参考岛礁被他国非法占据的情况，将不同国家的非法占据情况区分开来。例如，可对所谓的"卡拉延群岛"进行基线划定，并命名为"东部南沙群岛"。采用这种方法的目的是，根据双边关系和国际形势的变化，对不同国家非法占据的岛屿分别公布基线，从而起到分化这些国家的作用。

需要指出的是，随着我国南海岛礁建设（尤其是灯塔建设）的实施，一些岛礁享有的权利已经发生了变化。1982 年《公约》第 7 条第 4 款规定，"在低潮高地上筑有永久高于海平面的灯塔或类似设施"则可作为直线基线的基点（起讫点）。在实践当中，"并类型"洋中群岛适用的直线基线同样可以援引这一规定。因此，未来我国划定南沙群岛直线基线可选择的基点已经有所增加，可以依据新增基点对"原定"方案作出相应的调整。

（2）亦可类推适用群岛国制度

我国南沙群岛分布面积广阔，属于典型的"并列型"洋中群岛，而且是"分散型"洋中群岛，因此南沙群岛未来的基线方案还可以借鉴加那利群岛的实践，② 即类推适用群岛国制度。这种方

---

① 参见邹立刚：《适用于南沙群岛的领海基线法律问题研究》，载《河南财经政法大学学报》2013 年第 3 期，第 139 页。

② 参见 Sophia Kopela, Dependent Archipelagos in the Law of the Sea, Martinus Nijhoff Publishers, 2013, pp. 247-252。

案可以"在南海平衡群岛整体性与航行自由之间的张力，并为其他国家的类似实践开创先例"①。

南沙群岛具备类推适用群岛制度的条件。类推（analogy）适用必须满足两方面的条件：（一）存在法律上的空白（lacuna）；（二）存在法律规则的情况与缺乏法律规则的情况存在类似性（similarity）。② 前文通过对立法史的梳理已经证明洋中群岛的基线问题是《公约》未予规定的事项（参见第一章第二节）。换言之，洋中群岛的基线问题存在法律空白。此外，在地理、经济、政治、安全、环境和生态等诸多方面，"并列型"洋中群岛和群岛国存在着相似的利益诉求。③ 可知，"分散型"洋中群岛可以类推适用群岛制度，南沙群岛亦不例外。在类推适用群岛国制度的情况下，1992 年《中华人民共和国领海及毗连区法》第 3 条不足以为这一实践提供国内法依据，因此需要对我国的立法作出修改和完善。

2. 宣布领海基线的时机

目前，南海地区的国际关系错综复杂。一方面，"全球治理的区域转向日益凸显中国—东盟蓝色伙伴关系的重要性"④。另一方面，"南海地区存在尖锐的领土与海域划界争端，是世界上最喧闹的地区之一。南海沿岸国基于对利益的追逐，竞相开发海洋资源，使中国能源经济遭受巨大损失，对中国海洋安全造成严重威胁。中国政府为了避免正面冲突，致力于推动与南海沿岸国之间的合作与

---

① 傅崐成、郑凡：《群岛的整体性与航行自由——关于中国在南海适用群岛制度的思考》，载《上海交通大学学报（哲学社会科学版）》2015 年第 6 期，第 5 页。

② 参见张华：《大陆国家远洋群岛的直线基线问题研究》，贾宇主编：《极地法律问题》，社会科学文献出版社 2014 年版，第 225 页。

③ 参见张华：《大陆国家远洋群岛的直线基线问题研究》，贾宇主编：《极地法律问题》，社会科学文献出版社 2014 年版，第 226~227 页。

④ 杨泽伟：《全球治理区域转向背景下中国—东盟蓝色伙伴关系的构建：成就、问题与未来发展》，载《边界与海洋研究》2023 年第 2 期，第 29 页。

互信，建议'搁置争议、共同开发'，共同维护南海和平与稳定"①。基于此，南沙群岛基线方案的宣布时机必须恰当。"当前，中国正在努力维持南海争端处于可控状态之下，其任何敏感举动都将被其他争端国认为是一种单边行动，目的是对这些群岛加强历史控制。"② 具体而言，在宣布基线的时机选择上，应学习我国管控钓鱼岛的经验——当日本导演"购岛"闹剧时，我国及时宣布钓鱼岛的基线加以反制。

就长远来看，随着南海岛礁建设的稳步推进，推迟公布南沙群岛的直线基线应该是有利的，因为新增基点越多，我国可选择的方案就越多。

（二）东沙群岛

东沙群岛目前由我国台湾地区实际控制。东沙群岛是南海诸岛中岛礁最少的群岛，其由北卫滩、南卫滩、东沙（环）礁和东沙岛组成。③ "东沙环礁主要由环形礁盘和潟湖组成，礁盘环绕着潟湖""环礁东西向直径 23.6 千米，南北向直径 21.6 千米。礁盘东北面较突出，使环礁在东北至西南向最大直径达 24.3 千米。低潮时东北部礁盘已明显露出水面，而北、东、南部礁盘则刚接近水面"。④ 东沙岛位于东沙环礁的西侧，"是南海诸岛中位置最北的岛礁，也是东沙群岛中露出水面的珊瑚岛""呈西北西东南东走向，东西长约 2.8 千米，南北宽 700 米，面积 1.80 平方千米，其

---

①　黄文博：《海上共同开发争端解决机制的国际法问题研究》，武汉大学出版社 2022 年版，第 173 页。

②　洪农等：《群岛国概念和南（中国）海——〈联合国海洋法公约〉、国家实践及其启示》，载《中国海洋法学评论》2013 年第 1 期，第 208 页。

③　参见钱宏林等：《广东省海岛保护与开发管理》，海洋出版社 2016 年版，第 85 页。

④　《中国海岛志》编纂委员会：《中国海岛志（广东卷第一册）》，海洋出版社 2013 年版，第 661 页。

中泻湖面积 0.63 平方千米。海拔最高约 6.0 米"。①

2009 年 11 月我国台湾地区公布修正的"第一批领海基线、领海及邻接区外界线",其中涉及东沙群岛中的东沙岛,基点情况如下:

东沙岛基点、基线和基线长度表②

基点编号	基点名称	地理坐标（WGS84 坐标系统）		讫点编号	基线种类	基线长度（海里）
		维度（N）	经度（E）			
D1	西北角	20°46′03.92″	116°45′55.79″	D2	直线基线	3.10
D2	东沙北角	20°46′03.93″	116°42′36.58″	D3	正常基线	4.22
D3	东沙南角	20°41′55.20″	116°41′46.77″	D4	直线基线	7.04
D4	西南角	20°35′41.12″	116°45′16.75″	D1	正常基线	10.40

从表中可知:(1)我国台湾地区对东沙岛采用了混合基线;(2)所有直线基线段的长度都不大。鉴于东沙岛陆地面积狭小(仅为 1.80 平方千米)且海岸线极为平缓,未来我国中央政府对东沙岛采用的领海基线方案可参考和借鉴台湾地区已经公布的方案。

（三）中沙群岛

2009 年 11 月我国台湾地区公布的"第一批领海基线、领海及邻接区外界线"中也涉及中沙群岛中的黄岩岛,台湾地区对其采用了正常基线。中沙群岛由黄岩岛和中沙大环礁,以及一统暗沙、宪法暗沙、神狐暗沙、中南暗沙等 4 座分散的暗沙组成。黄岩岛是一个大环礁,东西长 15 公里,南北宽 15 公里,周边长约 55 公里,高潮时大部分被海水淹没,仅露出水面很少的岩石,而且黄岩岛距

---

① 《中国海岛志》编纂委员会:《中国海岛志(广东卷第一册)》,海洋出版社 2013 年版,第 654 页。

② 表中基线长度为作者将基点经纬度输入电子计算软件所得数据。

离中沙群岛其他地物的距离较远。这些地物的属性和特征是台湾地区作出上述安排的根本原因。因此，我国台湾地区宣布的基线方案对我国中央政府未来宣布中沙群岛基线方案有借鉴意义。

本 章 小 结

我国大陆沿海与海南岛的直线基线具有充分的合法性与正当性。总体上来看，我国大陆海岸线极为曲折且海岸外有众多岛屿分布，基本符合《公约》规定的标准。局部来看，从山东半岛至长江出海口的直线基线与世界范围的国家实践；此外，东亚地区普遍采用较为宽松的直线基线标准，而我国的实践较为保守，与韩国的直线基线相比，更能直观地反映我国该段直线基线在基点选择和基线距离海岸长度等方面的温和性与保守性。琼州海峡东部的直线基线有 1951 年英挪渔业案判决和加拿大、俄罗斯等国的相关实践为依据，尽管如此，本书建议对该段直线基线作出修改完善以更加符合 1982 年《公约》的精神，同时，由于此处距离邻国（菲律宾）较远，作出修改以后对我国的实际利益影响不大。

"并列型"洋中群岛适用直线基线是正在形成的习惯法，西沙群岛的直线基线实践与这一习惯法趋势相一致，有广泛的国家实践做参考和依据。鉴于与越南之间的特殊关系及非法无效的"南海仲裁案"的不良影响，暂时不宜对西沙群岛直线基线作出进一步的修改。钓鱼岛岛群的直线基线实践与正在形成的习惯法相一致。同时，在扩大解释下，赤尾屿岛群符合 1982 年《公约》第 7 条的规定。

南沙群岛未来的基线方案既可借鉴西沙群岛和钓鱼岛及其附属岛屿的实践，也可借鉴《公约》中的群岛国制度从而开创一种新的实践。通过对基线的主要功能、我国同周边邻国关系现状以及海峡两岸关系现状的分析，本书认为，我国暂时不必宣布第二批领海基线。通过对我国未公布领海基线地区海岸特征的分析，本书建议修改《中华人民共和国领海与毗连区法》第 3 条，将我国单一采用直线基线的领海制度修改为采用混合基线。"中国应注意短期利益与长远利益的平衡，避免全球海洋治理体系的一些规则成为中国实施海洋强国战略和实现中华民族伟大复兴的桎梏。"①

---

① 杨泽伟：《国际法析论（第五版）》，中国人民大学出版社 2022 年版，第 185 页。

结　　论

1. 领海基线演进的规律和共同遵循的限制条件

从高潮线到正常基线（低潮线）和海湾封口线，再到直线基线和群岛基线，领海基线演进的过程是一个不断适应特殊情况而产生新规则的过程，是基线距离实际海岸越来越远而沿海国的管辖权不断扩大的过程。基线在演进过程中遵循着一些限制条件，这些限制条件是整个领海基线制度的基础。领海基线的演进规律和遵循的限制条件为判断基线的发展方向和评价直线基线的合法性提供了指引和参考。

2. 直线基线适用条件的发展变化

通过深入分析典型国家实践和相关司法判例可知，"极为曲折""一系列岛屿"和"海岸的一般方向"等直线基线的适用条件都不是绝对的，在满足一定的条件下，任一适用条件都能扩大解释到相当极端的程度。其一，"海岸极为曲折"是直线基线最重要的适用条件之一，然而，平缓海岸适用直线基线的实践不断增加，且国际社会对此的抗议较为有限。平缓海岸适用直线基线应以不显著扩大内水和领海面积为限。其二，"一系列岛屿"并没有对地物的属性作出明确要求，只要数量足够多、分布足够密集，仅有小岛，甚至仅有岩礁同样能够构成一系列岛屿。其三，沿岸群岛的外缘线可以视为大陆海岸线，条件是岛屿数量众多、分布集中，群岛与大陆海岸几乎融为一体。

3. 综合考量和宏观把握直线基线问题

通过对典型国家实践的梳理和剖析可知，在实践当中几乎没有任何一个国家的直线基线完全符合 1982 年《公约》第 7 条的规定。例如，挪威和前南斯拉夫（现克罗地亚）划定直线基线的海岸，其局部为平缓海岸，芬兰和智利的部分直线基线并不符合海岸的一般方向。这说明对直线基线问题有必要进行综合考量和宏观把握。同时说明如果采用美国提出的严格标准，那么直线基线实践只能回归到 1951 年英挪渔业案以前的状态。换言之，美国的严格标准并不具有可行性。因此，在没有形成统一的标准之前应允许多种解释方法并存。

4. "并列型"洋中群岛适用直线基线的法律依据

就"并列型"洋中群岛适用直线基线而言，西班牙在某些群岛的特殊实践说明相关的通例尚未形成。作为实践的参与国，西班牙、德国和英国对他国同类实践的抗议或挑战，表明法律确信并未形成。因此，"并列型"洋中群岛适用直线基线是正在形成的习惯法。"正在形成的习惯法"有其独特的法律意义，它表明了一种趋势和状态，同时它能够为相关的实践提供充分的依据。

5. 适用直线基线应注意的问题

划定直线基线是沿海国的权利，但这并不意味着沿海国的权利是不受限制的。直线基线规则的解释是一个系统工程，直线基线的适用需要综合考量和宏观把握。其一，为了维护沿海国划定直线基线的权利，需要综合考量地理、历史、经济等宏观因素，还需综合考量适用条件的相关内容以及区域实践特征。其二，需要对邻国的利益予以适当的考虑，对国际社会的航行和飞越权利作出恰当的安排。同时，沿海国划定的直线基线的长度应当合理，避免划定极端的直线基线。

6. 直线基线规则的完善

如何解决直线基线规则在解释和适用中存在的争议，对直线基线规则进行完善有多种方法可供选择。① 然而，难易有别。其中，修改《公约》的难度最大；由于直线基线本身即具有区域性特征，所以订立专门的补充协定或区域性协定这一方法更具可行性，但其难度仍然不小；通过嗣后实践和习惯法来扩大解释和修改直线基线

---

① 参见杨泽伟：《〈联合国海洋法公约〉的主要缺陷及其完善》，载《法学评论》2012 年第 5 期，第 63 页。

规则的难度较小，然而这一过程充满不确定性。如果得到国际组织的推动，则相关习惯法的最终形成可能会提前实现。

7. 我国已公布直线基线的合法性

对我国直线基线的评价应采取综合考量和宏观把握的方法。我国山东半岛至长江北岸的直线基线，既要考量其自身的地理特征，又要考量整个东亚地区的区域实践特征，总体来看，该段直线基线符合国际法的要求。海南岛平缓海岸划定的直线基线与世界范围内的此类实践相一致，并没有明显增加内水或领海面积，因此并不违反国际法。西沙群岛和钓鱼岛及其附属岛屿的直线基线实践与正在形成的习惯法相一致。鉴于"并列型"洋中群岛适用直线基线是形成中的习惯法，我国可积极参与引导这一习惯法的形成。

8. 中国直线基线政策的完善

领海基线主要有宣示主权，为确定各种海域的界限提供起点，为海洋划界提供基础三种功能。鉴于两岸关系的现状，暂时不宜宣布台湾地区的领海基线。鉴于中国和南海周边国家关系的现状及南沙群岛的现状，暂时不宜宣布南沙群岛的领海基线。但是，我国应充分研究，做好各种预案。基于1982年《公约》的基本精神和我国的长远利益，我国应修改《领海及毗连区法》，变更单一的直线基线制度为混合基线制度。

9. 未来南沙群岛的基线方案

未来南沙群岛的基线方案可以有多种选择：其一，分区块适用直线基线；其二，类推适用群岛国制度，借鉴西班牙在加那利群岛的实践。南海岛礁建设取得重大成果以后，南沙群岛又增加了一些潜在的直线基线基点，未来的基线方案应充分发挥这些基点的作用，以维护我国的利益。

附表一　沿海国领海基线主张一览表

沿海国	立法规定直线基线	主张群岛国地位	领海基线主张		其他文献资料			
			法律法规	内　　容	BL	ASB	LS	LIS
阿尔巴尼亚	●		1952 年第 1535 号法令					
			1970 年 3 月 9 日第 4650 号法令（1990 年 3 月 24 日第 7366 号法令对其进行了修改）	规定了封闭海湾的直线基线。	●	●		No. 7 No. 116①
			确定测量国家管辖海域宽度的基线的 1984 年 8 月 4 日第 84-181 号法令	规定了直线基线和海湾封口线，并列明坐标。				
阿尔及利亚	●		1984 年 8 月 4 日关于确定测量国家管辖海域宽度的基线的第 84-181 号法令	第 1 条规定基线从直线基线和海湾封口线量起。第 2 条列明各基点地理坐标。	●	●		

---

① 参见 No. 116 Straight Baseline Claims：Albania and Egypt。

续表

沿海国	领海基线主张				其他文献资料			
	立法规定直线基线	主张群岛国地位	法律法规	内　容	BL	ASB	LS	LIS
安哥拉	●		1967 年 6 月 27 日第 47, 771 号法令①	提到第 2130 号法令规定了正常基线。补充规定封口线和直线基线,并列明基点坐标。	●	●②		No. 28
			1992 年 8 月 28 日第 21/92 号法（内水、领海和专属经济区法）	规定低潮线或直线基线。				
安提瓜和巴布达		●	海洋区域法（1982 年 8 月 17 日第 18 号法案）	群岛基线。	●			
阿根廷	●		1961 年和 1966 年	阿根廷和乌拉圭同意拉普拉塔河的界限;也包括三个其他过大的海湾。	●	●	●③	No. 44
			1966 年 12 月 29 号第 M. 24-17094 号法律	最低潮标。圣马蒂亚斯湾（San Mateas Bay）、努埃沃湾（Nuevo Bay）和圣豪尔赫湾（San Jorge Bay）封口线。				
			1991 年 8 月 14 日第 23. 968 号法案	正常基线、直线基线和封口线,并附各基点坐标及地图。				

① 时为葡萄牙殖民地,于 1975 年独立。
② 参见 Angola（Bengo, Luanda, Mocamedes, Tigres）, p. 2。
③ 河口:阿根廷-乌拉圭（拉普拉塔河）, Lines in the Sea, pp. 68-69。

续表

沿海国	领海基线主张				其他文献资料			
	立法规定直线基线	主张群岛国地位	法律法规	内　容	BL	ASB	LS	LIS
澳大利亚	●		1973 年海洋与水下土地法	历史性海湾、历史性水域				
			根据《1973 年海洋与水下土地法》第 7 条的 1983 年 2 月 4 日公告：内部界限（基线）公告①	规定了低潮线、直线基线、河口封口线和海湾封口线，并列明直线基线各基点坐标。				
			根据《1973 年海洋与水下土地法》第 8 条的 1987 年 3 月 19 日公告	安舍斯湾（Anxious）、因坎特湾（Encounter）、拉塞皮特湾（Lacepede）和里沃利湾（Rivoli）是历史性海湾，并规定其向海一侧界限坐标。	●	●	●	
			根据《1994 年海事立法》修正案修改的《1973 年海洋与水下土地法》	历史性海湾、历史性水域				
巴哈马		●	1993 年关于领海、群岛水域、内水和专属经济区的第 37 号法案（1）	规定了群岛水域、群岛基线、低潮线和低潮高地。				
			群岛水域与海洋管辖权法（第二百二十八章），群岛水域与海洋管辖权令（2008 年）	列明群岛基线各基点坐标。				

①　依据 1958 年《领海与毗连区公约》。

沿海国	领海基线主张				其他文献资料			
	立法规定直线基线	主张群岛国地位	法律法规	内　　容	BL	ASB	LS	LIS
巴林			1993 年 4 月 20 日第 8 号法令	根据 1982 年《公约》规定的基线量起				
孟加拉国	●		1974 年领水和海洋区域法（1974 年第 XXVI 号法律）	规定单独的岛屿、岩礁或其组合群海岸的低潮线。	●	●	●	
			外交部第 LT-I/3/74 号通知（达卡，1974 年 4 月 13 日）	列明直线基线各基点坐标。				
			孟加拉人民共和国外交部 2015 年 11 月 4 日公告	连接最低低潮线上的点的直线基线和正常基线				
巴巴多斯	●		第 1977-26（1）号领水法	低潮线、其他基线，或混合基线。				
			巴巴多斯法律第 386 章：巴巴多斯领水（1979 年）	低潮线、直线基线				
比利时			1987 年 10 月 6 日确定比利时领海宽度的法案	沿岸低潮标、低潮高地或永久性海港工程的最外缘				
伯利兹	●		1992 年海洋区域法（本法规定伯利兹的领海、内水和专属经济区以及与此有关或附带的事项）（1992 年 1 月 24 日）	规定了低潮线、河口封口线、低潮高地、岸礁和最外部的永久海港工程。				

续表

沿海国	立法规定直线基线	主张群岛国地位	领海基线主张		其他文献资料			
			法律法规	内　容	BL	ASB	LS	LIS
贝宁①			1968 年 3 月 7 日《关于达荷美共和国领水的政府命令》	低潮线				
			1976 年将贝宁人民共和国领海扩展到 200 海里的第 76-92 号法令	第 1 条规定领海从低潮线量起，在河口处从现行海洋法规确定的远洋航行的第一个障碍物量起。				
波黑②			1948 年 12 月 8 日第 876 号法律					
			1965 年 4 月 24 日关于边缘海、毗连区和大陆架的法律	规定基线由低潮线、海湾封口线和直线基线构成。				
巴西	●		1969 年 4 月 28 日第 556 号法令	在具有某些情况的地方，允许用直线基线。		●③		
			1970 年 3 月 25 日第 1098 号法令	低潮线，直线基线。				
			1993 年 1 月 4 日关于领海、毗连区、专属经济区和大陆架的第 8.617 号法律	低潮线和直线基线。				

---

① 旧称"达荷美"。

② 1945 年，马其顿、塞尔维亚、波斯尼亚和黑塞哥维那、克罗地亚、斯洛文尼亚和黑山组成南斯拉夫联邦人民共和国（1963 年改称南斯拉夫社会主义联邦共和国）。1992 年，除了塞尔维亚和黑山组建为南斯拉夫联盟共和国之外，其他加盟共和国均退出联邦。2003 年南斯拉夫联盟共和国改名为塞尔维亚和黑山。2006 年，黑山独立。

③ 参见 Brazil-France（Oyapock），p. 14。

续表

沿海国	领海基线主张				其他文献资料			
	立法规定直线基线	主张群岛国地位	法律法规	内　容	BL	ASB	LS	LIS
巴西	●		确定巴西沿岸直线基线的地理坐标表（依照《联合国海洋法公约》，巴西于2004年5月11日交存联合国秘书长）	列明巴西直线基线各基点坐标。		●		
			2015年2月4日关于巴西大陆和岛屿海岸基线的第8.400号法令	混合使用正常基线和直线基线。				
文莱			1982年文莱领水法	低潮标、基线。				
保加利亚	●		1951年10月10日第514号法令	规定了斯大林海湾和布尔加斯湾（Burgas Bay）的封口线。		●		
			1987年7月8日管理保加利亚人民共和国海洋空间的法案	低潮线和直线基线。				
			保加利亚共和国海洋空间、内陆航道和港口法案，2000年1月28日	低潮线和直线基线。				
柬埔寨	●		1969年	从直线基线计算领海。	●①	●		
			1982年7月13日国务院法令	规定从直线基线起算，并附各基点坐标。				

---

①　曾用国名（英文）：Democratic Kampuchea。

沿海国	领海基线主张				其他文献资料			
	立法规定直线基线	主张群岛国地位	法律法规	内　容	BL	ASB	LS	LIS
喀麦隆	●		1962 年 3 月 31 日命令	海湾封口线	●	●		
			1967 年 11 月 13 日修正喀麦隆海商法第 5 条的第 LF25 号法律	低潮线				
			1971 年 8 月 26 日第 71/DF/416 号法令	第 1 条（修订后）规定了海湾和泊船处的起始基点。				
			1974 年 12 月 5 日确定喀麦隆联合共和国领海界限的第 74/16 号法案	第 5 条（修订后）规定从低潮线量起。在海湾、港湾和泊船处制定法令确定起始线。				
加拿大	●		1964 年 7 月 16 日领海和渔业法	基线为直线基线、低潮线。	●	●	●	
			1971 年 2 月 25 日领海与捕鱼法	依据 1964 年领海法的规定宣布的。				
			1971 年枢密院令	对丰底、圣劳伦斯和夏洛特皇后湾等规定渔业封闭线。（哈德逊湾，据 1914 年 5 月 27 日渔业法，是历史性海湾。第八节第十节。）				
			1972 年 5 月 9 日领海地理坐标令	分别规定了直线基线、沿岸低潮线及岛屿和低潮高地的低潮线这三类基线的基点坐标。				
			1985 年 9 月 10 日领海地理坐标令	规定了区域 7（Area 7）的三类基线的基点坐标。				
			1996 年 12 月 18 日海洋法案（关于加拿大海域的法案）	低潮线、直线基线				

沿海国	领海基线主张				其他文献资料			
	立法规定直线基线	主张群岛国地位	法律法规	内　容	BL	ASB	LS	LIS
佛得角		●	1975 年 12 月	宣布群岛基线。	●		●	
			1992 年 12 月 21 日第 60/IV/92 号法律	第 24 条规定群岛基线，并列明各基点地理坐标。				
智利	●		1947 年 6 月 23 日总统声明	海岸	●	●		No. 80
			1977 年第 416 号法令	列明直线基线系统的 75 个基点及其地理坐标				
中国	●		中华人民共和国政府关于领海的声明（1958 年 9 月 4 日）	规定采用直线基线。	●	●		No. 43, 117, 127
			中华人民共和国领海及毗连区法（1992 年 2 月 25 日）	采用直线基线。				
			中华人民共和国政府关于中华人民共和国领海基线的声明（1996 年 5 月 15 日）	采用直线基线，并列明大陆部分基线和西沙群岛基线的基点坐标。				
			中华人民共和国政府关于钓鱼岛及其附属岛屿领海基线的声明（2012 年 9 月 10 日）	采用直线基线，并列明基点坐标。				
哥伦比亚	●		1978 年 8 月 4 日第 10 号法案：确立领海、专属经济区和大陆架的有关规则以及其他事项的调整	低潮线、直线基线、海湾封口线和河口封口线。	●	●		No. 103
			1984 年 6 月 13 日第 1436 号法令（1）：1978 年第 10 号法律第 9 条的部分规章	规定部分直线基线及其基点（未规定岛屿部分）。				

沿海国	领海基线主张				其他文献资料			
	立法规定直线基线	主张群岛国地位	法律法规	内　　容	BL	ASB	LS	LIS
科摩罗		●	1982 年 5 月 6 日关于科摩罗伊斯兰联邦共和国海域划界的第 82-005 号法律	第 1 条规定基线围起群岛水域。				
			建立科摩罗联盟领海界限的 2010 年 8 月 13 日第 10-092 号总统令	群岛基线				
刚果	●		1971 年 12 月 20 日修改 1971 年 10 月 18 日第 26/71 号法令第 2 条的第 049/77 号法令	第 2 条规定低潮线。第 3 条规定海岸最外缘的点的确定，列明其地理坐标。				
			2017 年基线、领海、毗连区和专属经济区的简化表示	低潮线				
库克群岛			领海与专属经济区法案（1977 年 11 月 14 日第 16 号法律）	第 5 条：…				
哥斯达黎加	●		宪法	第 6 条规定从沿岸低潮线量起。				No. 111
			1988 年 10 月 14 日第 18581-RE 号法令（关于太平洋海域的直线基线）	规定了正常基线和直线基线，并规定了基点坐标。				
科特迪瓦①	●		1967 年 8 月 17 日关于领海界限的法令	最低潮线				
			1977 年 11 月 7 日科特迪瓦共和国国家管辖内海域界限的第 77-926 号法律	第 1 条规定低潮线和直线基线。				

① 旧称"象牙海岸"。

续表

沿海国	领海基线主张				其他文献资料			
	立法规定直线基线	主张群岛国地位	法律法规	内　容	BL	ASB	LS	LIS
克罗地亚①	●		1948 年 12 月 8 日第 876 号法律		●②	●③	●④	No. 6
			1965 年 4 月 24 日关于边缘海、毗连区和大陆架的法律	规定基线由低潮线、海湾封口线和直线基线构成。				
			1994 年海洋法典	基线由平均低潮线、海港或海湾封口线和直线基线构成。				
古巴	●		1942 年海军组织法第 36 条		●	●		No. 76
			1955 年第 1948 号法令					
			1977 年 2 月 24 日第 1 号法令：关于古巴共和国领海宽度的法律	宣布围绕全岛共 124 段的直线基线系统。				
			1985 年 11 月 6 日证明	列明古巴直线基线各基点的地理坐标。				
			关于古巴共和国在墨西哥湾的专属经济区外部界限的第 266 号法令	直线基线				

---

① 见波斯尼亚和黑塞哥维那注释。
② 前南斯拉夫的一部分。
③ 前南斯拉夫的一部分。
④ 前南斯拉夫的一部分。

续表

沿海国	领海基线主张				其他文献资料			
	立法规定直线基线	主张群岛国地位	法律法规	内　容	BL	ASB	LS	LIS
塞浦路斯	●		1964 年 8 月 3 日领海法（1964 年第 45 号法律）	低潮线				
			标明测量领海宽度的基线的地理坐标（1993 年）	建立直线基线，列明基线的地理坐标。				
朝鲜			1977 年	宣布日本海海岸的直线基线。				
民主刚果①			1974 年 7 月 10 日关于确定扎伊尔共和国领海的第 74/009 号法案					
			2009 年 5 月 7 日民主刚果确定海洋界限法第 09/002 号	第 1 条规定测量点点 1 到点 22 的低潮线和点 22 到点 23 之间的直线，并列明各点坐标。				
丹麦	●		1963 年 5 月 27 日关于划定格陵兰领海的第 191 号法令	平均大潮低潮标和直线基线	●	●		No. 13②, 19
			1966 年 12 月 21 日皇家法令（关于划定领海的第 437 号命令）	海岸线（平均子午潮低潮线），直线基线。				
			1976 年 12 月 22 日第 629 号，格陵兰渔业领土法实施细则	规定测算格陵兰渔业界限起始线为直线基线或海岸线。				

① 简称刚果（金），旧称扎伊尔。

② 参见 No. 13 Straight Baselines：Faeroes。

续表

<table>
<tr><th rowspan="2">沿海国</th><th colspan="4">领海基线主张</th><th colspan="4">其他文献资料</th></tr>
<tr><th>立法规定直线基线</th><th>主张群岛国地位</th><th>法律法规</th><th>内　容</th><th>BL</th><th>ASB</th><th>LS</th><th>LIS</th></tr>
<tr><td rowspan="4">丹麦</td><td rowspan="4">●</td><td rowspan="4"></td><td>1976年12月21日关于划定法罗群岛领海的第599号法令</td><td>规定直线基线基点坐标。</td><td rowspan="4">●</td><td rowspan="4">●</td><td rowspan="4"></td><td rowspan="4">No. 13, 19</td></tr>
<tr><td>划定法罗群岛领海的行政命令，2002年5月16日第306号行政命令</td><td>海岸线和直线基线。</td></tr>
<tr><td>2003年7月18日第680号行政命令</td><td>直线基线和低潮线。</td></tr>
<tr><td>2004年10月15日修订划定领水的皇家法令</td><td>附格陵兰岛直线基线图。</td></tr>
<tr><td rowspan="2">吉布提</td><td rowspan="2">●</td><td rowspan="2"></td><td>关于领海、毗连区、专属经济区、海上边界和渔业的第52/AN/78号法律</td><td>第4条规定基线为低潮线、直线基线和海湾封口线。并列明塔朱拉湾（Tadjourah）封口线基点坐标。</td><td rowspan="2">●</td><td rowspan="2">●</td><td rowspan="2"></td><td rowspan="2">No. 113①</td></tr>
<tr><td>1985年5月5日确定海洋范围和界限的第85-048PR/PM号法案</td><td>第1条规定了直线基线的确定方法。第2条规定低潮线。</td></tr>
<tr><td>多米尼克</td><td>●</td><td></td><td>领海、毗连区、专属经济区和渔业法，1981年8月25日第26号法案</td><td>直线基线</td><td></td><td></td><td></td><td></td></tr>
</table>

① 参见No. 113 Straight Baseline Claims：Djibouti and Oman。

续表

沿海国	领海基线主张				其他文献资料			
	立法规定直线基线	主张群岛国地位	法律法规	内 容	BL	ASB	LS	LIS
多米尼加	●	●	1967 年 9 月 7 日关于领海、毗连区、专属经济区和大陆架的第 186 号法案	低潮线、直线基线和海湾封口线。圣多明戈海湾（Santo Domingo）和埃斯科塞萨海湾（Esco-cesa）是历史性海湾。	●	●		No. 5
			2007 年 5 月 22 日第 66-07 号法案	宣布为群岛国。列明构成群岛基线的直线的各基点坐标。				
厄瓜多尔	●		1966 年 11 月 10 日第 1542 号法令	海岸最突出点的最低潮点。	●	●		No. 42
			经 1970 年 2 月 27 日第 256-CLP 号法令修正的民法典	低潮线和直线基线。				
			1971 年 6 月 28 日规定测量领海的直线基线的第 959-A 号最高法令	规定了大陆海岸和加拉帕哥斯群岛的直线基线。				
埃及	●		1951 年 1 月 15 日皇家法令	据 1951/1958 年法令，整个苏伊士湾为领水，阿拉伯湾为历史性海湾。		●	●	No. 22①, 116②
			1951 年 1 月 15 日关于阿拉伯埃及共和国领水的法令（1958 年 2 月 17 日总统法令修订）	第 6 条规定了低潮线、海湾封口线和直线基线。				
			1990 年 1 月 9 日关于阿拉伯埃及共和国海洋区域基线的阿拉伯埃及共和国总统第 27 号（1990）法令	法令规定领海等各海域从直线基线量起，并列明各基点坐标。				

---

① 参见 No. 22 Straight Baselines：United Arab Republic。

② 参见 No. 116 Straight Baseline Claims：Albania and Egypt。

续表

沿海国	领海基线主张				其他文献资料			
	立法规定直线基线	主张群岛国地位	法律法规	内　　容	BL	ASB	LS	LIS
萨尔瓦多			1962 年宪法第 8 条	最低潮线。丰塞卡湾是历史性海湾。		●	●①	
			1983 年 12 月 13 日宪法	低潮线。丰塞卡湾是历史性海湾。				
赤道几内亚	●		1984 年 11 月 12 日关于赤道几内亚共和国领海和专属经济区的第 15/1984 号法案	第 3 条规定了低潮线和河口、海湾、港口和其他弯曲处的直线基线。				
厄立特里亚②			1952 年埃塞俄比亚联邦税收公告					
			1953 年第 137 号海洋法公告	从每年最高潮的海岸最外缘起算。				
爱沙尼亚	●		1993 年 3 月 10 日海域边界法	规定了正常基线和直线基线的画法。				
斐济		●③	关于执行海洋区域的 1977 年 12 月 15 日第 18 号法案的 1978 年 10 月 15 日第 15 号海洋区域（修正）法案的修正案（1978 年海洋区域法案）	封口线、基线。	●		●	

———

①　多国历史性海湾：萨尔瓦多-洪都拉斯-尼加拉瓜（丰塞卡），参见 Lines in the Sea, pp. 90-91。

②　1950 年 12 月，联合国通过决议，决定厄立特里亚作为一个自治体同埃塞俄比亚结成联邦。1952 年，联邦成立。1962 年，埃塞俄比亚皇帝塞拉西强制取消联邦制。1993 年 4 月，厄举行全民公决，以绝对多数赞成厄独立。同年 5 月 24 日，厄立特里亚正式宣告独立。

③　实际为群岛基线。

沿海国	立法规定直线基线	主张群岛国地位	领海基线主张		其他文献资料			
			法律法规	内　　容	BL	ASB	LS	LIS
斐济		●	（Rotuma 及其附属岛屿）海洋区域（领海）法令（1981 年）	列明直线基线各点坐标。	●		●	
			1981 年关于海洋区域（群岛基线和专属经济区）的法令	规定了斐济群岛的群岛基线、Rotuma 岛的直线基线、Ceva-i-Ra 岛低潮线）。				
芬兰	●		1956 年 3 月 9 日法令第 3 条		●	●		No.48
			1956 年 8 月 18 日第 463 号芬兰领水划界法案	规定了平均潮水线、河口封口线和直线基线。				
法国	●		1967 年 10 月 19 日法令	确定了直线基线和海湾封口线。	●	●	●	No.37
			1971 年 12 月 24 日关于划定法国领海的第 71-1060 号法律	规定了低潮线、直线基线和海湾封口线①。				
			1999 年 4 月 21 日第 324 号法令	规定圣马丁、圣巴特勒米、瓜德罗普和马提尼克采用直线基线或封口线。				
			2002 年 5 月 3 日第 2002-827 号法令	规定新喀里多尼亚采用直线基线、海湾封口线或低潮线。				
			2015 年 7 月 31 日确定起算毗连法国本土和科西嘉的领海宽度的基线的第 2015-958 号法令	直线基线或低潮线				

———————

① 主要运用于本土的拉芒什海峡、大西洋和地中海沿岸，之后被运用于法属圭亚那、马约特、圣皮埃尔和密克隆群岛、凯尔盖朗群岛、圣保罗岛等海外领土。

沿海国	立法规定直线基线	主张群岛国地位	领海基线主张		其他文献资料			
			法律法规	内　容	BL	ASB	LS	LIS
加蓬	●		1966—1968 年内阁命令	广阔的海湾封口线。				
			1984 年 7 月 9 日建立 200 海里专属经济区的第 9/84 号法案	第 2 条规定了直线基线和正常基线。				
			1992 年 12 月 4 日第 002066/PR/MHCUCDM 号法令	第 1 条规定了直线基线和正常基线。				
冈比亚			1968 年领海和毗连区法，经 1969 年领海和毗连区（修正）法案修改	低潮标				
格鲁吉亚								
德国	●		德意志民主共和国边界地区和领海法令条例摘要（1972 年 6 月 15 日边界法令）	第 30 条规定了直线基线和海湾封口线，并列明基点坐标。	●①	●		No.38
			(德意志联邦共和国)德国水文研究所第 1184 号公报摘要，洪堡，1970 年 1 月 28 日	公布了北海海岸直线基线及各基点坐标。				
			1978 年 5 月 8 日	建立波罗的海海岸的直线基线，并列明各基点坐标。				
			1994 年 11 月 11 日德意志联邦共和国政府关于扩展德国领海宽度的公告	低潮线和直线基线。				

----

① 包括德意志民主共和国（German Democratic Republic）和德意志联邦共和国（Federal Republic of Germany）。

沿海国	领海基线主张				其他文献资料			
	立法规定直线基线	主张群岛国地位	法律法规	内　容	BL	ASB	LS	LIS
加纳			1986 年海域（划界）法	低潮线				
希腊			1936 年 9 月 17 日第 230 号法律	海岸				
格林纳达	●	●	格林纳达领水法（1978 年第 17 号）	低潮线和混合基线。				
			1989 年领海和海洋边界法案（1989 年第 25 号法案）	低潮线和群岛基线。				
危地马拉			1940 年第 2393 号法令	阿玛提克湾为历史性海湾。				
			1976 年 6 月 9 日关于领海宽度和设立专属经济区的第 20 -76 号立法令	提到 1941 年 4 月 21 日第 2535 号议会立法令确认，从 1939 年起已经宣布其领水从低潮线延伸 12 海里。		●		
几内亚			1964 年 6 月 3 日第 224 号法令					No. 40
			国家管辖权范围——1980 年 7 月 30 日第 336/PRG 号法令	低潮线				
			2015 年 6 月 19 日第/2015/122/PRG/SGG 号法令，修订 2014 年 4 月 11 日 D/2014/092/PRG/SGG 号法令	低潮标和直线基线的混合方法				

续表

沿海国	领海基线主张				其他文献资料			
	立法规定直线基线	主张群岛国地位	法律法规	内容	BL	ASB	LS	LIS
几内亚比绍	●		1985 年 5 月 17 日第 2/85 号法案	规定了直线基线及各基点坐标。	●	●		No. 30①
圭亚那	●		1977 年海洋边界法（1977 年 6 月 30 日第 10 号法律）	平均大潮低潮线和河口封口线。				
			2010 年海洋区域法案（2010 年第 18 号法案）	沿岸低潮线（最低天文潮位），河口封口直线。				
			2015 年 7 月 22 日海域（内水和河流封口基线）条例	规定封闭埃塞奎博河（Essequibo）、德梅拉拉河（Demerara）和伯比斯河（Berbice）的直线基线的坐标。				
海地	●		1972 年 4 月 6 日建立海地共和国 12 海里领海和 200 海里专属经济区边界的海地政府宣言	海岸的低潮线	●	●		
			1977 年 4 月 8 日第 38 号法令	低潮线或直线基线				

① 参见 No. 30 Straight Baselines：Portuguese Guinea。

续表

沿海国	立法规定直线基线	主张群岛国地位	领海基线主张		其他文献资料			
			法律法规	内　容	BL	ASB	LS	LIS
洪都拉斯	●		1982 年洪都拉斯共和国宪法（1982 年 1 月 11 日第 131 号法令）	低潮线，丰塞卡湾（Fonseca Bay）封口线。		●	●①	No. 124
			1999 年 10 月 30 日洪都拉斯海域法（第 172-99 号法令）	海岸低潮线和直线基线。丰塞卡湾的封口线。				
			2000 年 3 月 21 日第 PCM-007-2000 号执行法令	规定了直线基线和海岸低潮线，列明直线基线各基点坐标。				
			2000 年 8 月28 日第 PCM-017-2000 号执行令(1)	对直线基线的意义作出说明。				
冰岛	●		1952 年条例 1961 年条例	直线内港湾不超过 12 海里为内水。确定新点。	●	●	●	No. 34
			1972 年 7 月 14 日条例	确定新点，1972 年 9 月 1 日生效。				
			1979 年 6 月 1 日关于领海、经济区和大陆架的第 41 号法律	规定了直线基线及各基点坐标。				
印度	●		1967 年 9 月 30 日总统公告	适当的基线				
			领水、大陆架、专属经济区和其他海洋区域法（1976 年 5 月 28 日第 80 号法令）	适当的基线				
			2009 年 5 月 11 日关于基线系统的外交部公告	低潮线和直线基线				

————

① 多国历史性海湾：萨尔瓦多-洪都拉斯-尼加拉瓜（丰塞卡），参见 Lines in the Sea, pp. 90-91。

260

续表

沿海国	立法规定直线基线	主张群岛国地位	领海基线主张		其他文献资料			
			法律法规	内　容	BL	ASB	LS	LIS
印度尼西亚		●	1939 年《领海和海洋区域法令》（继承荷兰殖民政府）	直线基线或低潮线	●		●	No. 35
			1960 年 2 月 18 日印度尼西亚水域法	规定群岛基线，附基线和基点地图。				
			印度尼西亚水域法（1996 年 8 月 8 日，第 6 号法令）	群岛基线、正常基线和直线基线。				
			印度尼西亚在纳土纳海群岛基线的基点地理坐标表（1998 年第 61 号政府规章）	规定纳土纳岛群岛基线基点及其坐标。				
伊朗	●		1959 年 4 月 12 日关于修正领水界限法的法律	按照公认的国际公法原则确定基线。	●	●		
			1973 年 7 月 21 日法令	直线基线和低潮线，并列明直线基线各基点坐标。				
			伊朗伊斯兰共和国关于波斯湾和阿曼海的海洋区域法（1993 年）	直线基线和低潮线。				
伊拉克	●		确定伊拉克领海的 1958 年第 71 号法律	低潮线				
			1968 年 11 月 25 日关于划定伊拉克领水的法律	低潮线				
			2011 年	规定直线基线坐标。				

沿海国	立法规定直线基线	主张群岛国地位	法律法规	内　容	BL	ASB	LS	LIS
爱尔兰	●		1959 年海洋管辖法案（直线基线令）	列明各基点坐标	●	●		No. 3
			1964 年海洋管辖（修正）法	低潮线、直线基线。				
			2006 年海洋渔业与海洋管辖权法案	低潮线，直线基线，海湾或河口封口线。				
以色列			经 1990 年 2 月 5 日第 1990-5750 号法修正的领水法（修正案）（第 1956-5717 号法案）	从低潮标或海岸的其他点起算。				
			解释法（第 5741/1981 号法）	低潮线				
意大利	●		1942 年 3 月 30 日航行法典，经 1974 年 8 月 14 日第 359 号法律修订	低潮标和直线基线。	●	●	●①	
			1977 年 4 月 26 日第 816 号法令	规定了直线基线和海湾封口线。				
牙买加		●	1992 年 10 月 12 日《专属经济区法》（基线）规章	标明牙买加基点，及群岛基线所连接的边缘岛屿基点的坐标。				
			1996 年海域法	群岛基线。				

---

①　极为曲折，一系列岛屿：意大利；历史性海湾：意大利（塔兰托），参见 Lines in the Sea，pp. 50-51，88-89。

沿海国	领海基线主张				其他文献资料			
	立法规定直线基线	主张群岛国地位	法律法规	内　容	BL	ASB	LS	LIS
日本	●		领海法（1977 年 5 月 2 日第 30 号法案）	低潮线、封口线和政令规定的线。	●	●		No. 120
			领海与毗连区法（1977 年第 30 号法案，经 1996 年第 73 号法案修正）	低潮线、直线基线和封口线。				
			《领海和毗连区法》的执行令（1977 年第 210 号内阁令，为 1993 年第 383 号内阁令、1996 年第 206 号内阁令和 2001 年第 434 号内阁令修正）	规定了低潮线、直线基线和封口线，附直线基线各点坐标。				
约旦			渔业法（1943 年 12 月 2 日第 25 号法令）	低潮线				
肯尼亚	●		1969 年 6 月 6 日关于领海和毗连区的总统公告	从适当的基线算起。翁格瓦那湾（Ungwana, Formosa 福尔摩沙湾）是历史性海湾。	●	●		
			1972 年 5 月 16 日领水法案（1977 年修订）	规定从直线基线、低潮线或低潮高地的海岸线起算，并描述了直线基线的具体画法。翁格瓦那湾是历史性海湾。				
			1979 年 2 月 28 日总统声明	采用直线基线，列明基线坐标点。				
			1989 年 8 月 25 日海洋区域法案（第 371 章）	从直线基线、低潮线或低潮高地起算。				
			2005 年 6 月 9 日肯尼亚共和国总统声明	规定了领水从直线基线量起，并列明各点坐标。				

沿海国	领海基线主张				其他文献资料			
	立法规定直线基线	主张群岛国地位	法律法规	内　　容	BL	ASB	LS	LIS
基里巴斯	●	●	海洋区域（声明）法（1983 年 5 月 16 日第 7 号法令，本法条款涉及内水、群岛水域、领海和专属经济区）	内水外部界限或群岛基线。（海岸的礁石或环礁湖向海一侧的低潮线。）				
			基里巴斯海洋区域（声明）法案（2011 年）	群岛基线				
			2014 年基里巴斯领海基线规则	列明基点坐标				
			2014 年围绕基里巴斯群岛的基线的规则	列明群岛基线基点坐标				
			2014 年封口线规则	列明封口线基点坐标				
科威特			科威特国领海宽度划界法令（1967 年 12 月 17 日）	低潮线。提及 1964 年第 12 号法令《保护可航水域免受石油污染法》附件 3 规定了海湾封口线。		●		
			关于科威特海洋区域划定的 2014 年第 317 号法令及其修正案，2014 年 10 月 29 日	规定了正常基线；附图显示采用了海湾封口线。				
拉脱维亚	●		1990 年拉脱维亚共和国"关于拉脱维亚共和国边界"的法律	最大低潮线	●①			
			2010 年 8 月 17 日关于基点坐标的第 779 号规定	附图表示了直线基线。				

① 苏联的一部分。

续表

沿海国	领海基线主张				其他文献资料			
	立法规定直线基线	主张群岛国地位	法律法规	内　容	BL	ASB	LS	LIS
黎巴嫩			领水和海域法（1983年9月7日第138号立法法令）	最低潮线				
利比里亚			1968年6月24日确定利比里亚共和国领海及毗连区界限的法令	第3条规定基线为低潮线。				
			2013年1月10日第48号行政命令——划定利比亚共和国海域的第39号行政命令的补充	低潮线				
利比亚	●		关于苏尔特湾管辖权的信息	苏尔特湾（Surt）是历史性海湾。	●		●①	
			总人民委员会第104号决定：有关测算大阿拉伯利比亚人民社会主义民众国领海和海洋区域的决定（2005年）	第1条规定直线基线并列明各基点坐标。				
立陶宛	●		1992年6月25日领海法案	规定领海宽度应从海岸线上两个最外部的点之间的直线基线量起。				
			1992年6月25日立陶宛共和国国家边界法	直线基线				
			2004年12月6日关于批准立陶宛共和国领海、毗连区、专属经济区和大陆架界限的第1597号决议	正常基线				

---

① 历史性海湾：利比亚（锡德拉），参见 Lines in the Sea，pp. 86-87。

沿海国	立法规定直线基线	主张群岛国地位	领海基线主张		其他文献资料			
			法律法规	内　容	BL	ASB	LS	LIS
马达加斯加	●		1963 年 2 月 27 日关于确定马达加斯加共和国领海边界的第 63-131 号法令	规定了直线基线及各基点坐标。第 29 号点和第 30 号点为海岸低潮标。	●	●		No. 15
			2004 年 4 月 2 日海事法典（第 99-028 法令：修改海事法典）	规定了低潮线、河口封口线、海湾封口线和直线基线。				
马来西亚	●		1969 年 8 月 2 日第 7 号紧急（主要权力）法令	低潮线、直线基线和海湾封口线。第 3 条提及依照 1958 年《领海及毗连区公约》。				
			1979 年	马来西亚国家测绘局 1979 年正式发行的标题为"领水和大陆边界"的两张图中，仅标明其领海的外部界限。				
马尔代夫		●	1969 年宪法	长方形式。				
			1975 年 4 月 15 日宪法第一条修正案	从每个环礁的外缘礁石量起。				
			马尔代夫海洋区域法（第 6/96 号法令）	群岛基线，附群岛基点坐标及直线基线线段编号及长度。				
马耳他	●		1971 年第 32 号法律	直线基线	●	●	●	

续表

沿海国	领海基线主张			其他文献资料			
	立法规定直线基线	主张群岛国地位	法律法规	内　容	BL	ASB	LS	LIS

沿海国	立法规定直线基线	主张群岛国地位	法律法规	内　容	BL	ASB	LS	LIS
马绍尔群岛		●①	1984 年海洋区域（声明）法（本法条款有关共和国的内水、群岛水域、领海、专属经济区和毗连区）	序言规定基线为海岸或礁石的低潮线。第 6 条第 2 款规定群岛基线的确定"依据国际法"，但是尚未确定群岛基线。				
			2004 年修正法案（标题 33）	为设立直线基线和群岛基线做准备。				
			2016 年马绍尔群岛共和国海洋区域声明法案	规定了礁石的低潮线或其隔断入口处的封口线，海岸低潮线或最外部的永久海港工程，以及群岛基线。				
			2016 年 4 月 18 日基线和海洋区域外部界限宣言	规定了群岛基线各基点的坐标。				
毛里塔尼亚	●		1967 年 1 月 21 日第 23 号法律					
			1988 年 8 月 31 日确定毛里塔尼亚伊斯兰共和国领海、毗连区、专属经济区和大陆架界限及法律制度的第 88-120 号训令	直线基线和低潮线	●	●		No. 8

---

① 宣布了群岛国地位，但是尚未确定群岛基线。

续表

沿海国	立法规定直线基线	主张群岛国地位	领海基线主张		其他文献资料			
			法律法规	内　　容	BL	ASB	LS	LIS
毛里求斯	●	●	1970 年领海法	允许使用直线基线。				No. 41
			1977 年海洋区域法（1977 年 6 月 3 日第 13 号法令）	直线基线，历史性水域。				
			2005 年海域法（2005 年第 2 号法案）	群岛基线、正常基线、直线基线、混合基线和内水的封口线。群岛水域和历史性水域。				
墨西哥	●		1941 年 12 月 31 日关于国家财产普通法（1）（1982 年 1 月修订）	大陆或岛屿海岸的低潮线，封闭深水湾和水口的直线基线。	●	●		No. 4
			1968 年 8 月 28 日在加利福尼亚海湾划定墨西哥领海的法令	低潮标和直线基线。				
			1986 年 1 月 8 日关于海洋的联邦法	正常基线、直线基线或混合基线。				
密克罗尼西亚			密克罗尼西亚联邦法典第 18 编修正案（1988 年 12 月 16 日）	低潮线或政府承认的大比例官方海图中标示的线。				
摩纳哥			1973 年 2 月 14 日确定摩纳哥领水的第 5094 号主权法令	低潮线				

续表

沿海国	领海基线主张				其他文献资料			
	立法规定直线基线	主张群岛国地位	法律法规	内　容	BL	ASB	LS	LIS
黑山①			1948 年 12 月 8 日第 876 号法律		●②	●③		No. 6
			1965 年 4 月 24 日关于边缘海、毗连区和大陆架的法律	规定基线由低潮线、海湾封口线和直线基线构成。				
摩洛哥	●		1973 年 3 月 2 日确定领水和专属渔区边界的第 1.73.2 11 号法案	基线为低潮线、直线基线及海湾封口线。	●	●		
			1975 年 7 月 21 日确定摩洛哥海岸海湾封口线及领水和专属渔区边界地理坐标的第 2.75.311 号法令	列明封口线各基点坐标。从低潮线、直线基线和海湾封口线量起。				
			关于在摩洛哥海岸外建立 200 海里专属经济区的 1980 年 12 月 18 日第 1-81 号法案（1981 年 4 月 18 日第 1-81-179 号国王诏令公布）	直线基线或正常基线				

───────────

① 见波斯尼亚和黑塞哥维那注释。
② 前南斯拉夫（的一部分）。
③ 前南斯拉夫（的一部分）。

续表

沿海国	领海基线主张				其他文献资料			
	立法规定直线基线	主张群岛国地位	法律法规	内　容	BL	ASB	LS	LIS
莫桑比克	●		1967 年 6 月 27 日第 47771 号法令①	第 1 条提到第 2130 号法令规定了正常基线。该款规定予以补充的封口线和直线基线，并列明基点坐标。	●	●		No. 29
			莫桑比克部长会议 1976 年 8 月 19 日第 31/76 号法令	正常基线，以封口线和直线基线为补充。				
			1996 年 1 月 4 日第 4/96 号法律-海洋法					
缅甸	●		关于缅甸联邦领海的声明（1968 年 11 月 15 日）	第 2 条规定低潮线。第 3 条规定在地理条件允许且有必要时划直线基线。	●②	●		No. 14
			领海和海洋区域法（1977 年 4 月 9 日人民议会第 3 号法令）	附件规定基线为低水位线和直线基线，并规定各基点坐标。				
			2008 年 12 月 5 日修订领海和海洋区域法的法律（国家和平与发展委员会第 8/2008 号法律）	对一些群岛的基线作出规定，附图中兼采直线基线和低潮线。				

---

① 时为葡萄牙殖民地，于 1975 年独立。
② 曾用国名（英文）：Burma。

续表

沿海国	领海基线主张				其他文献资料			
	立法规定直线基线	主张群岛国地位	法律法规	内　容	BL	ASB	LS	LIS
纳米比亚			纳米比亚领海和专属经济区，1990 年第 3 号法案（1990 年 6 月 30 日）	低潮线、其他基线				
			纳米比亚领海和专属经济区修正法案（1991 年）	低潮线或其他基线				
瑙鲁	●		定义领海的 1971 年条款解释法令	从环绕低潮时露出水面的瑙鲁岛屿最外缘干礁的线算起；如果礁石有开口，则在开口外缘直线封口线。				
			确定领海、毗连区和专属经济区的直线基线及外部界限的地理坐标点的公告（1997 年 8 月 12 日）	规定了直线基线的基点坐标。				
荷兰	●		1985 年 1 月 9 日荷兰领海（定界）法案	低潮线、封口线	●	●		
			关于执行荷属安德烈斯领海（扩展）法案第 1 条的 1985 年 10 月 23 日法令	低潮线、直线基线				

续表

沿海国	立法规定直线基线	主张群岛国地位	法律法规	内　　容	BL	ASB	LS	LIS
			领海基线主张			其他文献资料		
新西兰	●		1965 年 9 月 10 日领海和捕鱼区法	低潮线。法律上的海湾为海湾封口线。				
			1977 年领海及专属经济区法（1977 年 9 月 26 日第 28 号法令，经 1980 年第 146 号法令修改）	规定了低潮标、低潮高地、海湾封口线。				
			1977 年托克劳（领海与专属经济区）法	礁石向海边缘的低潮线或连接礁石间隔或通道入口处的直线。				
尼加拉瓜	●		1965 年 4 月 5 日第 L-1 号最高法令	海岸（正常基线）为"国家捕鱼区"起始线。				
			1979 年 12 月 19 日关于大陆架和邻接海域的第 205 号法案	海岸		●	●①	
			2013 年 8 月 19 日尼加拉瓜共和国加勒比海域基线的法令	直线基线				
尼日利亚			领水（修正）法令（1971 年 8 月 26 日）	海岸（自低潮线算起）				

---

① 多国历史性海湾：萨尔瓦多-洪都拉斯-尼加拉瓜（丰塞卡），参见 Lines in the Sea, pp. 90-91。

续表

沿海国	领海基线主张				其他文献资料			
	立法规定直线基线	主张群岛国地位	法律法规	内　容	BL	ASB	LS	LIS
纽埃			1996 年领海及专属经济区法	低潮线				
			2013 年海洋区域法案	海岸低潮线或沿岸珊瑚礁低潮线				
挪威	●		1935 年 7 月 12 日皇家法令（北部挪威）	直线基线	●	●	●	No. 39①
			1952 年 7 月 18 日皇家法令（南部挪威）	直线基线				
			1955 年 6 月 30 日摄政王储法令	规定扬马延渔区的直线基线。				
			1970 年 9 月 25 日皇家法令（斯瓦巴德）	直线基线				
			2001 年 6 月 1 日皇家法令（关于斯瓦尔巴群岛周边挪威领海界限的 2001 年 6 月 1 日条例）	直线基线。				
			2002 年 6 月 14 日皇家法令（关于确定挪威本土领海范围基线的条例）	规定直线基线的基点。				
			2002 年 8 月 30 日皇家法令（关于扬马延周边挪威领海界限的条例）	低潮线和直线基线。				
			2003 年 6 月 27 日第 57 号法案（关于挪威领海和毗连区）	国王以条例规定基线。在没有予以规定的情况下，基线是低潮线。				

---

① 参见 No. 39 Straight Baselines：Svalbard。

续表

沿海国	领海基线主张				其他文献资料			
	立法规定直线基线	主张群岛国地位	法律法规	内　容	BL	ASB	LS	LIS
阿曼	●		1972 年 7 月 17 日法令	允许用直线基线。	●	●		No. 61, 113①
			领海、大陆架和专属经济区皇家法令（1981 年 2 月 10 日）	低潮线和直线基线（包括与海湾内或岛屿和大陆海岸之间的封闭水域有关的线）。				
			1982 年 6 月 1 日公告（94）（1）	列明直线基线（包括内水和封闭水域）的基点坐标。				
巴基斯坦	●		1966 年 12 月 26 日关于领水的总统公告	适当的基线				No. 118
			1976 年领水及海洋区域法案（1976 年 12 月 22 日）	直线基线				
			确定测算领水、毗连区和专属经济区界线的基线（1996 年 8 月 29 日公告）	列明直线基线各基点坐标。				
帕劳		●②	帕劳共和国宪法（1981 年）	清晰地规定了帕劳群岛基线的基点。				
			帕劳国家法典（PNC）	低潮线				
			修正帕劳国家法典第一编第一章的法律（2003 年 9 月 5 日）	第 141 条				

---

① 参见 No. 113 Straight Baseline Claims：Djibouti and Oman。

② 联合国海洋事务与海洋法司的网站上没有显示帕劳主张群岛国地位。

续表

沿海国	领海基线主张				其他文献资料			
	立法规定直线基线	主张群岛国地位	法律法规	内　容	BL	ASB	LS	LIS
巴拿马			1956 年 1 月 30 日第 9 号法令	从马拉角到贾克角的巴拿马湾为历史性海湾		●	●①	
巴布亚新几内亚	●		国家海洋法（1977 年 2 月 7 日第 7 号法令）	附表一规定了群岛基线规则，包括低潮线，海湾封口线，低潮高地和河口封口线。				
			1978 年	划定群岛基线。				
			为确定群岛基线的目的确定基点坐标和基线的声明（2002 年 7 月 25 日）	列明群岛基线各基点坐标。				
秘鲁	●		1947 年 8 月 1 日关于水下大陆架或岛架的第 781 号总统法令	海岸、岛屿外缘				
			1952 年 3 月 12 日第 11780 号石油法	低潮线				
			2005 年 11 月 3 日第 28621 号法律（秘鲁海域基线法）	列明基点坐标并附地图。从所附基线地图来看兼用低潮线和直线基线。				

---

① 历史性海湾：巴拿马（巴拿马），参见 Lines in the Sea，pp. 82-83。

续表

沿海国	领海基线主张				其他文献资料			
	立法规定直线基线	主张群岛国地位	法律法规	内容	BL	ASB	LS	LIS
菲律宾		●	关于确定菲律宾领海基线的法案（第3046号法律，1961年6月17日）	直线基线（群岛基线）	●	●①	●	No. 33
			关于修正第3046号《关于确定菲律宾领海基线的法案》第1节的第5446号共和国法案（1968年9月18日）	列明群岛基线各基点坐标				
			2009年1月28日第2699号法案（参），2月3日第3216号法案（众），3月10日第9522号法案（国）					
波兰	●		关于波兰共和国海洋区域和海洋管理的法案，1991年3月21日	低潮线和海湾封口线		●		
葡萄牙	●		1966年8月22日海洋法（领海法）	低潮线、封口线和直线基线。	●	●		No. 27
			1967年6月27日第47771号法令	规定塔古和萨多河口的历史性海湾的封口线。以1966年第2130号法律为依据。				

① 实际为群岛基线。

续表

沿海国	领海基线主张				其他文献资料			
	立法规定直线基线	主张群岛国地位	法律法规	内　容	BL	ASB	LS	LIS
葡萄牙	●		1985 年 11 月 29 日第 495/85 号法令	低潮线、封口线和直线基线	●	●		No. 27
			国家海域空间规划和管理基础第 17/2014 号法律，2014 年 2 月 14 日	海岸低潮线，河口封口线，港口和港口设施的轮廓线和封口线				
卡塔尔			确定卡塔尔的领海宽度及毗连区（1992 年第 40 号法令，1992 年 4 月 16 日）	国际法规则确定的领海基线。				
韩国	●		1977 年 12 月 31 日第 3037 号领海法	规定了直线基线和正常基线。	●	●		No. 121
			领海和毗连区法案，公布于 1977 年 12 月 31 日，经第 4986 号法律修改，公布于 1995 年 12 月 6 日	直线基线和正常基线。				
			领海和毗连区法案，公布于 1977 年 12 月 31 日，经第 14607 号法律修改，于 2017 年 3 月 21 日公布	直线基线和正常基线。				
罗马尼亚	●		关于罗马尼亚内水、领海和毗连区法律制度的法案，1990 年 8 月 7 日	低潮线、直线基线				

续表

沿海国	领海基线主张				其他文献资料			
	立法规定直线基线	主张群岛国地位	法律法规	内　　容	BL	ASB	LS	LIS
俄罗斯	●		1853 年沙皇御令	鄂霍茨克海是内海。	●①	●②	●③	No. 107④, 109⑤
			1921 年法令（对白令海和齐茨斯卡湾的历史性权利主张）	1893 年对巡洋舰的训令中提到白海。				
			1957 年 7 月 20 日法令	规定历史性彼得大帝湾的具体界线。				
			1964 年 7 月 21 日备忘录	说明季维特里·拉夫帖夫峡和圣尼柯夫峡是苏内水。				
			1960 年 8 月 5 日国家边界防卫条例	低潮线，内水的外部界限。				
			1971 年 6 月 10 日法令	修正 1960 年保护国家边界法，准许直线基线画法由部长会议决定。				
			1984 年 2 月 7 日 4450 号公告	规定了部分海岸的直线基线的画法。				
			1985 年 1 月 15 日 4604 号公告	规定历史性水域封口线的画法。				
			1998 年 7 月 17 日俄罗斯联邦关于海洋内水、领海和毗连区的联邦法案	规定了低潮线、直线基线、河口封口线、法律上的海湾的封口线、历史海湾的封口线。				

①　苏联（Union of Soviet Socialist Republics）的一部分。

②　苏联（Union of Soviet Socialist Republics）的一部分。

③　苏联（Union of Soviet Socialist Republics）的一部分，"极为曲折，一系列岛屿：苏联" "历史性海湾：苏联（彼得大帝湾）"，参见 Lines in the Sea，pp. 56-57，84-85。

④　参见 No. 107 Straight Baselines：USSR（Pacific Ocean，Sea of Japan，Sea of Okhotsk，and Bering Sea）。

⑤　参见 No. 109 Continental Shelf Boundary Turkey：USSR and Straight Baselines：USSR（Black Sea）。

续表

沿海国	立法规定直线基线	主张群岛国地位	法律法规	内　　容	BL	ASB	LS	LIS
圣基茨和尼维斯	●		1984 年海洋区域法（1984 年 8 月 30 日第 3 号法律）	低潮线、海湾封口线和政府命令规定或确定的基线。				
圣卢西亚			海洋区域法（1984 年 7 月 18 日第 6 号）	第 4 条…				
圣文森特和格林纳丁斯		●	1983 年海洋区域法（1）（1983 年 5 月 15 日第 15 号法律）	群岛基线。				
			圣文森特和格林纳丁斯群岛封口线和基线（2014 年 4 月 1 日第 60 号公告）	列明群岛封口线和群岛基线的地理坐标。				
萨摩亚①	●		海洋区域法（1999 年第 18 号法律，1999 年 8 月 25 日）	低潮线、海湾封口线。				
圣多美和普林西比		●	关于领海和专属经济区划界的第 1/98 号法律（1998 年 3 月 11 日）（官方海洋主张图）	第 2 条规定了群岛基线，并列明各基点坐标。	●		●	
沙特阿拉伯	●		1958 年 2 月 16 日第 33 号皇家法令（关于领水的法令）	低潮线、海湾封口线和直线基线。				No. 20
			第 15 号内阁决议（2010 年 1 月 12 日）	列明在红海、亚喀巴湾和阿拉伯海湾基线的基点坐标。				

① 1962 年独立，定国名为"西萨摩亚独立国"，1977 年更名为"萨摩亚"。

续表

沿海国	领海基线主张			其他文献资料			
	立法规定直线基线	主张群岛国地位	法律法规	内容	BL	ASB	LS	LIS
塞内加尔	●		1972 年 7 月 5 日法令	从正常基线（低潮线）和直线基线量起，并列明直线基线各基点坐标。	●	●		No. 54
			1990 年 6 月 18 日基线绘制的第 90-670 号法案					
塞舌尔		●	1977 年海洋区域法案（1977 年第 15 号法案）	直线基线				
			1999 年海洋区域法案（1999 年第 2 号法案）	低潮线、群岛基线。				
			2008 年海洋区域（基线）法令（2008 年第 S. I. 88 号）	确定群岛基线和正常基线及其坐标。				
塞拉利昂			1966 年 海域（设立）法令	低潮线。				
新加坡			英国-1878 年领海管辖权法案	低潮线。				
斯洛文尼亚①	●		1948 年 12 月 8 日第 876 号法律					
			1965 年 4 月 24 日关于边缘海、毗连区和大陆架的法律	规定基线由低潮线、海湾封口线和直线基线构成。				
			2001 年 3 月 23 日海洋法典	基线为沿海零度水文线和海湾封口线。				
所罗门群岛		●	1978 年海域划界法案（1978 年 12 月 21 日第 32 号法案）	群岛基线和低潮线。	●		●	
			1979 年第 41 号法律声明：群岛基线的声明（海域划界法案）	列明群岛基线各点坐标。				

① 参见克罗地亚注释。

沿海国	立法规定直线基线	主张群岛国地位	领海基线主张		其他文献资料			
			法律法规	内　容	BL	ASB	LS	LIS
索马里	●		1972 年 9 月 10 日关于领海和港口第 37 号法律	低潮线和直线基线				
南非	●		1963 年第 87 号，领水法，由 1977 年第 98 号领水修正法案修改（由 1994 年第 15 号，海洋区域法案废止）	低潮线				
			1994 年第 15 号，海洋区域法案	基线为低潮线、直线基线和内水的外部界限，附直线基线基点坐标。				
西班牙	●		1977 年 1 月 4 日第 10/1977 号法案	低潮线和直线基线	●	●		
			1977 年 8 月 5 日第 2510/1977 号皇家法令	规定直线基线的基点坐标。				
斯里兰卡	●		1957 年 12 月 20 日总督公告	从适当基线算起	●	●		
			1976 年 9 月 1 日第 22 号海洋区域法	包括岛屿或岩礁，岛群或岩礁群向海一侧沿一般大潮时的低潮线；历史性水域。				
			执行"1976 年 9 月 1 日第 22 号海洋区域法"的总统公告（1977 年 1 月 15 日）	低潮线、直线基线；在保克湾、保克海峡（Palk Strait）和马纳尔湾（Gulf of Manna）的历史性水域。				

沿海国	立法规定直线基线	主张群岛国地位	法律法规	内　容	BL	ASB	LS	LIS
巴勒斯坦			2015 年 8 月 31 日关于巴勒斯坦国海洋边界的巴勒斯坦国公告	低潮线				
苏丹	●		领水和大陆架法案（1970 年）	低潮线和直线基线。				
			关于苏丹伊斯兰共和国海域基线的苏丹共和国总统法令第 148 号（2017）	规定直线基线，列明坐标。				
苏里南			扩大领海及建立毗连经济区的法律（1978 年 4 月 14 日）	低潮线				
瑞典	●		1966 年 6 月 3 日第瑞典领海法（1978 年 12 月 18 日和 1979 年 12 月 20 日修订）	沿岸低潮线和直线基线。	●	●		No. 47
			1966 年 6 月 3 日关于瑞典领水测量条例的第 375 号皇家公告	对直线基线的基点进行了具体规定。				
叙利亚	●		1964 年第 304 号法令第 28 号法律（2003 年 11 月 28 日）	低潮线				No. 53

沿海国	领海基线主张				其他文献资料			
	立法规定直线基线	主张群岛国地位	法律法规	内　容	BL	ASB	LS	LIS
泰国	●		总理事务部办公室关于泰国湾内部的声明（1959 年 9 月 22 日）	宣布泰国湾领海基线，直线基线西北部的泰国湾以内部分为历史性海湾。	●	●		No. 31, 122
			总理办公室关于历史性海湾的公告（1959 年 9 月 26 日）					
			总理办公室关于泰国直线基线与内水的公告（1970 年 6 月 11 日）	公布相关地理名称及坐标。				
			总理办公室公告（1970 年 6 月 12 日）	宣布泰国在 3 个区域的直线基线和内水。				
			总理办公室关于泰国直线基线与内水的公告（1992 年 8 月 11 日）	修改 1970 年 6 月 11 日公告中的部分地理名称和坐标。				
			总理办公室关于泰国区域 4 的直线基线与内水的公告（1992 年 8 月 17 日）	公布相关地理名称及坐标。				
东帝汶			东帝汶民主共和国领土的海洋边界法（国家议会第 7/2002 号法律，2002 年 7 月 23 日）	低潮线，河流和海湾封口线，历史性海湾。				
多哥			1977 年 8 月 16 日关于领水界限及建立海洋经济保护区的第 24 号训令	低潮线				

续表

沿海国	立法规定直线基线	主张群岛国地位	领海基线主张		其他文献资料			
			法律法规	内　　容	BL	ASB	LS	LIS
汤加	●		领海和专属经济区法（1978 年 10 月 23 日第 30 号法案，1989 年第 19 号法案修正）	沿岸礁向海一侧的低潮线，或岛屿沿岸的低潮线，海湾封口线。				
特立尼达和多巴哥	●		1969 年领海法（1969 年 12 月 6 日第 38 号法律）	低潮线和直线基线			●	
			1986 年群岛水域和专属经济区法（1986 年 11 月 11 日第 24 号法律）	宣布为群岛国。规定了群岛基线的构成。				
			1988 年特立尼达和多巴哥群岛基线令：1988 年 10 月 31 日第 206 号公告（1）	附确定群岛基线的地理坐标点及地图。				
突尼斯	●		关于领水界限的第 73-49 号法案（1973 年 8 月 2 日）	低潮线、直线基线、突尼斯湾和加贝斯湾（Gabes）封口线。	●	●	●①	
			1973 年 11 月 3 日有关基线的第 73-527 号法令	低潮线、封口线和直线基线，列明部分直线基线坐标。				
			关于突尼斯海岸专属经济区的第 50/2005 号法案（2005 年 6 月 27 日）	附图显示为低潮线、封口线和直线基线。				

---

① "海湾：多湾口海湾（突尼斯）"，参见 Lines in the Sea，pp. 74-75。

沿海国	领海基线主张				其他文献资料			
	立法规定直线基线	主张群岛国地位	法律法规	内　容	BL	ASB	LS	LIS
土耳其			1964 年 5 月 15 日领海法	低潮线、直线基线。	●	●		No.32
图瓦卢	●		1983 年海洋区域（宣言）法案	低潮线和直线基线（群岛基线）。				
			2012 年海洋区域法案	沿岸礁石的低潮线、海岸低潮线和群岛基线。				
			2012 年群岛基线公告	规定基点坐标。				
			2012 年领海基线公告	规定基点坐标。				
乌克兰	●		1985 年 1 月 15 日公告	黑海直线基线的新立法				
			1991 年 11 月 4 日关于国家边界的乌克兰法令	第 5 条规定最小低潮线和直线基线。				
			1992 年确定测量黑海领海、专属经济区和大陆架宽度基线的基点坐标清单					
			1992 年确定测量亚速海领海、专属经济区和大陆架宽度基线的基点坐标清单					
阿联酋	●		关于阿拉伯联合酋长国海洋区域划界的 1993 年第 19 号联邦法律（1993 年 10 月 17 日）	低潮线、海湾封口线及岛群的直线基线。				
			关于将直线基线系统应用于阿拉伯联合酋长国部分海岸的阿拉伯联合酋长国部长理事会第 5/2009 号决议	规定部分海岸的直线基线及其坐标。				

续表

沿海国	领海基线主张				其他文献资料			
	立法规定直线基线	主张群岛国地位	法律法规	内　容	BL	ASB	LS	LIS
英国	●		1878 年领海管辖权法案	低潮线	●	●	●	No.23
			1964 年枢密院领海法令	采用低潮线、直线基线和海湾封口线。				
			1979 年 5 月 23 日枢密院令海（修订）令	规定基线的基点坐标。				
			1989 年第 482 号领海（界限）法令	放弃了 1977 年罗卡尔岛（Rockall）的领海基点资格。				
			2014 年领海（基线）法令，第 1353 号	低潮线、直线基线和（法律上的海湾）海湾封口线。				
坦桑尼亚①	●		坦桑尼亚第 209 号布告（1973 年 9 月 7 日）	适当基线				
			领海和专属经济区法案（1989 年）	低潮线				
			2012 显示坦桑尼亚联合共和国直线基线的海图和坐标	直线基线				
美国			美利坚合众国领海 1988 年 12 月 27 日总统公告	根据国际法决定的基线			●	●②

---

　　①　全称坦桑尼亚联合共和国。

　　②　"历史性海湾：美国（切萨皮克，德拉华）"，参见 Lines in the Sea, pp. 80-81。

续表

沿海国	领海基线主张				其他文献资料			
	立法规定直线基线	主张群岛国地位	法律法规	内　容	BL	ASB	LS	LIS
乌拉圭①	●			阿根廷和乌拉圭同意拉普拉塔河的外部界限，但对横侧疆界未达成协议。		●	●②	
			1998年11月20日确立领海、毗连区、专属经济区和大陆架界限的第17.033号法律	正常基线和直线基线，包括拉普拉塔河外部界限的直线基线。并附划定基线的地理坐标和地形表。				
瓦努阿图	●	●	第81号部长令（2009年7月29日）	附表列明群岛基线各点名称及坐标，Mathew岛坐标（正常基线），Mathew岛周围礁石坐标（正常基线），Hunter岛地理坐标（正常基线）Hunter岛东北部正常基线上Unnamed岛坐标（正常基线），及Hunter岛周围礁石坐标（正常基线）。	●		●	
			海域法（2010年第6号法律）	低潮线、群岛基线和海湾封口线。				

① 全称"乌拉圭东岸共和国"。
② 河口：阿根廷-乌拉圭（拉普拉塔河），参见 Lines in the Sea, pp. 68-69。

沿海国	立法规定直线基线	主张群岛国地位	领海基线主张		其他文献资料			
			法律法规	内　容	BL	ASB	LS	LIS
委内瑞拉	●		1956 年 7 月 27 日领海、大陆架、渔业保护区和领空法	低潮线和直线基线。	●	●		No. 21
			1968 年 7 月 9 日第 1152 号法令	穿过奥里诺科河（Orinoco）三角洲的直线基线。				
			1968 年 7 月 10 日总统令	低潮线和直线基线。				
越南	●		关于领海、毗连区、专属经济区及大陆架的声明（1977 年 5 月 12 日）	连接海岸最突出点和沿岸各岛屿上最外缘各点的沿岸低潮线。没有标出具体位置，对外界来说仍是不清楚的。	●	●		No. 99
			越南社会主义共和国关于领海基线的声明（1982 年 11 月 12 日）	北部湾属于越南的部分为历史性水域。直线基线，并附直线基线及越南柬埔寨历史性水域的界线的西南段坐标点。				
也门	●		1970 年第 8 号法律（也门民主人民共和国）					
			领海、专属经济区大陆架和其他海域 1977 年第 45 号法案	低潮线、海湾封口线和直线基线。				
			2014 年 11 月 23 日建立也门共和国海洋基线的第 26（2014）号法律	规定基点坐标，所附海图显示兼采直线基线和低潮线。				

续表

沿海国	领海基线主张				其他文献资料			
	立法规定直线基线	主张群岛国地位	法律法规	内　容	BL	ASB	LS	LIS
合计153	97	23						

附表一说明：

一、"领海基线主张"的主要资料来源：

1. Table of claims to maritime jurisdiction（as at 15 July 2011），http：//www. un. org/Depts/los/LEGISLATIONANDTREATIES/PDFFILES/table_summary_of_claims. pdf.

2. US Department of State, Limits in the Seas No. 36：National Claims to Maritime Jurisdiction 8st revision，US，20002.，https：//www. state. gov/wp-content/uploads/2020/01/LIS-36. pdf.

3. 北京大学法律系国际法教研室编：《海洋法资料汇编》，人民出版社 1974 年版，第 395~519 页。

4. 张海文、李红云主编：《世界各国海洋立法汇编：亚洲和大洋洲国家卷》，法律出版社 2012 年版。

5. 张海文、李红云主编：《世界各国海洋立法汇编：非洲国家、拉美和加勒比国家卷》，法律出版社 2012 年版。

6. 贾宇主编：《极地周边国家海洋划界图文辑要》，社会科学文献出版社 2015 年版。

7. 沈文周主编：《海域划界技术方法》，海洋出版社 2003 年版。

8. Jonathan I. Charney etc.（ed.），International Maritime Boundaries：（Ⅰ-Ⅶ），Martinus Nijhoff, 1993-2016.

二、"其他文献资料"的缩略语：

1. BL, UN Office for Ocean Affairs and the Law of the Sea, Baselines：Baselines National Legislation With Illustrative Maps, UN, 1989；中文译名为《基线：国家立法附说明图》。

2. ASB, Tullio Scovazzi etc.，Atlas of the Straight Baselines, 2nd ed, Giuffre Editore, 1989；中文译名为《直线基线地图集》。

3. LS, G. Francalanci and T. Scovazzi, Lines in the Sea, Martinus Nijhoff Publishers, 1994；中文译名为《海洋中的线》。

4. LIS, US Department of State, Limits in the Seas Series, US, 1970-2019；中文译名为《海洋界限》。

附表二 海洋划界协定中基线方面的考虑

序号	条约	签订日期 生效日期	界线种类	基线方面的考虑	基线效力	资料来源
1	联合王国陛下和委内瑞拉合众国总统关于帕里亚湾海底区域的条约 关失；1990年4月18日协定	1942年2月26日 1942年9月22日 1991年7月23日 失效	大陆架	缔约双方没有考虑在水域宽度或基线上的任何可能的差异。可以认为，两国从各自海岸的正常基线开始建立领海。A-B段的走向预示着双方可能依据了各自海岸凹陷的限定的封口线。	⊙	Report No. 2-13（1） IMB I，p. 645 LIS，No. 11
2	智利政府和秘鲁政府关于智利和秘鲁之间海洋边界的协定	1952年8月18日 1954年9月23日	海洋边界	边界基于纬线的平行线划定。没有考虑横截河口的直线基线或封口线。	○	Report No. 3-5 IMB I，p. 796 LIS，No. 86
3	秘鲁政府和厄瓜多尔政府关于秘鲁和厄瓜多尔之间海洋边界的协定	1952年8月18日 1975年2月7日	海洋边界	厄瓜多尔于1971年宣布直线基线，瓜亚基尔海湾的直线基线没有影响划界。	○	Report No. 3-9 IMB I，p. 832 LIS，No. 88

续表

序号	条　　约	签订日期 生效日期	界线种类	基线方面的考虑	基线效力	资料来源
4	挪威和苏联关于瓦朗格尔东峡湾海洋边界的协定 挪威和苏联关于瓦朗格尔东峡湾海洋边界的描述性议定书	1957年2月15日 1957年4月24日 1957年11月29日 1958年3月17日	领海等	"挪威的直线基线用于确定海洋边界上第二个点的位置。苏联的直线基线对划定边界没有影响。"	⊙	Report No. 9-6 IMB II，p. 1783 LIS，No. 17
5	巴林政府和沙特阿拉伯王国政府关于大陆架划界的协定	1958年2月22日 1958年2月26日	大陆架	即便沙特宣布了直线基线，其主张也没有影响边界的位置。	○	Report No. 7-3 IMB II，p. 1491 LIS，No. 12
6	波兰人民共和国政府和苏维埃社会主义共和国联盟政府关于波罗的海丹斯克湾波苏领水划界的议定书	1958年3月18日 1958年7月29日	领水	波兰国内法规定了格但斯克湾（Gdansk）的封口线，然而，1958 两国确定领海边界时没有考虑这一封口线。	○	Report No. 10-8 IMB II，p. 2045 LIS，No. 55
7	1958 年第 1518 号　海外领地（确定边界）枢密院沙捞越令 1958 年第 1517 号　海外领地 1958 年枢密院北婆罗门洲令（确定边界）	1958年9月11日 1958年9月11日	海洋边界	"当划定这些边界时，当事各方尚未作出任何关于基线的声明。这样，必须假定，沿这些海岸，只有正常基线。"	—	Report No. 5-2 IMB I，p. 919 朴椿浩，p. 21

续表

序号	条约	签订日期 生效日期	界线种类	基线方面的考虑	基线效力	资料来源
8	法国和葡萄牙关于塞内加尔和几内亚比绍的领海与大陆架边界的换文	1960年4月26日 1960年4月26日	大陆架	换文中240°方位角的划定没有使用基线。没有封口线或直线基线与该线有关。	—	Report No. 4-4 IMB I，p. 869 LIS，No. 68
9	关于成立塞浦路斯共和国的条约	1960年8月16日 1960年8月16日	领海	划界地区没有直线基线。	—	Report No. 8-1 IMB II，p. 1561 LIS，No. 49
10	沙迦和乌姆盖万间海床边界协定	1964年 1964年	大陆架	基线没有影响边界的位置。	—	Report No. 7-10 IMB II，p. 1491
11	荷兰王国和德意志联邦共和国关于紧邻海岸的大陆架侧向划界的条约	1964年12月1日 1965年9月18日	大陆架	各方使用了低潮线。	—	Report No. 9-11 IMB II，p. 1838 LIS，No. 10
12	大不列颠及北爱尔兰联合王国政府和挪威王国政府关于两国间大陆架划界的协定，及其补充议定书	1965年3月10日 1965年6月29日 1978年12月22日 1980年2月20日 2009年4月30日修订	大陆架	英国尚未在东部海岸划定直线基线。挪威直线基线系统上的凸出点出于产生等距离线的目的。关于基线间（相当大的）距离，直线基线的使用没有多大影响。	⊙	Report No. 9-15 IMB II，p. 1881 LIS，No. 10

续表

序号	条　约	签订日期 生效日期	界线种类	基线方面的考虑	基线效力	资料来源
13	芬兰共和国政府和苏维埃社会主义共和国联盟政府关于芬兰湾海域和大陆架边界的协定	1965年5月20日 1966年5月25日	海洋边界	芬兰直线基线遵循严格的规则，直线基线的长度不超过8海里。苏联尚未采用直线基线。苏联于1985年方才采用直线基线。	不明	Report No. 10-4（1） IMB II，p. 1962 LIS，No. 16
14	丹麦王国和德意志联邦共和国关于他们在北海大陆架划界的协定，及其议定书	1965年6月9日 1966年5月27日	大陆架	划界使用了低潮线。双方均已划定直线基线，但是它们没有影响点S和点S1之间等距离线的划定。	○	Report No. 9-8 IMB II，p. 1804
15	大不列颠及北爱尔兰联合王国政府和荷兰政府关于两国之间北海大陆架划界的协定，及其修改议定书	1965年10月6日 1966年12月23日 1971年11月25日	大陆架	缔约双方适用了1958年《领海和毗连区公约》中的原则。各方都不涉及直线基线。缔约双方沿海岸采用了正常基线。荷兰还使用了其最外部永久海港工程。	—	Report No. 9-13 IMB II，pp. 1862-1863 LIS，No. 10
16	丹麦和挪威关于大陆架划界的协定，及其修改换文	1965年12月8日 1966年6月22日 1968年4月24日 1974年6月4日	大陆架	使用了大陆或岛屿上的低潮线。	○	Report No. 9-9 IMB II，p. 1817 LIS，No. 10
17	大不列颠及北爱尔兰联合王国政府和丹麦政府关于两国之间大陆架划界的协定	1966年3月3日 1967年2月6日 1972年12月7日失效	大陆架	在相关地区的大陆上各方都使用了低潮线。	—	Report No. 9-10 IMB II，p. 1827

续表

序号	条　约	签订日期 生效日期	界线种类	基线方面的考虑	基线效力	资　料　来　源
18	荷兰王国政府和丹麦王国政府关于两国之间北海大陆架划界的协定	1966年3月31日 1967年8月1日 1972年12月7日失效	大陆架	1966年协定签订时，丹麦和荷兰均适用正常基线。丹麦的直线基线划定于1966年12月21日，即协定签订以后。	—	Report No. 9-18 IMB Ⅲ，p. 2500
19	芬兰共和国政府和苏维埃社会主义共和国联盟政府关于波罗的海东北部芬兰和苏联之间大陆架边界的协定	1967年5月5日 1968年3月15日	大陆架	芬兰直线基线遵循严格的规则，直线基线的长度不超过8海里。苏联尚未采用直线基线。苏联于1985年方采用直线基线。	不明	Report No. 10-4（2） IMB Ⅱ，p. 1973 LIS, No. 56
20	意大利和南斯拉夫关于两国之间大陆架划界的协定	1968年1月8日 1970年1月21日	大陆架	1948年南斯拉夫是最早采用直线基线的国家之一，由于其海岸极度弯曲及有一系列岛屿。1965年5月22日法律延伸了直线基线，然而仍未包含一些距离海岸有一定距离的岛屿，这点岛屿影响到大陆架的划界。由于南斯拉夫在划界中使用了大陆架上的陆地点（land point），南斯拉夫的直线基线似乎没有影响边界线。意大利与亚得里亚海岸相关的直线基线依据1977年4月26日法令建立。	○	Report No. 8-7（1） IMB Ⅱ，p. 1630 LIS, No. 24

续表

序号	条　约	签订日期 生效日期	界线种类	基线方面的考虑	基线效力	资料来源
21	阿布扎比和迪拜近海边界协定	1968年2月18日 1968年2月18日	大陆架	双方都没有直线基线，而且正常基线没有影响边界的走向。	—	Report No. 7-1 IMB II, p. 1476
22	瑞典和挪威关于大陆架划界的协定	1968年7月24日 1969年3月18日	大陆架	两国的直线基线相当。边界是从两国直线基线算起的简单化的等距离线。	●	Report No. 9-14 IMB II, p. 1872-1873 LIS, No. 2
23	沙特阿拉伯和伊朗关于阿拉比亚和法尔西两岛的主权和海底区域划界的协定	1968年10月24日 1969年1月29日	大陆架	沙特和伊朗两国有关建立直线基线的立法都已生效。然而，这些主张没有影响大陆架边界的走向。	○	Report No. 7-7 IMB II, p. 1522 LIS, No. 24
24	波兰人民共和国关于德意志民主共和国关于波罗的海大陆架划界的条约	1968年10月29日 1969年4月16日 1989年6月13日失效	大陆架	1964年，德意志民主共和国声明了直线基线，1969年划定了坐标。与划界相关的只是将旅根岛（Rugen）和格赖夫斯瓦尔德岛（Greifswalder Oie）与大陆连接起来的这一部分。但是，它对1968年划界没有实质上的影响。	○	Report No. 10-6（1） IMB II, p. 2012
25	卡塔尔和阿布扎比关于解决海洋边界线及岛屿主权权利的协定	1969年3月20日 1969年3月20日	大陆架	两国都没有宣布直线基线，基线方面的考虑在边界的确定中并非一个因素。	—	Report No. 7-9 IMB II, p. 1543 LIS, No. 18

续表

序号	条　约	签订日期 生效日期	界线种类	基线方面的考虑	基线效力	资料来源
26	波兰人民共和国和苏维埃社会主义共和国联盟关于格但斯克湾和波罗的海东南部大陆架边界的条约（关联：1957年2月15日协议）	1969年8月28日 1970年5月13日	大陆架	波兰国内法规定了格但斯克湾（Gdansk）的封口线，然而，1969两国确定大陆架边界时没有考虑这一封口线。	○	Report No. 10-8 IMB II，p. 2045 LIS, No. 55
27	伊朗和卡塔尔关于大陆架划界的协定	1969年9月20日 1970年5月10日	大陆架	在签订协定时伊朗已经宣布了直线基线，然而，这种主张没有影响划界。	○	Report No. 7-6 IMB II，p. 1513 LIS, No. 25
28	马来西亚政府和印度尼西亚政府关于两国之间大陆架划界的协定	1969年10月27日 1969年11月7日	大陆架	"严格地说，马来西亚还没有使用地理坐标或其他方法来标明其基线。""由于上述原因，要判断基线方面的考虑如何对边界线的实际位置可能造成什么影响，是不可能作出判断的。"	不明	Report No. 5-9（1） IMB I，p. 1022 LIS, No. 1 朴椿浩，p. 126
29	印度尼西亚共和国和马来西亚之间关于马六甲海峡地区两国领水划界的条约	1970年3月17日 1971年10月8日	领海	印度尼西亚1960年宣布群岛基线。马来西亚测绘局1979年正式发行的两张图中，仅标明其领海的外部界限。不可能准确地判断其边界方面的考虑在多大程度上影响了边界的实际位置。	不明	Report No. 5-9（2） IMB I，p. 1031 LIS, No. 50 朴椿浩，p. 135

续表

序号	条 约	签订日期 生效日期	界线种类	基线方面的考虑	基线效力	资 料 来 源
30	解决尚未解决的边界争端及将格兰德河与科罗拉多河作为美利坚合众国和墨西哥合众国之间国界的条约	1970 年 11 月 23 日 1972 年 4 月 18 日	领海	使用了正常基线（海岸）。自然变化的基线催生了新的方法——鉴于河口不稳定的特性，在河口中央向海向 200 英尺处设立一个定点作为边界的折点。	—	Report No. 1-5 IMB I，p. 432-433 LIS，No. 45
31	德意志联邦共和国和丹麦王国关于北海大陆架划界的协定	1971 年 1 月 28 日 1972 年 12 月 7 日	大陆架	划界使用了低潮线。双方均已划定直线基线，但是它们对没有影响点 S 和点 S1 之间等距离线的划定	○	Report No. 9-8 IMB II，p. 1804 LIS，No. 10
32	荷兰王国和德意志联邦共和国关于北海大陆架划界的条约	1971 年 1 月 28 日 1972 年 12 月 7 日	大陆架	各方使用了低潮线。	—	Report No. 9-11 IMB II，p. 1838 LIS，No. 10
33	澳大利亚联邦政府和印度尼西亚共和国政府确定某些海床边界的协定	1971 年 5 月 18 日 1973 年 11 月 8 日	大陆架	签署协定时印尼已经划定群岛基线，澳大利亚尚未宣布基线（直到 1983 年才宣布基线）。印度尼西亚的群岛基点在决定任一边界的位置时都不起作用，即便领海基点所在的海岬被给了了全效力。	○	Report No. 6-2（1） IMB II，p. 1198 LIS，No. 87
34	伊朗和巴林关于大陆架划界的协定	1971 年 6 月 17 日 1972 年 5 月 14 日	大陆架	即便伊朗已经主张了直线基线系统，这种主张也没有影响边界上两个等距离折点的位置。	○	Report No. 7-2 IMB II，p. 1483 LIS，No. 58

297

续表

序号	条　　约	签订日期 生效日期	界线种类	基线方面的考虑	基线效力	资料来源
35	意大利共和国政府和突尼斯共和国政府关于两国之间大陆架划界的协定	1971 年 8 月 20 日 1978 年 12 月 6 日	大陆架	谈判时意大利没有直线基线，突尼斯建立了封闭突尼斯湾的封口线（1963 年 12 月 30 日第 63-49 号法律）。协定第 1 条涉及到基线上最近点的等距离。这应应该是指正常基线由于突尼斯湾封口线似乎与跟等距离线的构建无关。	⊙	Report No. 8-6 IMB II，p. 1617 LIS，No. 89
36	丹麦王国政府和大不列颠及北爱尔兰联合王国政府关于两国之间大陆架划界的协定	1971 年 11 月 25 日 1972 年 12 月 7 日	大陆架	各方都使用了相关区域大陆上的低潮线。	○	Report No. 9-10 IMB II，p. 1827 LIS，No. 10
37	大不列颠及北爱尔兰联合王国和德意志联邦共和国关于两国之间北海大陆架划界的协定	1971 年 11 月 25 日 1972 年 12 月 7 日	大陆架	基线与联邦德国一方无关。英国的低潮线用于与丹麦和荷兰画海岸等距离线。部分等距离线成为英德边界线。	—	Report No. 9-12 IMB II，p. 1853 LIS，No. 10
38	印度尼西亚共和国政府和泰王国政府关于两国之间马六甲海峡北部和安达曼大陆架划界的协定	1971 年 12 月 17 日 1973 年 7 月 16 日	大陆架	泰国于 1970 年沿其海岸划定直线基线，但是该基线并未影响边界的位置。印尼 1960 年划定群岛基线，其中一段连接点担宗比迪（Tanjong Pidi）和点普劳韦（Pulau Weh）。该段基线的端点用于确定边界而该段基线却没有。这意味着正常基线用于产生等距点。	⊙	Report No. 6-13（1） IMB II，p. 1458 LIS，No. 81

续表

序号	条约	签订日期 生效日期	界线种类	基线方面的考虑	基线效力	资料来源
39	印度尼西亚共和国政府，马来西亚政府和泰王国政府关于马六甲海峡北部大陆架划界的协定	1971年12月21日 1973年7月16日	大陆架	印尼于1960年2月沿该协议地区的海岸划定群岛基线。泰国于1970年6月在泰国湾和安达曼海划定直线基线。马来西亚从来没有宣布直线基线。从马来西亚官方1979年出版的领海和大陆架边界地图中可以推出马来西亚采用了直线基线。然而，没有证据表明三国中任何一国的基线在确定三联点或马来大陆架边界中起到作用。	○	Report No. 6-12 IMB II, p.1446-1447 LIS, No. 81
40	加拿大政府和法兰西共和国政府关于加拿大大西洋海岸双边渔业关系的协定	1972年3月27日 1972年3月27日	领海	法国圣皮埃尔和密克隆群岛 (St. Pierre and Miquelon) 上的小海湾封口线，没有影响边界的位置；加拿大大福琼湾 (Fortune Bay) 封口线（该海湾不是法律上的海湾，故而封口线为直线基线），对边界的确定没有影响；冬宫湾 (Hermitage Bay) 为法律上的海湾，海洋边界上的最末折点距冬宫湾封口线为12海里。	◎	Report No. 1-2 IMB I, p.392 LIS, No. 57
41	巴西政府和乌拉圭政府关于巴西和乌拉圭之间海洋划界的协定	1972年7月21日 1975年6月12日	海洋边界	两国均未在边界地区设立直线基线或海湾封口线。边界从正常基线起算。	—	Report No. 3-4 IMB I, p.787-788 LIS, No. 73

续表

序号	条　约	签订日期 生效日期	界线种类	基线方面的考虑	基线效力	资　料　来　源
42	芬兰和瑞典关于波的尼亚湾、亚兰海和波罗的海划界的协定,及北部的大陆架划界的协定书	1972年9月29日 1973年1月15日	大陆架	1956年芬兰建立直线基线。瑞典1966年建立直线基线,总体上覆盖了协定讨论的区域。直线基线充当了两国间建立等距离线的起点。	●	Report No. 10-3 IMB II, p. 1948 LIS, No. 71
43	澳大利亚和印度尼西亚关于朴茂1971年5月18日协定确定海和阿拉弗拉某些海床边界的协定书	1972年10月9日 1973年11月8日	大陆架	印度尼西亚1960年在该划定群岛基线,在该判边界的任何部分时都没有考虑上述基线。澳大利亚直到1983年才宣布了其基线,葡萄牙从来都没有为葡属帝汶宣布基线。	○	Report No. 6-2 (2) IMB II, p. 1210 LIS, No. 87
44	澳大利亚和巴布亚新几内亚关于确定印度尼西亚之间部分边界的协定	1973年2月12日 1974年11月26日	海洋边界	印度尼西亚1972年划定该地区的群岛基线,但是它们在确定边界的位置中不起作用。	○	Report No. 6-2 (3) IMB II, p. 1221 LIS, No. 87
45	土耳其共和国和苏维埃社会主义共和国联盟关于黑海之间海域边界的议定书	1973年4月17日 1975年3月27日	领海	划界区域尚无直线基线。	—	Report No. 8-10 (1) IMB II, p. 1683 LIS, No. 59
46	印度尼西亚和新加坡共和国新加坡海峡领海划界协定	1973年5月25日 1974年8月29日	领海	边界线上有两个折点是从新加坡海岸外的低潮高地和印尼的群岛基线开始测量得到的等距离点。印尼的群岛基线在领海划界中没有考虑,新加坡领海的一小部分划入了印尼群岛基线之内。	⊙	Report No. 5-11 IMB I, p. 1051 LIS, No. 60 朴椿浩, p. 152

附表二　海洋划界协定中基线方面的考虑

续表

序号	条　约	签订日期 生效日期	界线种类	基线方面的考虑	基线效力	资料来源
47	阿根廷政府与乌拉圭政府关于普拉特河和阿根廷与乌拉圭之间海洋划界的协定	1973年11月19日 1974年2月12日	海洋边界	整个海洋划界以封口线为基础，封口线是双方同意的基线。	●	Report No. 3-2 IMB I, p. 760 LIS, No. 64
48	加拿大和丹麦关于格陵兰和加拿大之间大陆架划界的协定	1973年12月17日 1974年3月13日	大陆架	丹麦于1963年沿格陵兰岛西海岸设立直线基线。为了此次划界的目的，加拿大设立了构造线（construction lines）。1985年，加拿大宣布将该构造线作为直线基线，其他基线变得无关紧要。"由于直线基线系统的存在，……"	●	Report No. 1-1 IMB I, pp. 375-376 LIS, No. 72
49	法国和西班牙关于比斯开弯领海和毗连区划界的专约	1974年1月29日 1975年4月5日	领海和毗连区	法国的直线基线未延伸至划界海岸。西班牙尚未划定直线基线。谈判过程中使用了构造线。	—	Report No. 9-2 IMB II, p. 1722 LIS, No. 83
50	法兰西共和国政府和西班牙政府关于比斯开弯两国大陆架划界的专约	1974年1月29日 1975年4月5日	大陆架	同上	—	同上
51	日本和韩国关于建立邻接两国的大陆架北部边界的协定	1974年1月30日 1978年6月22日	大陆架	划界时日本尚未划定直线基线，韩国于1978年沿其海岸的一部分划出直线基线。这些事实没有影响边界线的位置。	○	Report No. 5-12 IMB I, p. 1051 LIS, No. 75 朴椿浩, p. 160-161

301

续表

序号	条　约	签订日期 生效日期	界线种类	基线方面的考虑	基线效力	资料来源
52	意大利和西班牙关于两国之间大陆架划界的专约	1974年2月19日 1978年11月16日	大陆架	在确定边界线中没有使用直线基线。意大利（1977年4月26日第16号法令）和西班牙（1977年8月5日第2510号法令）均在协定签订后建立直线基线。	—	Report No. 8-5 IMBⅡ，p. 1603 LIS, No. 90
53	印度和斯里兰卡关于两国同历史性水域的边界及有关事项的协定	1974年6月26日-28日 1974年7月8日	历史性水域（领水）	没有报道任何一国划定直线基线，在该区域划界中使用了正常基线。	—	Report No. 6-10（1） IMBⅡ，p. 1412 LIS, No. 66
54	德意志联邦共和国和德意志民主共和国关于吕贝克湾边界的议定书	1974年6月29日 1974年10月1日	领海	缔约双方均未在吕贝克湾主张直线基线。	—	IMBⅡ，p. 2000 LIS, No. 74
55	伊朗和阿曼关于大陆架划界的协定	1974年7月25日 1975年5月28日	大陆架	尽管伊朗和阿曼都主张了直线基线系统，这些主张似乎没有影响边界的	○	Report No. 7-5 IMBⅡ，p. 1505 Report No. 6-7
56	印度共和国政府和印度尼西亚共和国政府关于两国间大陆架划界的协定	1974年8月8日 1974年12月17日	大陆架	印度没有在尼科巴群岛附近划直线基线。连接印尼群岛基线第176号和177号基点的基线没有用作确定边界位置的终点或交点。	○	Report No. 6-6（1） IMBⅡ，p. 1365 LIS, No. 62
57	伊朗和迪拜近海边界划定协定	1974年8月31日	大陆架	伊朗主张了直线基线，但是这没有影响海洋边界的位置。阿联酋没有主张直线基线。	○	Report No. 7-8 IMBⅡ，p. 1535 LIS, No. 63

续表

序号	条约	签订日期 生效日期	界线种类	基线方面的考虑	基线效力	资料来源
58	喀麦隆和尼日利亚马鲁阿宣言	1975年6月1日 1975年6月1日	海洋边界	划界没有使用该区域的基线。	—	Report No. 4-1 IMB I，p. 842
59	冈比亚和塞内加尔共和国协定	1975年6月4日 1976年8月27日	海洋边界	划界中除考虑了正常基线以外，未考虑其他基线。由于边界以纬度的平行线为基础而非使用等距离线的方法，没有基线影响起点以外的边界的走向。	—	Report No. 4-2 IMB I，p. 850 LIS，No. 85
60	哥伦比亚政府和厄瓜多尔政府关于哥伦比亚和厄瓜多尔之间海洋边界的协定	1975年8月23日 1975年12月22日	海洋边界	厄瓜多尔于1971年宣布沿着其大陆和加拉帕戈斯群岛（Galapagos）的直线基线。哥伦比亚1984年建立了圣伊格纳西奥（Bay San Ignacio）至曼格拉茉斯角（Cape Man-glares）的直线基线。由于划界采用的方法，双方采用的直线基线似乎对划定界线没有影响。	○	Report No. 3-7 IMB I，p. 812 LIS，No. 69
61	意大利共和国和南斯拉夫社会主义联邦共和国条约	1975年11月10日 1977年4月3日	领海	"由于意大利直线基线的长度和方向，如果按照从这种直线的严格等距离来划界，则对意大利比较有利。然而，等距离将对南斯拉夫有利，从海岸开始的严格等距离线一条总体上为上述两条基线中间线的双方同意一条线的分界线。这种方法可以被称为直线基线的部分效力。"	⊙	Report No. 8-7（2） IMB II，p. 1642

续表

序号	条约	签订日期 生效日期	界线种类	基线方面的考虑	基线效力	资 料 来 源
62	印度尼西亚共和国政府和泰王国政府关于两国之间安达曼海海床划界的协定	1975年12月11日 1978年2月18日	大陆架	泰国的直线基线没有延伸到普吉岛以西因此两国因此没有影响到边界的位置。没有证据显示印尼的群岛基线影响了边界的位置。	○	Report No. 6-13 (2) IMB II, p. 1467 LIS, No. 93
63	葡萄牙和西班牙关于领海和毗连区划界的协定	1976年2月12日 未生效	领海和毗连区	签订协定时双方都没有画直线基线。领海和毗连区边界线、大陆架边界线均从协定的点开始，这些点根据经纬度坐标确定而非根据基线确定。	—	Report No. 9-7 IMB II, p. 1793
64	葡萄牙和西班牙关于大陆架划界的协定	1976年2月12日 未生效	大陆架	同上。	—	同上
65	斯里兰卡和印度关于两国之间马纳尔湾和保克湾海洋边界及有关事项的协定	1976年3月23日 1976年5月10日	海洋边界	没有国家宣布首线基线。同时，该地区没有可能影响边界位置的海湾海河或河流封口线。	—	Report No. 6-10 (2) IMB II, p. 1422 LIS, No. 77
66	毛里塔尼亚伊斯兰共和国和摩洛哥王国关于建立正式武边界的协定	1976年4月14日 1976年11月10日	大陆架	没有基线方面的考虑。	—	Report No. 4-6 IMB I, p. 886

序号	条　约	签订日期 生效日期	界线种类	基线方面的考虑	基线效力	资料来源
67	肯尼亚共和国和坦桑尼亚联合共和国关于两国之间海洋划界的换文	1976 年 7 月 9 日 1976 年 7 月 9 日	海洋边界	边界的位置只受缩约双方为划界的目的而预先确定的基线的影响。如果正常基线用以产生等距离线，那么需要首先从肯尼亚海岸和奔巴岛（Pemba）上的一个点画弧线。以正常基线为基础画这种弧线会使边界的走向向北偏移，从而使肯尼亚的专属经济区大量减少。	—	Report No. 4-5 IMB I，p. 878 LIS，No. 92
68	斯里兰卡、印度和马尔代夫关于确定三国之间马纳尔湾三联点的协定	1976 年 7 月 23 日 1976 年 7 月 31 日	三联点	印度和斯里兰卡都没有画直线基线，也没有影响确定三联点的海湾或河口封口线。无论怎样短形是否被视为马尔代夫的直线基线，划界没有使用这一短形，而使用了围绕马累环礁（Male Atoll）的暗礁低潮线。	○	Report No. 6-9 IMB II，p. 1403
69	古巴共和国和墨西哥合众国关于海域划界的换文构成的协定	1976 年 7 月 26 日 1976 年 7 月 26 日	海洋边界	划界时双方都没有在相关海岸使用了岛屿基点以外，计算等距离线的过程中似乎没有使用直线基线。	—	Report No. 2-8 IMB I，p. 570 LIS，No. 104

续表

序号	条　约	签订日期 生效日期	界线种类	基线方面的考虑	基线效力	资料来源
70	巴拿马共和国和哥伦比亚共和国关于海洋和海底区域划界及有关事项的条约	1976年11月20日 1977年11月30日	海洋边界	除了巴拿马湾的封口线，没有基线方面的考虑影响到边界的走向。	●	Report No. 2-5 IMB I，p. 526 LIS，No. 79
71	（美利坚合众国和墨西哥合众国）关于临时海洋边界协定生效的换文	1976年11月24日 1976年11月24日	海洋边界	使用了正常基线（海岸）。	—	Report No. 1-5 IMB I，pp. 432-433
72	印度和马尔代夫关于阿拉伯海洋边界及有关事项的协定	1976年12月28日 1978年6月8日	海洋边界	确定边界时印度尚未沿海岸划定直线基线，科摩林角（Cape Comorin）西北方的海岸没有封口线影响划界的海湾或河口。马尔代夫将其领土确定为矩形区域。这样一条掌线不能被视为适当的基线，因为该线的点位于海上而非环礁的低潮线上。矩形边界的任一部分都没有用于产生确定边界的等距离线	○	Report No. 6-8 IMB，p. 1393 LIS，No. 78

序号	条　约	签订日期 生效日期	界线种类	基线方面的考虑	基线 效力	资料来源
73	印度共和国政府和印度尼西亚共和国政府关于扩展两国之间安达曼海和印度洋大陆架边界的协定	1977年1月14日 1977年8月15日	大陆架	只有印尼沿着该地区的海岸划了基线，但印尼的群岛基线没有用于确定边界线。事实上，双方使用了正常基线。	○	Report No. 6-6（2） IMB II，p. 1373 LIS, No. 93
74	哥伦比亚共和国与哥斯达黎加共和国关于海洋和海底区域划界及海上合作的条约	1977年3月17日 未生效	海洋边界	条约签订时，哥伦比亚尚未公布直线基线，哥斯达黎加也未建立基线系统。缔约双方似乎没有考虑基线系统。	—	Report No. 2-1 IMB I，p. 469 LIS, No. 84
75	意大利共和国和希腊共和国关于两国大陆架区域划界的协定	1977年5月24日 1982年11月12日	大陆架	谈判时，希腊尚无直基线，意大利正计划建立一系列直线基线。意大利可能提出爱奥尼亚海岸海曲的封口线对等距离线的可能影响。希腊在1972年对第6条提出了保留。希腊认为在没有协定的情况下应使用正常基线。事实上，协定似乎没有考虑意大利的直线基线。	○	Report No. 8-4 IMB II，p. 1594 LIS, No. 96

续表

序号	条 约	签订日期 生效日期	界线种类	基线方面的考虑	基线效力	资料来源
76	丹麦王国和德意志联邦共和国关于波罗的海大陆架划界的法令	1977 年 7 月 1 日	大陆架	丹麦主张从德国在弗伦斯堡海湾(Flensburg Bay)的共同边界到阿尔斯岛(Als)的直线基线。关于直线基线对边界的影响,由于边界采用立方式建立的方法,在基线方面使用了最特殊的方法。在其 1976 年 5 月 26 日照会中,丹麦声称,可以从附图中推断,它已经考虑了丹麦 1966 年建立的基线,也考虑了"德国方面依据相同原则划定的基线"。德国的回复中并未支持丹麦关于德国基线并未因此修改。平均海平面被用作低潮线。	●	Report No. 10-1 IMB Ⅱ, p. 1919
77	海地共和国和古巴共和国关于两国之间海洋划界的协定	1977 年 10 月 27 日 1978 年 1 月 6 日	海洋边界	两国均以已划定沿海岛屿作为基点的直线基线。然而,海地的基线没有准确反映日内瓦领海公约规定的条件。海地戈纳夫海湾(Gulf of Gonave)封口线受到部分参考。古巴直线基线对边界线的影响很小。	⊙	Report No. 2-7 IMB Ⅰ, p. 556

续表

序号	条　约	签订日期 生效日期	界线种类	基线方面的考虑	基线效力	资　料　来　源
78	美利坚合众国和古巴共和国海洋边界协定	1977年12月16日 1978年1月1日	海洋边界	先从各自低潮线上的相关基点计算等距离线；再从古巴直线基线和沿美国海岸限定的构造线（hypothetical construction lines）计算等距离线；最后折中线（compromise line）穿过这两条等距离线之间，事实上平分了二者之间的区域。	⊙	Report No. 1-4 IMB I，p. 419 LIS，No. 110
79	多米尼加共和国和哥伦比亚共和国关于海洋和海底区域划界及海上合作的协定	1978年1月13日 1979年2月2日	海洋边界	哥伦比亚依据1978年8月4日第10号法律建立了直线基线，依据1984年6月13日第1436号法令确定了相关海岸上的一系列基点。边界显示出于基线上的基点并未比海岸上的基点作用更突出。多米尼加共和国依据1967年9月7日第186号法令封闭了其南部海岸的6个区域。多米尼加的基线对边界的影响为零。1977年，多米尼加依据第573号法律建立了200海里的专属经济区。该专属经济区为多米尼加单方面确定的多边形区域。哥伦比亚对多米尼加以正常基线为基础单方面将其专属经济区扩大到点P和点O予以接受。	○	Report No. 2-2 IMB I，p. 481-482

续表

序号	条　约	签订日期 生效日期	界线种类	基线方面的考虑	基线效力	资料来源
80	哥伦比亚和海地海洋划界协定	1978年2月17日 1979年2月16日	海洋边界	无法确定缔约双方使用了哪种基线来构造等距离线。海地与划界相关的海岸可以认为是由两条直线基线段构成；对哥伦比亚的海岸线，依据假定的直线基线进行了考虑。	●	Report No. 2-3 IMB I，p. 495-496
81	美利坚合众国和委内瑞拉共和国间海洋边界条约	1978年3月28日 1980年11月24日	海洋边界	除正常基线外，没有基线被考虑。在该条约中，第三国的基点被用来建立边界。	○	Report No. 2-14 IMB I，p. 696 LIS, No. 91
82	委内瑞拉共和国和荷兰王国划界条约	1978年3月31日 1978年12月15日	海洋边界	由于领海基线的缔约的过程有影响海洋基线方面不存在分歧。条约第4条提到荷属安德烈斯的3海里领海从沿岸低潮标开始测量。边界的建立也从低潮线开始测量。	—	Report No. 2-12 IMB I，p. 624
83	美利坚合众国和墨西哥合众国之间海洋边界条约	1978年5月4日 1997年11月13日	海洋边界	使用了正常基线。	—	Report No. 1-5 IMB II，p. 432-433
84	印度共和国政府和泰王国政府同安达曼海海床划界的协定	1978年6月22日 1978年12月15日	大陆架	正常基线用于确定边界。确定边界时还没有国家在该地区划出直线基线或封口线。	—	Report No. 6-11 IMB II，p. 1435-1436 LIS, No. 93

310

序号	条约	签订日期 生效日期	界线种类	基线方面的考虑	基线效力	资料来源
85	德意志民主共和国和瑞典王国关于大陆架划界的协定及议定书	1978年6月22日 1978年12月20日	海洋边界	瑞典南部尖端是其唯一没有直线基线的地区。在其最西端建立了连接马克拉本（Maklappen）和法尔斯特波列夫（Falsterborev）的直线基线，然而，这些直线基线太远而不能影响同德国的划界。沿着德国旅根岛（Ru-gen）最北部使用了低潮线；在该岛东部，阿尔科纳角（Cape Arkona）和兰佐（Ranzow）建立了直线基线封闭特龙特湾（Tromper Wiek）。这段直线基对最后一段边界线（点2和点3之间）的影响很小。	○	Report No. 10-7 IMB II, p. 2032
86	印度共和国政府、印度尼西亚共和国政府和泰王国政府关于确定三国交汇点和划定三国安达曼有关海边界的协定	1978年6月22日 1979年3月2日	大陆架三联点	协定包含的地区附近只有印尼有直线基线。尽管如此，它们没有影响边界。划界使用了群岛基线的一个基点，似乎是隆多岛（Pulau Rondo）和卡布拉岛（Kabra Islet）的低潮线用于确定等距离点。	⊙	Report No. 6-7 IMB II, p. 1381

续表

序号	条　约	签订日期 生效日期	界线种类	基线方面的考虑	基线效力	资料来源
87	土耳其共和国政府和苏维埃社会主义共和国联盟政府关于土耳其共和国和苏维埃社会主义共和国联盟之间黑海大陆架划界的协定	1978 年 6 月 23 日 1981 年 5 月 15 日	大陆架	谈判时双方都尚未主张黑海地区的直线基线。等距离线从正常基线起算。苏联在协定之后建立黑海地区的直线基线（1985 年 1 月 15 日声明）。	一	Report No. 8-10（2） IMB II，p. 1695 LIS, No. 109
88	澳大利亚和巴布新几内亚独立国关于包括名为托里斯海峡的地区在内的两国之间海峡地区主权和海洋边界及有关事项的条约	1978 年 12 月 18 日 1985 年 2 月 15 日	海洋边界	澳大利亚 1983 年才宣布直线基线。巴布亚新几内亚 1978 年划定群岛基线。"除了澳大利亚用以调整其在托里斯海峡的领海的方法外，边界线的实际位置似乎没有因为基线方面的考虑而予以调整"。	○	Report No. 5-3 IMB I，p. 932-933 朴椿浩，p. 36
89	多米尼加共和国和委内瑞拉共和国关于海洋和海底区域划界的条约	1979 年 3 月 3 日 1982 年 1 月 15 日	海洋边界	多米尼加共和国依据 1967 年 9 月 7 日的第 186 号法令宣布建立基线。这些基线封闭了一些海湾。与划界相关的基线在东面为安德烈斯湾（Andres Bay, Santo Domingo Bay）的封口线和圣多明戈湾（Ocoa Bay）封口线，在西面为奥科阿湾。海洋边界线与海湾封口线几乎平行。但是，边界线上没有确立的基线。或折点与多米尼加国家立的基线上的对应位置准确的一致。	⊙	Report No. 2-9 IMB I，p. 582-583

续表

序号	条约	签订日期生效日期	界线种类	基线方面的考虑	基线效力	资料来源
90	加拿大政府与美利坚合众国政府关于将缅因湾地区海洋划界提交有约束力的争端解决的条约	1979年3月29日 1980年11月20日	海洋边界	在双方谈判、辩论或国际法庭的判决中，基线方面的考虑不是一个问题。	—	Report No. 1-3 IMB I, p. 406
91	丹麦王国政府和挪威王国政府关于法罗群岛与挪威之间大陆架划界和法罗群岛附近渔区与挪威经济区边界的协定	1979年6月15日 1980年6月3日	海洋边界	法罗群岛和挪威都有直线基线。协定规定等距离线从领海基线开始计算。然而，边界到岛屿或岩石上的单个基点是等距离的，而不是到直线基线。	⊙	Report No. 9-1 IMB II, p. 1713
92	泰王国和马来西亚关于两国领海划界的条约	1979年10月24日 1982年7月15日	领海	边界线划定地区，海岸线相当光滑，基线问题并不重要。	○	Report No. 5-13 (1) IMB I, p. 1092 朴椿浩, p. 193
93	马来西亚和泰王国关于两国之间泰国湾大陆架划界的谅解备忘录	1979年10月24日 1982年7月15日	大陆架	"在横向边界划定中，缔约方没有必要讨论基线问题。"	○	Report No. 5-13 (2) IMB I, p. 1101 朴椿浩, p. 201
94	哥斯达黎加共和国和巴拿马共和国关于海域划界和海上合作的条约	1980年2月2日 1982年2月11日	海洋边界	似乎没有官方划出的直线基线影响划界。然而，过度简化的边界可使观察家们认为缔约双方遵循了"已经变直的"基线。	—	Report No. 2-6 IMB I, p. 542 LIS, No. 97

续表

序号	条约	签订日期生效日期	界线种类	基线方面的考虑	基线效力	资料来源
95	芬兰共和国政府和苏维埃社会主义共和国联盟政府关于芬兰湾和波罗的海东北部芬兰和苏联渔业管辖区划界的协定	1980年2月25日 1980年7月9日	渔区	基线方面的考虑毫不重要。1985年苏联才建立直线基线。由于博格斯凯尔(Bogskar)的直线基线没有在确定终点中产生多大的作用。应该注意的是，芬兰围绕博格斯凯尔划定了直线基线。	○	Report No. 10-4 (3) IMB II, p. 1982
96	法兰西共和国政府和毛里求斯政府关于留尼汪岛和毛里求斯岛之间法国和毛里求斯经济区划界的专约	1980年4月2日 1980年4月2日	经济区	法国没有宣布围绕留尼旺岛的直线基线。毛里求斯于1970年4月16日发布公告允许采用直线基线。但是，没有证据显示已经划定直线基线。因此，可以假定在确定边界的位置时只有正常基线是有效的。	○	Report No. 6-5 IMB II, p. 1356 LIS, No. 95
97	冰岛和挪威关于渔业和大陆架问题的协定	1980年5月28日 1980年6月13日	海洋边界	冰岛有起算专属经济区的直线基线，但在双方的谈判或协定中基线并非一个影响因素。	○	Report No. 9-4 IMB II, p. 1758
98	美利坚合众国和库克群岛关于美利坚合众国和库克群岛之间友好海洋划界的条约	1980年6月11日 1983年9月8日	海洋边界	双方同意在确定等距离线中使用起算其各自领海的所有可能的基点。	—	Report No. 5-5 IMB I, p. 987 LIS, No. 100 朴椿浩, p. 93
99	委内瑞拉共和国政府和法兰西共和国政府海洋划界条约	1980年7月17日 1983年1月28日	海洋边界	除正常基线外，其他基线与划界无关。	—	Report No. 2-11 IMB I, p. 608

序号	条　　约	签订日期 生效日期	界线种类	基线方面的考虑	基线 效力	资　料　来　源
100	缅甸联邦社会主义共和国政府和泰王国政府同关于两国间安达曼海海洋划界的协定	1980年7月25日 1982年4月12日	海洋边界	沿着缅甸丹那沙林海岸为直线基线，泰国该部分为正常基线。	不明	Report No. 6-4 IMB II，p. 1345 LIS，No. 102
101	新西兰和美利坚合众国关于托克劳群岛和美利坚合众国之间海洋划界的条约	1980年12月2日 1983年9月3日	海洋边界	双方决定，所有的岛屿和相关的干礁和低潮高地，有权在决定等距离线中有完全的效力。边缘干礁被用作基点。"在决定等距离线时，双方同意使用起算其各自领海的所有可能的基点。"	—	Report No. 5-14 IMB I，p. 1127 朴椿浩，p. 224
102	印度尼西亚共和国政府和巴布亚新几内亚政府关于印度尼西亚共和国和巴布亚新几内亚之间海洋边界及在有关事项上进行合作的协定	1980年12月13日 1982年7月10日	海洋边界	印度尼西亚1960年公布群岛基线。巴布亚新几内亚1977年公布群岛基线。印度尼西亚和巴布亚新几内亚的基线影响了边界线。岛屿对边界线实际位置有重大影响。	●	Report No. 5-10 IMB I，p. 1041 朴椿浩，pp. 143-144
103	巴西政府和法属圭亚那法国政府关于巴西和法属圭亚那之间海洋划界的协定	1981年1月30日 1981年1月30日	海洋边界	双方同意以海湾封口线作为基线。	●	Report No. 3-3 IMB I，p. 779

续表

序号	条　约	签订日期 生效日期	界线种类	基线方面的考虑	基线 效力	资料来源
104	圣卢西亚政府和法兰西共和国政府划界协定	1981 年 3 月 4 日 1981 年 3 月 4 日	海洋边界	两个政治实体都没有建立直线基线。马提尼克岛（Martinique）南部海岸提供了建立直线基线的可能性，但它对边界产生的影响很小。	—	Report No. 2-10 IMB I，p. 594
105	挪威-冰岛：冰岛和扬马延之间大陆架协定	1981 年 10 月 22 日 1982 年 6 月 2 日	大陆架	冰岛有起算专属经济区的直线基线，但在双方的谈判或协定中基线并非一个影响因素	○	Report No. 9-4 IMB II，p. 1758
106	印度尼西亚共和国政府和澳大利亚政府关于临时履行渔业监督与执行安排的谅解备忘录	1981 年 10 月 29 日 1982 年 2 月 1 日	渔区	在与澳大利亚谈判帝汶缺口协定基点时，印尼事实上将前葡属帝汶纳入了其群岛。澳大利亚于 1983 年确定了围绕波拿巴群岛的直线基线将该群岛与大陆连起来。不能保证在确定临时边界的一般走向或直线走向的具体位置上向边界临时起点走。边界线沿西-西向的一般参考任何基线的走向。这些基线不起作用。向北没有任何基线方面的具体考虑。	○	Report No. 6-2（4） IMB II，p. 1232
107	澳大利亚政府和法兰西共和国政府海洋划界协定 澳大利亚—法国（新喀里多尼亚）	1982 年 1 月 4 日 1983 年 1 月 9 日	海洋边界	"许多用作基点的小岛几乎不可能有任何相当长度的正常基线或者直线基线。在划界中没有提出特殊的基线方面的考虑。"	—	Report No. 5-1 IMB I，p. 907 朴椿浩，p. 10

续表

序号	条约	签订日期 生效日期	界线种类	基线方面的考虑	基线效力	资料来源
108	澳大利亚政府和法兰西共和国政府海洋划界协定 澳大利亚(赫德/麦克唐纳群岛)—法国(凯尔盖朗群岛)	1982年1月4日 1983年1月9日	海洋边界	法国于1978年1月11日直线基线设立围绕凯尔盖朗群岛(Kerguelen Islands)的直线基线。澳大利亚依赖于围绕岛屿的正常起算基线。法国直线基线在确定边界位置中未起作用。等距离线由岛屿、岩石和低潮高地的低潮线产生。	○	Report No. 6-1 IMB Ⅱ, p. 1188
109	大不列颠及北爱尔兰联合王国政府和法兰西共和国政府关于西经0度30分以东地区大陆架划界的协定	1982年6月24日 1983年2月4日	大陆架	使用了正常基线,考虑了多佛尔港的港口设施。	○	Report No. 9-3 IMBI, pp. 1741-1742
110	越南和柬埔寨历史水域协定	1982年7月7日 1982年7月7日	内水	1982年两国均宣布了新的直线基线系统。两国直线基线系统均使用了岛屿作为基点。连接柬埔寨婆罗威岛(Poulo Wai Island)和越南洪年岛(Hon Nhan Island)的线是各国直线基线的延伸。	●	Report No. 5-21 IMB Ⅲ, pp. 2359-2360
111	法兰西共和国政府和斐济政府关于两国经济区划界的协定	1983年1月19日 1984年8月21日	经济区	只有边界线的第二段(点2-点3)似乎轻微地受斐济群岛基线(点1-34-33逆时针)的影响。	⊙	Report No. 5-6 IMB Ⅰ, p. 997

续表

序号	条约	签订日期 生效日期	界线种类	基线方面的考虑	基线效力	资料来源
112	法兰西共和国政府和大不列颠及北爱尔兰联合王国政府关于海洋边界的专约	1983年10月25日 1984年4月12日	经济区/渔区	法属波利尼西亚按照低潮线划定12海里领海。英属皮特凯恩和奥埃诺岛以低潮线为基线。	—	Report No. 5-7 IMB I, p. 1005 朴椿浩, p. 110
113	摩纳哥公国政府和法兰西共和国政府海洋划界协定	1984年2月16日 1985年8月22日	海洋边界	在紧邻摩纳哥的地区法国有直线基线系统（1967年）。摩纳哥没有直线基线。法国的直线基线没有影响划界。	○	IMB II, pp. 1584-1585
114	哥伦比亚共和国和哥斯达黎加共和国关于海洋和海底区域划界及海上合作的条约	1984年4月6日 2001年2月20日	海洋边界	划等距离线时考虑了围绕哥斯达黎加科科岛（Isla del Coco）建立的基线。划界的其他部分使用了正常基线。	☉	Report No. 3-6 IMB I, p. 803
115	瑞典与丹麦关于大陆架和渔区划界的协定	1984年11月9日 1985年9月3日	海洋边界	1966年两国都建立了直线基线。一般来讲，这些直线基线用于等距离线的计算。然而，在卡特加特海峡（Kattegat）南部，瑞典反对丹麦连接赫赛尔（Hessele）的基线，丹麦反对瑞典法尔斯特波列夫（Falsterborev）。在这两个点对西兰（Sjrelland）的基线，作为妥协，缔约双方同意将这两条直线基线产生的区域一分为二	●	Report No. 10-2 IMB II, p. 1935 LIS, No. 26

续表

序号	条　约	签订日期 生效日期	界线种类	基线方面的考虑	基线效力	资　料　来　源
116	阿根廷与智利和平友好条约	1984年11月29日 1985年5月6日	海洋边界	阿根廷、智利相互承认对方的直线基线，但是直线基线事实上似乎没有影响边界的位置。	⊙	Report No. 3-1 IMB I , p. 723
117	苏维埃社会主义共和国联盟政府和芬兰共和国政府关于芬兰湾和波罗的海东北部经济区、渔区和大陆架划界的协定	1985年2月5日 1986年11月24日	海洋边界	协定签订前不久，苏联规定了位于芬兰湾的海的直线基线。缔约双方不愿为与基线有关的细节问题重开谈判。如果从当前的情况进行考虑的话，那么将会产生特殊的边界线。	○	Report No. 3-8 IMB II , pp. 1991-1992
118	哥斯达黎加共和国和厄瓜多尔海洋海底区域划界专约	1985年3月12日 未生效	海洋边界	基点设立在特定的海角和相关岛屿的其他地物上。厄瓜多尔在达尔文岛（Darwin）、平塔岛（Pinta）和赫诺韦萨岛（Genovesa）之间划定直线基线系统。但是，为了划界的目的，厄瓜多尔的200海里主张中只岛屿上的特定的点而没有使用直线基线	○	Report No. 3-8 IMB I , p. 821
119	苏维埃社会主义共和国联盟和朝鲜人民民主共和国关于划定苏-朝国家边界的条约	1985年4月17日 1990年9月3日	领海	关于划定边界，图们江河口湾两侧极其复杂的地理环境由于双方的直线基线而有利于苏联。……朝鲜似乎已经放弃其可以主张向朝鲜大陆架的一部分。如果作出这一让步以换取苏联承认朝鲜的过分直线基线，那么朝鲜得到的比让给苏联的为多。	●	Report No. 5-15（1）IMB I , pp. 1137-1138 朴椿浩, pp. 233-234

续表

序号	条约	签订日期 生效日期	界线种类	基线方面的考虑	基线效力	资料来源
120	波兰人民共和国和苏维埃社会主义共和国联盟关于波罗的海领海（领水）、经济区、渔区和大陆架划界专约	1985 年 7 月 17 日 1986 年 3 月 13 日	海洋边界	1977 年波兰重新确定了格丹斯克湾的封口线，使其长度不超过 24 海里。新封口线没有影响协定的签订。1985 年 1 月苏联建立了波罗的海的直线基线，在与波兰的划界中，苏联的直线基线没有多大影响。	○	Report No. 10-8 IMB Ⅱ，p. 2045 LIS，No. 55
121	法国和图瓦卢之间缔结关于两国间临时海洋边界协定的换文	1985 年 8 月 6 日 1985 年 11 月 5 日	海洋边界	图瓦卢虽为群岛国，但是没有标出群岛基线。法国使用了低潮线。	不明	Report No. 5-29 IMB Ⅶ，p. 4333
122	苏维埃社会主义共和国联盟和朝鲜民主主义人民共和国关于专属经济区和大陆架划界的协定	1986 年 1 月 22 日	海洋边界	朝鲜 1977 年曾主张的日本海中的直线基线连接了三个基点，其两段的总长度远远超过了 300 海里。这是苏联彼得大帝湾 107 海里封口线长度的约 3 倍。边界线受因而受双方划分其基线方式类似位置的影响。	●	Report No. 5-15（2） IMB Ⅰ，p. 1148 朴椿浩，p. 244
123	哥伦比亚和洪都拉斯海洋划界条约	1986 年 8 月 2 日 1999 年 12 月 19 日	海洋边界	划界中没有直线基线方面的考虑。两国都没有建立与划界有关的基线系统。	—	Report No. 2-4 IMB Ⅰ，p. 512
124	法兰西共和国政府和意大利共和国政府关于博尼法乔海峡地区海域划界的协定	1986 年 11 月 28 日 1989 年 5 月 15 日	领海	双方的一些直线基线影响了边界线的确定。	⊙	Report No. 8-2 IMB Ⅱ，p. 1574

续表

序号	条约	签订日期 生效日期	界线种类	基线方面的考虑	基线效力	资料来源
125	关于黑海专属经济区划界的换文	1986年12月23日 1987年2月6日	专属经济区	苏联黑海直线基线的新立法没有影响边界的位置。	○	Report No. 8-10 (3) IMB II, p. 1703
126	缅甸社会主义共和国联邦和印度共和国关于安达曼海、科科海峡和孟加拉湾海洋划界协定	1986年12月23日 1987年9月14日	海洋边界	缅甸在科科群岛附近，以及印度在安达曼群岛周围都没有划定直线基线。如果横越马达班湾（Gulf of Martaban）缅甸基线用于协定边界的严格的等距离线，那么它将位于协定边界的南面，因此有利于缅甸。印度考虑给缅甸横越马塔班（Gulf of Martaban）海湾的领海基线全效力的可能性也微乎其微。	⊙	Report No. 6-3 IMB IV, p. 2706
127	多米尼克政府和法兰西共和国政府海洋划界协定	1987年9月7日 1988年12月23日	海洋边界	划界相关的区域都没有建立直线基线系统。	—	Report No. 2-15 IMB I, pp. 709-710
128	瑞典王国政府和苏维埃社会主义共和国联盟政府关于波罗的海大陆架以及瑞典渔区和苏联经济区的划界协定	1988年4月18日 1988年6月22日	海洋边界	瑞典于1966年才建立了直线基线。苏联于1985年才建立直线基线。萨雷马岛（Saaremaa）和拉脱维亚与爱沙尼亚海岸之间的海岸划界谈判，即便在理论上这些基线有影响等距离线，但是这些影响也并不重要。	○	Report No. 10-9 IMB II, p. 2062

续表

序号	条 约	签订日期 生效日期	界线种类	基线方面的考虑	基线效力	资 料 来 源
129	利比亚阿拉伯社会主义人民民众国和突尼斯共和国关于执行突尼斯/利比亚大陆架案国际法院判决的协定	1988年8月8日 1989年4月11日	大陆架	否定了干河床（wadi）封口线在确定加贝斯湾（Gulf of Gabes）最西部点方面的关联性。另，参见本书对1982年突尼斯/利比亚大陆架划界案的分析。	○	Report No. 8-9 IMBII, pp. 1672-1673
130	所罗门群岛政府和澳大利亚政府建立某些海洋和海床边界的协定	1988年9月13日 1989年4月14日	海洋边界	所罗门群岛的英迪斯彭思波暗礁（Indispensable Reef）和澳大利亚的梅立舒暗礁得到了考虑，但影响有限。	—	Report No. 5-4 IMB I, p. 979 朴椿浩, p. 85
131	丹麦王国和德意志民主共和国关于大陆架和渔区划界的条约	1988年9月14日 1989年6月14日	海洋边界	该地区的平均海平面被用来确定基线。1966年用麦建立了详尽的直线基线。1964年德意志民主共和国建立了直线基线，1969年确定了坐标。在可适用的地方，这些基线系统被用于计算海界线。	●	Report No. 10-11 IMB II, p. 2090
132	大不列颠及北爱尔兰联合王国和法兰西共和国关于多佛尔海峡领海划定的协定	1988年11月2日 1989年4月6日	领海	不明	—	Report No. 9-3 IMBI, pp. 1741-1742
133	大不列颠及北爱尔兰联合王国政府和爱尔兰共和国政府关于两国之间大陆架区域的划界协定	1988年11月7日 1990年1月11日	大陆架	在相关地区，没有考虑双方海岸的封口线和直线基线。这是为了达成一个双方都能接受的解决方案及方案（突尼斯/利比亚、利比亚/马耳他），在这些案件当中法庭忽略直线基线而采用陆地上的点。	○	Report No. 9-5 IMB II, p. 1770

续表

序号	条 约	签订日期 生效日期	界线种类	基线方面的考虑	基线效力	资料来源
134	坦桑尼亚联合共和国政府和莫桑比克人民共和国政府关于坦桑尼亚/莫桑比克边界的协定 关联：2011年12月5日协定	1988年12月28日	海洋边界	起算领海的基线由缔约双方约定的内水约的外部界限和缔约的内水的外部界限由横越鲁伍马湾（Ruvuma Bay）湾口的直线来划定。点B为划定内水外部界限的直线的中点。	⊙	Report No. 4-7 IMB I，p. 895
135	巴布亚新几内亚独立国和所罗门群岛关于两国之间主权、海洋和海床边界及任有关事项上进行合作的条约	1989年1月25日	海洋边界	"巴布亚新几内亚的群岛直线基线是用一条单一线将所有岛屿领土封闭的，而所罗门群岛的直线基线则将其岛归为五个大小不同的群岛区。……如果没有这些群岛直线基线，双方之间的海洋划界将需要许多折点，影响其实际位置，直线基线的某些段将没有然而，如上所述，直线基线被给于这完全的效力。"	⊙	Report No. 5-16 IMB I，p. 1158 朴椿浩，p. 253
136	瑞典王国和波兰人民共和国关于大陆架和渔区划界的协定	1989年2月10日 1989年6月30日	海洋边界	波兰使用低潮线。哥得兰（Gotland）岛，瑞典于1966年建立了直线基线。于特岛（Utklippan）岛群上的两个点很重要，但是这些基线没有影响划界进程。只有其直线基线，但是上南部凸起很重要。总体来说，有岛上南部的基线长度很短而且与海岸的一般方向十分一致这一事实，直线基线对领海外部界限及对划界方向的影响就很小了。	○	Report No. 10-10 IMB II， pp. 2080-2081

续表

序号	条约	签订日期生效日期	界线种类	基线方面的考虑	基线效力	资料来源
137	德意志民主共和国和波兰人民共和国关于奥得湾海域划界的条约	1989年5月22日 1989年6月13日	海洋边界	1964年，德意志民主共和国声明了直线基线，1969年由坐标确定。与划界有关的只是将旅根岛（Rugen）和格赖夫斯瓦尔德岛（Greifswalder Oie）与大陆连接起来的这一部分。但是，它对1989年条约没有实质上的影响	○	Report No. 10-6（1）IMB II，p. 2012
138	瑞典王国政府、波兰人民共和国政府和苏联政府关于在波罗的海洋边界联结点的协定	1989年6月30日 1990年5月10日	海洋边界联结点	基线的考虑似乎并不重要。	○	Report No. 10-12 IMB II，p. 2100
139	特立尼达和多巴哥共和国政府与委内瑞拉共和国政府关于海上和海底区域划界的协定（第一阶段）关联：1990年4月18日条约	1989年8月4日 1991年7月23日失效	海洋边界	直线基线在边界的构建过程中不起作用。然而，与特立尼达和多巴哥、委内瑞拉和圭亚那三国交汇的海域唯一可能相关的直线基线，是依据委内瑞拉1968年7月9日第1152号法令穿过奥里诺科河（Orinoco）三角洲的基线。	○	Report No. 2-13（2）IMB I，pp. 663-664
140	澳大利亚和印度尼西亚共和国关于印度尼西亚东帝汶省和澳大利亚北部区域之间合作区的条约	1989年12月11日 1991年2月9日	共同开发	印度尼西亚在帝汶岛东端外的群岛基线被用来产生简化的等距线。等距线显示为点为A16以南A区的东部边界。	⊙	Report No. 6-2（5）IMB II，p. 1251

续表

序号	条　约	签订日期 生效日期	界线种类	基线方面的考虑	基线效力	资　料　来　源
141	特立尼达和多巴哥共和国与委内瑞拉共和国间关于海洋和海底区域划界的条约	1990年4月18日 1991年7月23日	海洋边界	由于政治、战略和历史方面的考虑，缔约双方与主义那的三联点的潜在效力，及依据委内瑞拉1968年穿过奥里诺科（Orinoco）河口的基线需要注意或不注意的事项都完全无效了。	○	Report No. 2-13（3）IMB I, pp. 680-681
142	美利坚合众国和苏维埃社会主义共和国联盟海洋边界协定	1990年6月1日 1990年6月15日	海洋边界	协定没有反映或认可任何一国依据国际法的基线实践或理论。	○	Report No. 1-6 IMB I, p. 451
143	库克群岛政府和法兰西共和国政府关于海洋划界的协定	1990年8月3日 1990年8月3日	海洋边界	划界用正常基线。	—	Report No. 5-18 IMB I, p. 1177 朴椿浩, p. 270
144	比利时王国政府和法兰西共和国政府关于领海划界的协定	1990年10月8日	领海	在比利时和法国相关的海岸没有直线基线或海湾封口线。比利时认为低潮标志是大陆架划线的基线适用的基线。	—	Report No. 9-16 IMB II, p. 1894
145	比利时王国政府和法兰西共和国政府关于大陆架的划界协定	1990年10月8日 1999年4月7日	大陆架	同上。	—	同上
146	所罗门群岛和法兰西共和国关于所罗门群岛和新喀里多尼亚之间海洋划界的协定	1990年11月12日 1990年11月12日	海洋边界	划界中使用了正常基线，即便所罗门群岛已经在岛群中划定了群岛基线。	○	Report No. 5-17 IMB I, p. 1169 朴椿浩, p. 263

续表

序号	条约	签订日期 生效日期	界线种类	基线方面的考虑	基线效力	资 料 来 源
147	大不列颠及北爱尔兰联合王国政府和比利时王国政府关于两国间大陆架划定的协定	1991 年 5 月 29 日 1993 年 5 月 14 日	大陆架	比利时和没有直线基线或海湾封口线。泰晤士河口是法律上的海湾，但是该谈判中没有参考或使用该海湾封口线。双方的基点均为低潮标。	○	IMB Ⅱ，p. 1904
148	马来西亚和越南社会主义共和国在两国大陆架的特定区域勘探开发石油的谅解备忘录	1992 年 6 月 5 日 1992 年 6 月 5 日	共同开发	越南的直线基线没有起到作用。	○	Report No. 5-19 IMB Ⅲ，p. 2337
149	大不列颠及北爱尔兰联合王国政府和法兰西共和国政府关于紧邻海峡群岛和法国科唐丁半岛海岸的渔民活动的换文	1992 年 7 月 10 日 1992 年 7 月 10 日	渔业	在该地区双方都没有划定直线基线。由于考虑了岩石的存在，横越法国 Anse de Vauville 的海湾封口线与划界点无关。这些岩石用作划界的基点。	○	Report No. 9-3 (5) IMB Ⅲ，p. 2474
150	1988 年 11 月 7 日签订于都柏林的大不列颠及北爱尔兰联合王国政府和爱尔兰共和国政府关于两国之间大陆架区域的划界协定的补充协定书	1992 年 12 月 8 日 1993 年 3 月 26 日	大陆架	爱尔兰和英国在相关海岸均使用了正常基线。	—	Report No. 9-5 (2) IMB Ⅲ，p. 2491

序号	条　　约	签订日期 生效日期	界线种类	基线方面的考虑	基线 效力	资料来源
151	阿尔巴尼亚共和国和意大利共和国确定两国各自大陆架界限的协定	1992 年 12 月 18 日 1999 年 2 月 26 日	大陆架	意大利依据 1977 年 4 月 26 日第 816 号法令设立该地区的直线基线。阿尔巴尼亚依据 1970 年 3 月 9 日第 4650 号法令建立封闭海湾的直线基线，并经 1990 年 3 月 24 日第 7366 号法令修改。该直线基线能够忽略影响等距离线的方向。谈判中意大利坚持忽略所有直线基线系统的影响，阿尔巴尼亚同意了意大利的立场。	○	Report No. 8-11 IMB Ⅲ，p. 2450
152	佛得角共和国和塞内加尔共和国海洋划界条约 关联：2003 年 9 月 19 日条约	1993 年 2 月 17 日	海洋边界	双方一系列基线的坐标列于条约的附录中。条约中使用了佛得角 1992 年 12 月 10 日的（群岛）基线。该条约似乎是第一个包含对基线进行确定并规定基线依据 1982 年公约进行划定的条约。然而，除了划界的点到点基线上最近点的距离相等外，似乎没有基线用于产生等距离线特征的有力的证据。	⊙	Report No. 4-8 IMB Ⅲ，p. 2283

续表

序号	条约	签订日期 生效日期	界线种类	基线方面的考虑	基线效力	资料来源
153	美利坚合众国政府和大不列颠及北爱尔兰联合王国政府关于位于加勒比海的波多黎各/美属维尔京群岛和英属维尔京群岛海洋划界的条约	1993年11月5日 1995年6月1日	海洋边界	不存在与划界有关的特殊的基线或封口线。美国方面，波多黎各和美属维尔京群岛的基线均影响了等距离线的计算。	—	Report No. 2-16 IMB III, p. 2163 LIS, No. 115
154	美利坚合众国政府和大不列颠及北爱尔兰联合王国政府关于位于加勒比海的美属维尔京群岛和安圭拉岛海洋划界的条约	1993年11月5日 1995年6月1日	海洋边界	不存在影响划界的直线基线或封口线，用来计算等距离线的基线是英属岛的平均低潮线。	—	Report No. 2-17 IMB III, p. 2173 LIS, No. 115

续表

序号	条　约	签订日期 生效日期	界线种类	基线方面的考虑	基线效力	资料来源
155	牙买加和哥伦比亚共和国海洋划界条约	1993 年 11 月 12 日 1994 年 3 月 14 日	海洋边界	该条约基线方面的考虑揭示了一个很特殊的情况：第三国海地被不自觉地包含其中。在划界区域的西部，没有关于各方的直线基线方面的考虑。联合管理区（JRA）东南部尖端成为点 1。点 1 向东延伸与哥伦比亚和海地之间的划界汇合，哥伦比亚本土基线的影响变得明显起来，尤其是从点 3 开始，随着点 3 到点 4 产生测地线。1978 年协定中基线方面的考虑与此次划界相关，对使用牙买加本土莫兰特尖端（Morant Point）而非莫兰特群岛（Morant Cays）的重视当然相关。哥伦比亚基线 5-6 段用于产生边界上的点 4。点 4 正是 1978 年哥伦比亚-海地协定的点 1。到牙买加莫兰特群岛的三方等距离使该点南移约 12 海里，赋予牙买加在实际边界线以南约 1000 平方海里的潜在优势。	⊙	Report No. 2 -18 IMBⅢ, pp. 2192-2193

329

续表

序号	条约	签订日期生效日期	界线种类	基线方面的考虑	基线效力	资料来源
156	牙买加政府和古巴共和国政府关于两国之间海洋划界的协定	1994年2月18日 1995年7月18日	海洋边界	不存在与等距离划界相关的特殊的基线方面的考虑。等距离划界线的划定以牙买加岛的正常基线和古巴的直线基线系统为基础。同时，这种差异对边界线的影响很小。	⊙	Report No. 2-19 IMBⅢ, pp. 2209-2210
157	芬兰政府和瑞典王国关于亚兰海和波罗的海北部芬兰大陆架和渔区与瑞典经济区之间划界的协定	1994年6月2日 1995年7月30日	海洋边界	芬兰于1956年建立直线基线。瑞典于1966年建立直线基线。1995年采用每30年更新其基点的政策。1995年至2024年，新调整的基点计划覆盖没有影响。新基线对边界上点130、131和132的位置与协定中点3/2和1分别一致。	⊙	Report No. 10-13 IMB Ⅲ, pp. 2544-2546
158	马来西亚政府和新加坡共和国政府依据海峡殖民地和柔佛1927年领水协定精确划定领水边界的协定	1995年8月7日 1995年8月7日	领海	由于划界是以海底地形为基础的，海峡地区相向海岸线的基线并不重要。	○	Report No. 5-20 IMBⅢ, p. 2347
159	丹麦王国和挪威王国关于扬马延划界和格陵兰之间大陆架划界和渔区边界的协定	1995年12月18日 1995年12月18日	海洋边界	格陵兰和扬马延沿岸都有直线基线系统。然而，直线基线的存在没有影响本案件的结果。	○	Report No. 9-9 IMBⅢ, p. 2515

续表

序号	条约	签订日期 生效日期	界线种类	基线方面的考虑	基线效力	资料来源
160	大不列颠及北爱尔兰联合王国政府和法兰西共和国政府关于安圭拉为一方，圣马丁和圣巴泰勒米为另一方的海洋划界协定	1996年6月27日 1997年1月30日	海洋边界	双方都没有在该地区划定直线基线系统。该地区没有法律上的海湾。双方的基点均为各自海岸上各种地物的低潮标。	—	Report No. 2-20 IMB Ⅲ，p. 2221
161	大不列颠及北爱尔兰联合王国政府和法兰西共和国政府关于蒙特塞拉特和瓜德罗普的海洋划界协定	1996年6月27日 1997年1月30日	海洋边界	双方都没有在该地区划定直线基线系统。该地区没有法律上的海湾。双方的基点均为各自海岸上各种地物的低潮标。	—	Report No. 2-21 IMB Ⅲ，p. 2228
162	爱沙尼亚共和国和拉脱维亚共和国关于里加湾、伊尔贝海峡和波罗的海的海洋划界的协定	1996年7月12日 1996年10月10日	海洋边界	爱沙尼亚于1993年建立了直线基线。爱沙尼亚直线基线设有作为确定该地区海洋边界的基础。应注意的是，尽管拉脱维亚没有正式主张直线基线，但是其允许在划界过程中依据直线基线。点9位于爱沙尼亚鲁赫努岛（Luhnu）和到连接拉科尔卡角（Cape Kolka）和摩斯拉格斯（Mersrags）的构造线为等距离。爱沙尼亚和拉脱维亚依据前苏联1985年直线基线的一段来确定该湾西部通道的自然入口点。缔约双方接受该基线段为可接受的出发点。	●	Report No. 10-15 IMBⅣ，pp. 3006-3008

331

续表

序号	条约	签订日期 生效日期	界线种类	基线方面的考虑	基线效力	资料来源
163	大不列颠及北爱尔兰联合王国政府和多米尼加共和国政府关于多米尼加共和国与特克斯和凯科斯群岛之间海洋划界的协定	1996年8月2日	海洋边界	多米尼加共和国依据《公约》沿其北部海岸划定了直线基线。特克斯和凯科斯群岛（Turks and Caicos Islands）沿其部分海岸依据《领海和毗连区公约》设立了直线基线。直线基线在双方考虑直线基线的边界协定中没有考虑对等距离线的构造起很小的作用。	○	Report No. 2-22 IMB Ⅲ, p. 2238
164	爱沙尼亚共和国和芬兰共和国关于在芬兰湾和北波罗的海海域边界线的协定	1996年10月18日 1997年1月7日	海洋边界	前苏联的1985年直线基线在芬兰停顿下来，基线遵循低潮线一段距离，并将上述低潮线部分改为直立了直线基线。由于各种原因的限制，该直线基线很难对边界产生根本性的影响。波兰采用斯特纳角（Cape Ristna）停顿下来。爱沙尼亚于1993年建每30年更新其基点的政策。1995年至2024年，即便芬兰两岸的国家的基线发生了明显的变化，但是由于芬兰和前苏联缔结的协定，这些变化对划界本身产生的影响很小。的基点计划覆盖芬	○	Report No. 10-16 IMB Ⅳ, pp. 3029-3031
165	比利时王国和荷兰王国关于领海划界的协定	1996年12月18日 1999年1月1日	领海	划界协定中没有以任何方式使用荷兰的河口封口线。荷兰接受在划界中将比利时利用的永久性海港设施作为基点	○	Report No. 9-21 IMB Ⅳ, pp. 2928-2929

续表

序号	条约	签订日期 生效日期	界线种类	基线方面的考虑	基线效力	资料来源
166	比利时王国和荷兰王国关于大陆架划界的协定	1996年12月18日 1999年1月1日	海洋边界	双方均采用了正常基线，即 mean lower low water springs。	○	Report No. 9-21 IMB IV, pp. 2928-2929
167	澳大利亚联邦政府和印度尼西亚共和国政府建立专属经济区边界和某些海床边界的条约	1997年3月14日	海洋边界	在决定各种边界点，被印尼群岛基线和澳大利亚直线基线连接的突出点是有重要作用的。在确定边界点时并不涉及基线本身。	⊙	Report No. 6-2 (6) IMB IV, p. 2706
168	爱沙尼亚共和国政府、拉脱维亚共和国政府和瑞典王国政府关于海洋边界点的协定	1997年4月30日 1998年2月20日	海洋边界联结点	瑞典于1966年建立了直线基线，爱沙尼亚于1993年建立直线基线。这些基线对海洋边界没有重要影响。由于爱沙尼亚和拉脱维亚对海洋依据前苏联1985年直线基线的一段来确定里加湾西部通道的自然入口点，该段线段也用于确定爱沙尼亚和拉脱维亚两国海域与瑞典海域外部界限相交的终点。三个国家接受该线段作为可接受的出发点。	○	Report No. 10-17 IMB IV, pp. 3048-3049
169	美利坚合众国政府和纽埃岛政府海洋划界条约	1997年5月13日 2014年10月7日	海洋边界	在影响划界的地区没有直线基线，用于计算等距离线的基线是平均低潮线。	—	Report No. 5-22 IMB IV, p. 2676

续表

序号	条 约	签订日期 生效日期	界线种类	基线方面的考虑	基线效力	资料来源
170	泰王国政府和越南社会主义共和国政府关于两国在泰国湾的海洋划界的协定	1997年8月9日 1997年12月27日	海洋边界	任何一方都未确定这一地区的基线。	—	Report No. 5-23 IMB IV, p. 2688
171	立陶宛共和国和俄罗斯联邦关于专属经济区和大陆架划界的条约	1997年10月24日 2003年8月12日	海洋边界	俄罗斯联邦尚未在加里宁格勒建立直线基线。1992年6月25日立陶宛共和国国家边界法第4条规定采用连接两个最外部点的直线基线。1994年政府决议规定了这两个最外部点的坐标。然而，这条基线没有影响边界协议	○	Report No. 10-18 (1) IMB IV, pp. 3065-3066
172	立陶宛共和国和俄罗斯联邦关于立陶宛-俄罗斯国界的条约	1997年10月24日 2003年8月12日	领海	直线基线没有影响边界划定。	○	Report No. 10-18 (2) IMB IV, p. 3080
173	1980年5月28日冰岛和挪威关于渔区和大陆架问题的协定以及由此产生的1981年10月22日扬马延和冰岛之间大陆架协定的补充议定书	1997年11月11日 1998年5月27日	海洋边界	在谈判中基线方面的考虑是不相关的。	○	Report No. 9-4 (2) IMB IV, p. 2906

续表

序号	条约	签订日期 生效日期	界线种类	基线方面的考虑	基线效力	资料来源
174	丹麦王国政府和格陵兰地方政府为一方，冰岛共和国为另一方，关于格陵兰和冰岛之间区域大陆架和渔区划界的协定	1997年11月11日 1998年5月27日	海洋边界	1975年建立渔区时冰岛沿本土海岸划定直线基线。在1979年建立经济区的立法中，冰岛明确参考了岛屿的低潮线，包括克尔本塞岛（Kolbeinsey），格利姆塞岛（Grimsey）和赫瓦尔巴尔岛（Hvalbakur）。克尔本塞岛和格利姆塞岛在直线基线系统之外。围绕冰岛和格陵兰的直线基线在该谈判中并非一个重要因素。	○	Report No. 9-22 IMBIV，p. 2947
175	1995年12月18日挪威王国和丹麦王国关于扬马延和格陵兰之间大陆架和渔区边界划界协定的补充议定书	1997年11月11日 1998年5月27日	海洋边界	在补充议定书中基线方面的考虑并不重要。	○	Report No. 9-19 (2) IMBIV，p. 2915
176	以丹麦王国政府和格陵兰地方政府为另一方，冰岛共和国政府为一方，关于划分格陵兰和冰岛之间大陆架和渔区边界的协定	1997年11月11日 1998年5月27日	海洋边界	在谈判中，冰岛和格陵兰岛周围的直线基线并不是重要因素。	○	Report No. 9-22 IMBIV，p. 2974

续表

序号	条约	签订日期 生效日期	界线种类	基线方面的考虑	基线效力	资料来源
177	土耳其共和国和保加利亚共和国关于穆特拉克代雷/雷兹瓦亚河河口地区划界和两国黑海海域划界的协定	1997年12月4日 1998年11月4日	海洋边界	在贝根迪克/雷佐沃海湾（Begendik/Rezovo Bay）使用了封口线。这条封口线将内水同两国的领海分开。	●	Report No. 8-13 IMBIV, p. 2874
178	爱沙尼亚共和国政府和瑞典王国政府关于在波罗的海的海域划界协定	1998年11月2日 2000年7月26日	海洋边界	瑞典和爱沙尼亚的直线基线对划界没有影响瑞典和前苏联划定的海洋边界线。爱沙尼亚的新直线基线对划界没有影响。	○	Report No. 10-19 IMBIV, p. 3097
179	丹麦王国政府和法罗群岛地方政府为一方，大不列颠及北爱尔兰联合王国政府和联合王国之间区域海洋划界的协定	1999年5月18日 1999年7月21日	海洋边界	1964年英国依据1958年《领海和毗连区公约》划定从苏格兰本土到赫布里底群岛（Hebrides）的直线基线，但是这些基线没有影响苏格兰和法罗群岛之间等距离线的划定。依据1963年皇家法令，法罗群岛划定直线基线。然而，英国在划定其渔业界限时没有使用弗格洛伊（Fugloy）到蒙克岛（Monk）的直线基线。这些基线被丹麦当局用于确定到设得兰群岛海岸的界限。在协定中，这些直线基线如果不是被全部使用的，它们被部分使用。	⊙	Report No. 9-23 IMBIV, p. 2963

续表

序号	条约	签订日期 生效日期	界线种类	基线方面的考虑	基线效力	资料来源
180	赤道几内亚共和国同圣多美和普林西比民主共和国关于海洋边界划界条约	1999年6月26日 临时生效	海洋边界	圣多美和普林西比最初使用群岛基线来建造第1/98号法律规定的等距线。在某些地区，特别是普林西比岛东南，群岛基线上的点，控制着等距线的位置。在自然特征上的点（而不是普林西比岛东南和普林西比之间的折中方案。赤道几内亚与圣多美和普林西比在谈判过程中，形成了赤道几内亚与圣多美和普林西比各自等距线之间被搁置。这些等距线在该判之中考虑从圣多美和普林西比群岛基线的基础上发展来的等距线，而圣多美和普林西比愿意在赤道几内亚关注的关键地区作出调整，尤其是在两条等距线终点的位置上。	⊙	Report No. 9-23 IMBⅣ, pp. 2649-2650
181	拉脱维亚共和国和立陶宛共和国关于波罗的海的海领海、专属经济区区和大陆架划界的协定	1999年7月9日	海洋边界	拉脱维亚没有主张该地直线基线。1992年6月25日立陶宛共和国国家边界法第4条规定采用连接该两个最外部点的直线基线。1994年政府协议规定了这两个最外部点的坐标。然而，立陶宛的直线基线似乎对边界的位置没有直接的影响	○	Report No. 10-20 IMBⅣ, pp. 3116-3117

续表

序号	条　约	签订日期 生效日期	界线种类	基线方面的考虑	基线效力	资料来源
182	澳大利亚政府和联合国东帝汶过渡政府（UNTAET）关于1989年12月11日《澳大利亚和印度尼西亚共和国关于印度尼西亚东帝汶省和澳大利亚北部之间区域的合作区的条约》继续执行的换文 澳大利亚政府和代表东帝汶的联合国东帝汶过渡政府（UNTAET）关于东帝汶缺口条约安排的谅解备忘录	2000年2月10日 2000年2月10日	共同开发	基线方面的考虑没有影响联合国东帝汶过渡政府同澳大利亚对这些条约的谈判。	○	Report No. 6-15 IMBIV，p. 2759
183	美利坚合众国政府与墨西哥合众国政府关于位于西墨西哥湾的200海里以外大陆架划界的条约	2000年6月9日 2001年1月17日	外大陆架	正常基线被用以确定等距离线，任何一方都没有主张沿着墨西哥湾西部的直线基线。	—	Report No. 1-5（2） IMBIV，p. 2624

续表

序号	条约	签订日期 生效日期	界线种类	基线方面的考虑	基线效力	资料来源
184	阿曼苏丹国和巴基斯坦伊斯兰共和国关于海洋划界的马斯喀特协定	2000年6月11日 2000年11月21日	海洋边界	阿曼和巴基斯坦分别于1982和1996年宣布了直线基线。紧邻拉斯哈德（Ra's al Hadd）地区没有直线基线，因此正常基线用以产生海岸划定了直线基线。巴基斯坦沿着整个海岸划定了直线基线。直线基线段似乎没有用以产生等距离线。然而，这些点紧邻拉斯吉瓦尼（Ras Jiwani），拉斯纽（Ras Nuh）和船帆礁（Sail Rock）。	⊙	Report No. 6-17 IMBIV，p. 2813
185	沙特阿拉伯王国和也门共和国最终和永久边界条约	2000年6月12日 2000年7月9日	海洋边界	沙特阿拉伯和也门都为建立直线基线进行了立法。但是，两国都没有划定具体的直线基线。基线方面的考虑似乎没有影响最终的海洋边界。然而，第二段边界线的原因可能与对法律制度的关注有关，这些法律制度可能被包含在直线基线系统中。	⊙	Report No. 6-16 IMBIV，p. 2802

续表

序号	条　约	签订日期 生效日期	界线种类	基线方面的考虑	基线效力	资料来源
186	沙特阿拉伯王国和科威特国关于毗邻两国的水下区域划界区域的协定	2000年7月2日 2001年1月30日	大陆架	沙特和科威特特区采用了这种实践：侧向等距离线从大陆海岸的近海的低潮线开始确定。事实上，协定第1条规定的分界线即是如此；第2条明确规定等距离线依据大陆海岸的低潮线确定。这一方法同样用以确定沙特阿美石油公司特许区域的北部界限，特许区域标志着近海中立海域的南部界限，即便等距离的计算于1963年并非依据那时的海图，等距离线为简化的等距离线。	○	Report No. 7-12 IMB IV, pp. 2831-2832
187	大不列颠及北爱尔兰联合王国政府和法兰西共和国政府关于建立法国和泽西岛之间海洋边界的协定	2000年7月4日 2004年1月1日	领海	法国的直线基线没有影响边界的走向。英国在该地区没有直线基线。划界考虑了该地区的正常基线，但忽略了许多点，以减少或消除小型地物在划定等距离线中的扭曲作用（distorting effect）。	○	Report No. 9-24 IMB IV, pp. 2986-2987
188	尼日利亚联邦共和国和赤道几内亚共和国关于两国海洋边界的条约	2000年9月23日 2002年4月3日	海洋边界	基线方面的考虑与边界的确定无关。	○	Report No. 4-9 IMB IV, p. 2661

续表

序号	条　　约	签订日期 生效日期	界线种类	基线方面的考虑	基线 效力	资　料　来　源
189	中华人民共和国和越南社会主义共和国关于两国在北部湾领海、专属经济区和大陆架的划界协定	2000 年 12 月 25 日 2004 年 6 月 30 日	海洋边界	两国都宣布了直线基线系统。即便如此，越南未在北部湾设立直线基线，中国除了在海南岛东部海湾以外也未在北部湾南岛的直线基线。协定没有指出中国海南岛的直线基线。邹克渊推测：少部分协议边界似乎受中国海南岛直线基线的影响。	⊙	Report No. 5-25 IMB Ⅴ, p. 3750
190	瑞典王国政府、爱沙尼亚共和国政府和芬兰共和国政府关于波罗的海同海洋边界点的协定	2001 年 1 月 16 日 2001 年 8 月 12 日	海洋边界联结点	缔约三方均有直线基线。只有爱沙尼亚里斯特纳灯塔（Ristna lighthouse）附近的基线可能对联结点的位置有影响。然而，基线对联结点的影响很小。	○	Report No. 10-21 IMB Ⅳ, p. 3133
191	法兰西共和国政府和塞舌尔共和国政府关于法国塞舌尔专属经济区和大陆架划界的协定	2001 年 2 月 19 日 2001 年 2 月 19 日	海洋边界	两国使用了沿四个相关地物的正常基线。只有三个等距离点预示着并非每个正常基线上的相关点都被使用了。	—	Report No. 6-18 IMB Ⅴ, p. 3788

续表

序号	条　　约	签订日期 生效日期	界线种类	基线方面的考虑	基线 效力	资 料 来 源
192	尼日利亚联邦共和国与圣多美和普林西比民主共和国关于两国专属经济区内石油和其他资源共同开发的条约	2001年2月21日 2003年1月16日	共同开发	1998年3月11日关于领海和专属经济区划界的第1/98号法律第2条中，圣多美和普林西比宣布为群岛国，由直线连结两个主岛和其他小岛和礁石最外部的点构成。这一群岛基线对圣多美和普林西比领海外部界限的位置影响深远，对专属经济区主张的影响相对较小。即便有主要影响的西北部的群岛基线位于尼日利亚海岸相向的位置，由基线产生的圣多美和普林西比的等距离线跟由自然地物产生的等距离线几乎相同。最终圣多美和普林西比的群岛基线（与其岛屿海岸不同）用于计算等距离线，等距线最终被采用为该区域的西北边界。因为由此产生的等距线与以单个岛屿海岸为基础的等距线之间，差别是很小的。	⊙	Report No. 4-10 IMB Ⅴ, p. 3644

342

续表

序号	条　约	签订日期 生效日期	界线种类	基线方面的考虑	基线效力	资料来源
193	加蓬共和国与圣多美和普林西比民主共和国关于海洋划界的协定	2001年4月26日	海洋边界	在计算等距离线的过程中这两个国家都参考了各自的直线基线：圣多美和普林西比方面，其基线为群岛基线；加蓬方面，其于1992年宣布了直线基线。加蓬宣布了直线基线。然而，即便存在这些疑问，缔约双方同意在计算两国之间的等距离线（用作海洋边界）的过程中记录各自的基线并考虑这些基线，就像这些基线完全符合国际法一样。需要更多的详细分析来判断等距离线的哪些部分是由直线基线上的基点来确定的，这些基点不同于地理特征上的基点本身。	●	Report No. 4-11 IMB V，p. 3683
194	柬埔寨皇家政府和泰国皇家政府关于大陆架主张重叠区的谅解备忘录	2001年6月18日 2001年6月18日	大陆架	即便柬埔寨和泰国都宣布了直线基线，反映两国大陆架主张的"重叠区域"没有考虑直线基线。	○	Report No. 5-24 IMB V，p. 3739

续表

序号	条　　约	签订日期 生效日期	界线种类	基线方面的考虑	基线效力	资料来源
195	洪都拉斯共和国政府和大不列颠及北爱尔兰联合王国政府关于开曼群岛和洪都拉斯共和国之间海域划界的条约	2001年12月4日 2002年3月1日	海洋边界	开曼群岛没有直线基线。洪都拉斯依据2000年3月的执行法令全加勒比海岸大部分划定了直线基线。直线基线对划界没有影响。双方的基点为各自海岸上各种地物的低潮标。	○	Report No. 2-23 IMB V，p. 3567
196	坦桑尼亚联合共和国政府与塞舌尔共和国政府关于专属经济区和大陆架划界的协定	2002年1月23日 2002年1月23日	海洋边界	两国使用了沿两个相关地物的正常基线。	○	Report No. 6-19 IMB V，p. 3798
197	突尼斯共和国和阿尔及利亚人民民主共和国海洋划界临时安排协定	2002年2月11日 2003年11月22日	海洋边界	在确定 P3 点时考虑了建于 1984 年的阿尔及利亚直线基线，P3 点是 52 海里的阿尔及利亚海区的外部区的相交点。突尼斯的直线基线与划界区域不相关。	⊙	Report No. 8-16 IMB V，p. 3931
198	东帝汶民主共和国政府和澳大利亚政府关于帝汶海地区石油勘探开发安排的换文 东帝汶政府和澳大利亚政府帝汶海条约	2002年5月20日 2003年4月2日	共同开发	澳大利亚的直线基线和印尼的群岛基线在构造界限中不起作用。	○	Report No. 6-20（1）（2） IMB V，p. 3816

续表

序号	条约	签订日期 生效日期	界线种类	基线方面的考虑	基线效力	资料来源
199	安哥拉共和国政府和纳米比亚共和国政府安哥拉和纳米比亚海洋划界条约	2002年6月4日	海洋边界	条约没有参考任何国家的基线制度。由于缔约双方没有宣布有直线基线，只能认为边界由依据1982年公约的低潮线构成。	—	Report No. 4-13 IMB V, p. 3714
200	塞浦路斯共和国和埃及专属经济区划界协定	2003年2月17日 2004年3月7日	专属经济区	两国都建立了直线基线（塞浦路斯于1993年，埃及于1990年）。从第1（a）款可以推断在确定边界线中考虑了两国的直线基线，然而考虑到相关海岸的地理特征，直线基线到到相关基线到明显在影响等距离。基线似乎没有在明显程度上影响等距离界线的建立。	○	Report No. 8-15 IMB IV, p. 3920
201	越南社会主义共和国政府和印度尼西亚共和国之间关于大陆架划界的协定	2003年6月26日 2007年5月29日	大陆架	印度尼西亚从1960年起宣布了8000千米的群岛基线系统。这一基线主张经过1998年，2002年和2008年等修正。经过以上修正，印尼着眼使其基线系统符合1982年海洋法公约和国际法院关于（西巴丹岛和利吉丹岛）两岛主权的2002年判决。该协定没有参考任何一国的直线基线。两国用以构造基线的基点似乎被用于确定划界线。而沿着基线的点本身似乎是无关的。	⊙	Report No. 5-27 IMB VI, pp. 4308-4309

续表

序号	条约	签订日期 生效日期	界线种类	基线方面的考虑	基线效力	资料来源
202	新西兰政府和法兰西共和国政府关于瓦利斯和富图纳与托克劳之间海洋划界的协定	2003年6月30日 2003年11月12日	海洋边界	使用了最近的基线确定等距离线，使用了围绕相关海地物的礁石及与礁石相连的小岛上的基点。	—	Report No. 5-30 IMB VI, p. 4342
203	毛里塔尼亚伊斯兰共和国和佛得角共和国海洋划界条约	2003年9月19日	海洋边界	双方一系列基线坐标列于条约的附录中。毛里塔尼亚1992年12月10日的（群岛）基线。由部分低潮线和部分直线基线宣布于1988年。即便不符合1982年公约，毛里塔尼亚的直线基线仍出现在条约的附录当中，并反映在条约线的Q-Z上。	●	Report No. 4-12 IMB V, pp. 3697-3698
204	圭亚那共和国和巴巴多斯国关于任何一方的外部界限以内而超越另一方专属经济区外部界限的两国专属经济区重叠区域内行使管辖权的专属经济区合作条约	2003年12月2日 2004年5月5日	专属经济区合作区	没有影响合作区建立的直线基线。条约附件1指出正常基线上的点用于确定专属经济区合作区的外部界限，这些界限形成了合作区的外部界限。附件指出第三国（特立尼达和多巴哥）基线上一个未特别规定的点用于构造合作区的西部西部合作区。	●	Report No. 2-27 IMB V, p. 3582

续表

序号	条约	签订日期 生效日期	界线种类	基线方面的考虑	基线效力	资料来源
205	也门共和国和阿曼苏丹国海洋划界协定	2003年12月14日 2004年4月10日	海洋边界	在产生点1到点5的等距离线的过程中两国使用了正常基线。也门尚未建立直线基线。阿曼于1982年依据1972年立法建立了直线基线。共有五段直线基线，经过加尔赞特角（ra's ash sharbatat）开始，经过加尔拉尼那岛（Hallaniyah），苏达岛（Suda）和哈希纪那岛（Hasikiya），到达位于北纬17°24′的拉斯·哈西克（Ra's Hasik）。这些岛屿直接连接它们的直线基线影响到划界上点15，16和17的位置。	⊙	Report No. 6-21 IMB V, p. 3904
206	澳大利亚政府和新西兰政府划定部分专属经济区和大陆架边界的条约	2004年7月25日 2006年1月25日	海洋边界	在谈判的早期，交换各方用于测量领海的基点并定期修改。新西兰的三国王岛被赋予半效力。	—	Report No. 5-26 IMB V，p. 3763
207	法兰西共和国政府和马达加斯加国政府关于留尼汪岛和马达加斯加之间海域划界的协定	2005年4月14日 2007年6月18日	专属经济区	法国和马达加斯加均使用正常基线构建边界线。	○	Report No. 6-25 IMB VI，p. 4408

续表

序号	条　约	签订日期 生效日期	界线种类	基线方面的考虑	基线 效力	资　料　来　源
208	洪都拉斯共和国政府和墨西哥合众国政府海洋划界条约	2005年4月18日 2006年11月30日	海洋边界	谈判者考虑和尊重了各方颁布的直线基线系统。洪都拉斯的直线基线系统包含了海湾群岛（Bay Islands），墨西哥哥法令里包含了科苏梅尔（Cozumel）。	●	Report No. 2-28 IMB Ⅵ, p. 4205
209	爱沙尼亚共和国与俄罗斯联邦关于纳尔瓦湾与芬兰湾海域划界的条约	2005年5月18日	海洋边界	基线本身似乎没有影响分界线。只有它的某些折点确实有这样的作用。	⊙	Report No. 10-22 IMB Ⅵ, p. 4576
210	建立安圭拉和维尔京群岛之间海洋边界的公告 维尔京群岛2005年第49号法律文件	2005年7月11日 2005年7月11日公布	海洋边界	安圭拉和维尔京群岛宣称，它们渔区界线上的每一点距离低潮线或其他基线上的最近点的距离为200海里。维尔京群岛的基点白马（White Horse）被忽略。	⊙	Report No. 2-29 IMB Ⅵ, p. 4216
211	澳大利亚和东帝汶民主共和国关于帝汶海某些海上安排的条约	2006年1月12日 2007年2月23日	海洋边界 资源安排	基线方面的考虑与帝汶海某些海上安排的条约的谈判和发展没有直接关系	○	Report No. 6-20（4） IMB Ⅵ, p. 4372
212	挪威王国政府为一方，丹麦王国政府和格陵兰自治政府为另一方，关于格陵兰和斯瓦尔巴之间地区大陆架和渔区划界的协定	2006年2月20日 2006年6月2日	海洋边界	斯瓦尔巴的新基线建立于2001年，格陵兰的新基线采用于2004年。	●	Report No. 6-25 IMB Ⅵ, p. 4523

续表

序号	条 约	签订日期 生效日期	界线种类	基线方面的考虑	基线效力	资 料 来 源
213	密克罗尼西亚邦和马绍尔群岛共和国关于海洋边界和在有关事项上进行合作的条约	2006 年 7 月 5 号	海洋边界	在构造等距离线中使用了沿着暗礁向海边缘的低潮线。	—	Report No. 5-28 IMB Ⅵ， pp. 4319-4320
214	密克罗尼西亚邦和帕劳共和国关于海洋边界和在有关事项上进行合作的条约	2006 年 7 月 5 日	海洋边界	条约中用于构造等距离的基线具有不确定性。条约第 2 条第 4 款规定，"不为了确定边界线位置的目的使用群岛基线"，"条约不损害缔约任何一方未来对非缔约方主张群岛国的权利"。	○	Report No. 5-31 IMBⅥ, pp. 4352-4353
215	尼日利亚联邦共和国和贝宁共和国海洋划界条约	2006 年 8 月 4 日	海洋边界	为了产生尽可能准确的基线，在中线起点以新侧进行了详细的海岸调查。边界的北部以新的南部的建立使用了卫星图像，以尼日利亚制造的海岸模型为基础。	—	Report No. 4-14 IMB Ⅵ， pp. 4260-4261
216	法罗群岛、冰岛和挪威之间东北大西洋香蕉洞南部 200 海里以外大陆架划界的协定记录	2006 年 9 月 20 日 2006 年 9 月 20 日	外大陆架	各方接受各自用来计算领海范围和大陆架外部界限的基点。这包括弗格洛伊岛（Fugloy）上的一个点，法罗群岛最东北岛屿。在准备其大陆架外部界限的建议之前，挪威于 2002 年重审和更新了其基线，包括其本土利扬马延的基线。	●	Report No. 9-26 IMBⅥ, p. 4540

续表

序号	条 约	签订日期 生效日期	界线种类	基线方面的考虑	基线效力	资 料 来 源
217	黎巴嫩共和国政府和塞浦路斯共和国政府专属经济区划界协定	2007年1月17日	专属经济区	协定规定等距离线从基线开始计算，没有规定使用低潮线或直线基线。只有塞浦路斯于1993年建立了直线基线，在确定边界线中考虑了塞浦路斯的直线基线。然而，由于双方沿岸地物之间的地理关系，塞浦路斯的直线基线似乎没有影响到等距离边界线的确定。	○	Report No. 8-19 IMBⅥ, p. 4448
218	丹麦王国政府和法罗群岛政府为一方，冰岛政府为另一方，关于法罗群岛和冰岛之间地区海洋划界的协定	2007年2月1/2日 2008年4月29日	海洋边界	双方使用了直线基线。	●	Report No. 9-27 IMBⅥ, 4557
219	俄罗斯联邦和挪威王国瓦良格尔峡湾地区海洋划界协定	2007年7月11日 2008年7月9日	海洋边界	"挪威的直线基线用于确定海洋边界上第二个点的位置。苏联的直线基线对协定边界没有影响。"	◉	Report No. 9-6（2） IMBⅥ, p. 4482
220	刚果民主共和国和安哥拉共和国政府在共同利益海域勘探和开发碳氢化合物的协定	2007年7月30日 2008男7月23日	共同开发	没有基线方面的考虑。	○	Report No. 4-15 IMBⅥ, p. 4274

续表

序号	条　约	签订日期 生效日期	界线种类	基线方面的考虑	基线 效力	资　料　来　源
221	沙特阿拉伯王国和约旦哈希姆王国阿喀巴湾海洋划界协定	2007 年 12 月 16 日 2010 年 6 月 10 日	海洋边界	沙特直线基线由 2010 年 1 月 11 日的第 15 号部长理事会决议规定。约旦的正常基线由 1943 年 12 月 2 日的第 25 号渔业法案规定。没有显示基线方面的考虑在划界中发挥了作用。	—	Report No. 8-23 IMB Ⅶ, pp. 5106-5107
222	关于 1965 年 12 月 4 日《沙特阿拉伯王国和卡塔尔关于近海和陆地划界的协定》的陆地和海洋边界的共同备忘录	2008 年 7 月 5 日 2008 年 12 月 16 日	海洋边界	基线不是划界中的一个考虑因素。	—	Report No. 7-14 IMB Ⅵ, p. 4419
223	毛里求斯共和国政府和塞舌尔共和国政府关于两国之间专属经济区划界的协定	2008 年 7 月 29 日 2008 年 11 月 19 日	海洋边界	两国使用了正常基线,因此没有对基线有特别的考虑。	○	Report No. 6-22 IMB Ⅵ, p. 4394
224	新加坡共和国和印度尼西亚共和国关于新加坡海峡西部两国领海划界的条约	2009 年 3 月 10 日 2010 年 8 月 30 日	领海	在构造 2009 年领海边界过程中使用了印尼的群岛基线。由于新加坡没有标直线基线或群岛基线,因此适用正常基线。两国商定新加坡围海造陆引起的基线变化对边界位置不产生影响。	●	IMB Ⅶ, pp. 4816-4817

351

续表

序号	条　约	签订日期 生效日期	界线种类	基线方面的考虑	基线效力	资料来源
225	阿尔巴尼亚共和国和希腊共和国关于划分依据国际法其享有权利的大陆架区域和其他海域的协定	2009年4月27日	海洋划界	第1条第1款规定等距离线从测量领海的基线上的最近点开始计算，没有规定使用低潮线或直线基线。事实上，为了确定等距离线的目的，谈判双方适用了沿各自海岸的封口线（法律上的海湾）。希腊尚未宣布有海岸任何部分的直线基线，阿尔巴尼亚沿其海岸线的某些部分建立了直线基线。由于地理原因，阿尔巴尼亚的直线基线似乎没有影响等距离线的确定。	⊙	Report No. 8-21 IMBVI, p. 4466
226	坦桑尼亚联合共和国和肯尼亚共和国关于专属经济区和大陆架划界的协定	2009年6月23日 2009年6月23日	海洋边界	由于该协定没有修改1976年边界的走向，基线并非该协定谈判中的影响因素。然而，边界坐标清单中对点T-D的认定反映了肯尼亚于1976年协定之后划定直线基线这一事实，据此将其C点的领海界限向海推进2海里。	⊙	Report No. 4-5（2） IMBVII, pp. 4783-4784
227	巴巴多斯政府和法兰西共和国政府关于两国之间海域划界的协定	2009年10月15日 未生效	海洋边界	等距离线由国家立法确定的基线起算。巴巴多斯采用群岛基线，瓜德罗普和马提尼克为直线基线。	●	Report No. 2-30 IMBVI, p. 4225

续表

序号	条　约	签订日期 生效日期	界线种类	基线方面的考虑	基线效力	资　料　来　源
228	特立尼达和多巴哥共和国与格林纳达关于海洋和海底区域划界的条约	2010年4月21日 2010年4月21日	海洋边界	特立尼达和多巴哥共和国与格林纳达都设立了群岛基线。海洋边界委员会接受这些基线作为划界（包括确定划界相关海岸和相关区域）的基础。	●	Report No. 2-31 IMB Ⅶ, p. 4711
229	库克群岛政府和新西兰政府关于库克群岛和托克劳之间海洋划界的协定	2010年8月4日 2012年11月12日	海洋边界	分界线建立在环绕普卡普卡（Pukapuka）和法考福环礁（Fakaofo）的正常基线之间。	—	Report No. 5-43 IMB Ⅶ, p. 4976
230	挪威王国和俄罗斯联邦关于海洋划界和在巴伦支海和北冰洋合作的条约	2010年9月15日 2011年7月7日	海洋边界	挪威本土的直线基线规定于1935年，并于2002年进行当代化。斯瓦尔巴尔德群岛西部的直线基线确定于1970年，包含对西部直线基线进行修正和当代化的新直线基线设立于1985年。苏联在北缩约于2001年。谈判中缩约方各蓄地采用了各方的关键基点，而基线没有影响划界。	⊙	Report No. 9-6（3） IMB Ⅶ, pp. 5182-5183
231	以色列国政府和塞浦路斯共和国专属经济区划界协定	2010年12月17日 2011年2月25日	专属经济区	两国的海岸线比较规则。即便塞浦路斯划界，这些基线没有影响划界。事实上，两国海岸上的一些凸出基点出影响了划界。塞浦路斯方面，加塔海角（Cape Gata）影响了划界线；以色列方面，哈代拉市（Hadera）以北的四个基点影响了划界线。	○	Report No. 8-22 IMB Ⅵ, p. 4448

353

续表

序号	条　　约	签订日期 生效日期	界线种类	基线方面的考虑	基线 效力	资　料　来　源
232	秘鲁共和国和厄瓜多尔共和国相同内容的换文构成的协定	2011 年 5 月 2 日 2011 年 5 月 20 日	海洋边界	厄瓜多尔 1971 年 6 月 28 日第 959-A 号最高法令规定了大陆海岸和加拉帕哥斯群岛（Galapagos Islands）的直线基线。秘鲁 2005 年 11 月 3 日第 2621 号法律（2011 年 5 月 19 日修订）规定了其海岸的直线基线，包括紧邻岛的海岸。协定的约文规定海洋边界从双方基线的交点开始，沿着约定的纬线的平行线延伸 200 海里。	⊙	Report No.3-9(Add. 1) IMB Ⅶ，p. 4772
233	巴哈马联邦和古巴共和国两国海域划界线协定	2011 年 10 月 3 日 2012 年 3 月 9 日	海洋边界	古巴根据 1977 年 2 月 24 日法令建立了围绕整个海岸线的直线基线系统。巴哈马于 2008 年宣布依据《公约》第 47 条的规定设立群岛基线。这些基线事实上用于构造等距离线，从而构成双方各自海域的边界。	●	Report No. 2-32 IMB Ⅶ，p. 4724
234	莫桑比克共和国和坦桑尼亚联合共和国海洋划界协定	2011 年 12 月 5 日	海洋边界	协定第 1 条（关于划界的原则）包含了相互承认任何一国的直线基线。然而，由于协定没有修改 1988 年边界的走向，这些基线在 2011 年谈判中不起作用。	○	Report No. 4-7（2） IMB Ⅶ，p. 4795

续表

序号	条　约	签订日期 生效日期	界线种类	基线方面的考虑	基线效力	资 料 来 源
235	莫桑比克共和国和科摩罗联盟海洋划界协定	2011年12月5日 2012年5月4日	海洋边界	沿划界相关的整个海岸线，两国采用直线基线或群岛基线。协定第1条第2款表明这些基线双方同意在构造线中使用。瓦勒休火山堆（Banc Vailheu）影响了边界80%的排列，将其作为科摩罗群岛基线最西点，将边界比克的一部分使得边界线向西推进6海里。莫桑比克评论员认为这是违反《公约》第7条规定的采用直线基线的指导原则。例如，很难把从瓦米齐岛（Vamizi）到克罗-纽米群岛（Quero-Niumi）48海里直线基线向陆的海岸线描述为极度弯曲或有一系列岛屿。在此背景下，缔约双方可能认为有的直线基线比为总体结果上有足够的平衡，接收彼此等距离基线的基线作为讨论计算等距离基点应被用于构造边界而争吵有利。	●	Report No. 6-26 IMBⅦ, p. 5020
236	坦桑尼亚联合共和国和科摩罗联盟海洋划界协定	2011年12月5日	海洋边界	两国沿着与划界相关的整个海岸线采用了直线基线或群岛基线。协定第1条第2款强调了划界的原则，指出缔约双方接受在构造等距离线中使用这些基线。	●	Report No. 6-30 IMBⅦ, p. 5061

续表

序号	条　约	签订日期 生效日期	界线种类	基线方面的考虑	基线效力	资料来源
237	科摩罗联盟和塞舌尔共和国关于位于印度洋的专属经济区和大陆架划界的协定	2012 年 2 月 17 日	海洋边界	两国围绕其岛屿采用了群岛基线。整个科摩罗群岛敷单一的群岛基线系统围住。连接大科摩罗岛（Grande Comore）、昂儒昂岛（Anjouan）和马约特岛（Mayotte）的基线与边界的建立直接相关，即便马约特岛或其附属岛屿上没有基点与划界相关。塞舌尔群岛分散的性质意味着它必须围绕不同的群岛确定几组围绕的基线。阿尔达不拉岛（Aldabra）敷这样的一组基线围住。阿尔达不拉岛，阿桑普申岛（Assumption），以及它们之间的基线与划界相关。	●	Report No. 6-28 IMB Ⅶ，p. 5041
238	洪都拉斯共和国和古巴共和国海洋划界条约	2012 年 8 月 21 日 2013 年 12 月 11 日	海洋边界	洪都拉斯于 2000 年沿其大部分加勒比海岸设立直线基线系统。直线基线系统包括海湾岛（Bay Islands）。不包括天鹅群岛（Swan Islands）。古巴于 1977 年设立直线基线系统。划界以两国相关的直线基线及洪都拉斯天鹅群岛的低潮标为基础。	⊙	Report No. 2-33 IMB Ⅶ，p. 4737
239	库克群岛政府和纽埃政府关于库克克群岛和纽埃之间海洋划界的协定	2012 年 8 月 29 日 2013 年 5 月 6 日	海洋边界	划界线的计算运用了等距离原则，参考了两国相关岛屿上的基点和基线。	—	Report No. 5-33 IMB Ⅶ，p. 4862

续表

序号	条约	签订日期 生效日期	界线种类	基线方面的考虑	基线效力	资料来源
240	库克群岛政府和基里巴斯共和国关于库克群岛和基里巴斯共和国之间海洋划界的协定	2012年8月29日 2014年1月17日	海洋边界	划界线的计算运用了等距离原则，参考了两国相关岛屿上的基点和基线。	⊙	Report No. 5-32 IMB Ⅶ, p. 4850
241	基里巴斯共和国和马绍尔群岛共和国关于海洋边界的协定	2012年8月29日	海洋边界	划界线的计算运用了等距离原则，参考了两国有关岛屿上的基点和基线。基里巴斯巴纳巴(Banaba)、梅金岛(Makin)、布塔里塔里岛(Butaritari)上的相关基线和基点的确定参考了2011年基里巴斯海洋区域(声明)法案规定的基线。马绍尔群岛2004年基线法案(标题33)为设立基线和群岛基线做准备，但尚未规定此类基线。因此，为划界的目的确定了埃本岛(Ebon)和诺克斯岛(Knox)上适当的基点。	⊙	Report No. 5-34 IMB Ⅶ, p. 4873
242	基里巴斯共和国和瑙鲁共和国关于海洋边界的协定	2012年8月29日	专属经济区	边界线的确定适用了等距离原则，并参考了双方有关岛屿上的基点和基线。	●	Report No. 5-35 IMB Ⅶ, p. 4884
243	新西兰政府和基里巴斯共和国关于基里巴斯托克劳和基里巴斯之间海洋划界的协定	2012年8月29日	海洋边界	边界线的确定适用了等距离原则，并参考了双方有关岛屿上的基点和基线。	●	Report No. 5-36 IMB Ⅶ, p. 4892

附表二　海洋划界协定中基线方面的考虑

续表

序号	条约	签订日期生效日期	界线种类	基线方面的考虑	基线效力	资料来源
244	基里巴斯和图瓦卢关于两国海洋边界的协定	2012年8月29日	海洋边界	边界线的确定适用了等距离原则，并参考了双方有关岛屿上的基点和基线。	●	Report No. 5-37 IMB Ⅶ, p. 4906
245	马绍尔群岛共和国和瑙鲁共和国之间关于海洋边界的协定	2012年8月29日	海洋边界	马绍尔群岛2004年修正法案（标题33）为设立基线和群岛基线做准备，但尚未规定此类基线。因此，为划界的目的确定了埃本岛（Ebon）上适当的基点。瑙鲁相关基点参考了1997年8月12日公告，该公告提供了直线基线和领海外部界限的坐标点。	⊙	Report No. 5-38 IMB Ⅶ, p. 4918
246	基里巴斯共和国、马绍尔共和国和瑙鲁共和国之间三联点的划定三国之间三联点的协定	2012年8月29日	专属经济区和大陆架三联点	基里巴斯巴纳巴岛（Banaba）、梅金岛（Makin）、布塔里塔里岛（Butaritari）上的相关基点的确定参考了2011年基里巴斯海洋区域（声明）法案规定的基线。马绍尔群岛2004年修正法案（标题33）为设立基线和群岛基线做准备，但尚未规定此类基线。因此，为确定边界的目的确定了埃本岛（Ebon）和诺克斯岛（Knox）上适当的基点。瑙鲁相关基点的确定参考了1997年8月12日公告，该公告提供了直线基线和领海外部界限的坐标点。	⊙	Report No. 5-39 IMB Ⅶ, p. 4929

358

续表

序号	条　　约	签订日期 生效日期	界线种类	基线方面的考虑	基线效力	资　料　来　源
247	格陵兰和冰岛伊尔明厄海200海里以外大陆架划界的协定记录	2013 年 1 月 16 日 2013 年 1 月 16 日	外大陆架	冰岛和丹麦（格陵兰）都建立了直线基线，但是它们没有影响相关地区的确定及海洋边界线。	○	Report No. 9-22（2） IMB Ⅶ，p. 5264
248	美利坚合众国政府和基里巴斯共和国政府海洋划界条约	2013 年 9 月 6 日	海洋边界	该地区没有影响海洋边界位置的直线基线或封口线。两国均使用了海岸和岸礁的低潮线。	—	Report No. 5-40 IMB Ⅶ，p. 4937
249	菲律宾共和国政府和印度尼西亚关于专属经济区划界的协定	2014 年 5 月 23 日	专属经济区	协定没有提及任何一国的基线，但公认的是，双方在其边界中使用了群岛基线。	●	Report No. 5-41 IMB Ⅶ，pp. 4953-4954
250	美利坚合众国政府和密克罗尼西亚联邦政府关于海洋划界的条约	2014 年 8 月 29 日	海洋边界	在影响边界位置的区域没有直线基线或封口线。关岛和密克罗尼西亚采用海岸或暗礁的低潮线。	—	Report No. 5-42 IMB Ⅶ，p. 4965
251	新加坡共和国和印度尼西亚共和国关于新加坡海峡东部两国领海划界的条约	2014 年 9 月 3 日	领海	印尼群岛基线用于构造界线。新加坡填海造成的基线变化对边界线的位置不产生影响。	●	Report No. 5-11（3） IMB Ⅶ，pp. 4830-4831
252	法兰西共和国政府和意大利共和国关于两国国领海划界和国家管辖区域的协定	2015 年 3 月 21 日 未生效	领海等	1967 年法国国立规定部分海岸的直线基线。1977 年意大利规定部分海岸的直线基线。法国强烈质疑意大利的相关直线基线，但是它们仍是在划界过程中得到了考虑。	●	Report No. 8-2（2） IMB Ⅰ，pp. 5-6

附表二资料来源:

1. Jonathan Charney & Lewis. M. Alexander, International Maritime Boundaries Ⅰ, Martinus Nijhoff, 1993.

2. Jonathan Charney & Lewis. M. Alexander, International Maritime Boundaries Ⅱ, Martinus Nijhoff, 1993.

3. Jonathan Charney & Lewis. M. Alexander, International Maritime Boundaries Ⅲ, Martinus Nijhoff, 1998.

4. Jonathan Charney & Robert W. Smith, International Maritime Boundaries Ⅳ, Martinus Nijhoff, 2002.

5. David A. Colson and Robert W. Smith, International Maritime Boundaries Ⅴ, Martinus Nijhoff, 2005.

6. David A. Colson and Robert W. Smith, International Maritime Boundaries Ⅵ, Martinus Nijhoff, 2011.

7. Coalter G. Lathrop, International Maritime Boundaries Ⅶ, Martinus Nijhoff, 2016.

8. [韩国] 朴椿浩:《国际海洋边界——太平洋中部和东亚》,王丽玉等译;王铁崖编校,法律出版社 1994 年版。

参 考 文 献

一、政府、国际组织的规范性文件

（一）中国法律

［1］《中华人民共和国政府关于领海的声明》，1958 年 9 月 4 日。
［2］《中华人民共和国领海及毗连区法》，1992 年 2 月 25 日。
［3］《中华人民共和国政府关于中华人民共和国领海基线的声明》，1996 年 5 月 15 日。
［4］《中华人民共和国政府关于钓鱼岛及其附属岛屿领海基线的声明》，2012 年 9 月 10 日。

（二）外国法律

［1］ Argentina, Act No. 23. 968 of 14 August 1991.

［2］ Australia, Proclamation of 4 February 1983 (Proclamation of the inner limits (the baseline)), pursuant to section 7 of the Seas and Submerged Lands Act 1973.

［3］ Australia, Proclamation of 4 February 1983 (Proclamation of the inner limits (the baseline)), pursuant to section 7 of the Seas and Submerged Lands Act 1973.

［4］ Bulgaria. Act of 8 July 1987 governing the ocean space of the People's Republic of Bulgaria.

［5］ Denmark, Executive Order on the Delimitation of the Territorial Sea of the Faroe Islands (No. 306 of 16 May 2002).

［6］ Denmark, Order No. 29 of 27 February 1903 respecting the

Supervision of Fisheries in the Sea surrounding the Faroe Islands and Iceland outside the Danish Territorial Sea.

[7] Denmark, Ordinance No. 189 of 19 April 1978 amending Ordinance No. 437 of 21 December 1966 governing the Delimitation of the Territorial Sea.

[8] Denmark, Ordinance No. 599 of 21 December 1976 on the Delimitation of the Territorial Sea around the Faroe Islands.

[9] Denmark, Prime Minister's Department Decree No. 156 of April 24, 1963.

[10] Egypt, Decree of the President of the Arab Republic of Egypt No. 27 (1990) Concerning the baselines of the maritime areas of the Arab Republic of Egypt, 9 January 1990. See also Egypt, Note verbale of the Arab Republic of Egypt to the United Nations, 2 May 1990.

[11] Finland, Decree on the application of the Act on the Delimitation of the Territorial Waters of Finland (No. 993 of 31 July 1995).

[12] Indonesia. Act No. 6 of 8 August 1996 regarding Indonesian Waters.

[13] Kuwait. Decree No. (317) year 2014 Concerning the Delimitation of the Marine Areas Pertaining to the State of Kuwait and its amendment, 29 October 2014.

[14] Norway, Royal Decree of 18 July 1952 relating to the Baselines for the Norwegian Fishery Zone as regards that part of Norway which is situated to the south of 66°2814. '8 N Latitude (repealed by Royal Decree of 14 June 2002).

（三）条约

[1] Agreement by Exchange of Notes between the Republic of Cuba and the United States of Mexico Concerning the Delimitation of Sea Space.

[2] Convention on Territorial Sea and Contiguous Zone, 1958.

［3］ United Nations Convention on the Law of the Sea （ UNCLOS ）, 1982.

（四） 其他文件

［1］ International Law Association, Conference Report Sofia 2012, ILA Straight Baselines Study-Protests, ILA study-SBL segments （ Straight Baseline Segments ＞ 40. 0 nm in length ）, https：// www. ila-hq. org／index. php／committees.

［2］ Maritime Claims Reference Manual, https：//www. jag. navy. mil／ organization／code_10_mcrm. htm.

［3］ UN Division for Ocean Affairs and the Law of the Sea Office of Legal Affairs （ Office of the Special Representative of the Secretary-General for the Law of the Sea）, Law of the Sea Bulletin：No. 1-98, UN, 1983-2019, https：//www. un. org／Depts／los／doalos _ publcations／los_bult. htm.

［4］ UN Division for Ocean Affairs and the Law of the Sea, Maritime Space：Maritime Zones and Maritime Delimitation, China, Myanmar, https：//www. un. org／Depts／los／LEGISLATIONANDTREATIES／ asia. htm.

［5］ UN Division for Ocean Affairs and the Law of the Sea, Table of claims to maritime jurisdiction （as at 15 July 2011）, http：//www. un. org／Depts／los／LEGISLATIONANDTREATIES／PDFFILES／table _summary_of_claims. pdf.

［6］ UN Doc. A／CONF. 13／C. 1／L. 167, Official Records of UNCLOS I, Vol. Ⅲ, 1958, https：//legal. un. org／diplomaticconferences／ 1958_los／vol3. shtml.

［7］ US Department of Defense, Freedom of Navigation （FON） Report for Fiscal Year （FY） 2018, US, 2018, https：//policy. defense. gov／OUSDP-Offices／FON／.

［8］ US Department of State, Limits in the Seas：No. 1-144, US, 1972~2019, https：//www. state. gov／limits-in-the-seas／.

二、案例

[1] Alleged Violations of Sovereign Rights and Maritime Spaces in the Caribbean Sea (Nicaragua v. Colombia), Judgment of 21 April 2022.

[2] Case concerning the delimitation of continental shelf between the United Kingdom of Great Britain and Northern Ireland, and the French Republic (Decision of 30 June 1977).

[3] Case concerning the delimitation of the maritime boundary between Guinea and Guinea-Bissau, Reports of International Arbitral Awards, Vol. XIX.

[4] Case concerning the delimitation of the maritime boundary between Guinea and Guinea-Bissau, Reports of International Arbitral Awards, 1985.

[5] Continental Shelf (Libyan Arab Jarnahiriya/Malta), Judgment, I. C. J. Reports 1985.

[6] Continental Shelf (Tunisia/Libyan Arab Jamahiriya), Judgment, I. C. J. Report, 1982; Dissenting Opinion of Judge Evensen; Separate Opinion of Judge Jimenez Arechaga.

[7] Fisheries case, Judgment, I. C. J. Reports 1951; Dissenting Opinion of Sir Arnold McNaik (7); Dissenting Opinion of Judge Reed.

[8] In the matter of an arbitration pursuant to an agreement to arbitrate dated 3 October 1996 between: The government of the State of Eritrea and the government of the Republic of Yemen, Second Stage: Maritime Delimitation.

[9] In the matter of the South China Sea Arbitration (Philippines v. China), award, July 12, 2016; Republic of the Philippines v. People's Republic of China, Supplemental Written Submission of the Philippines Volume 1, March 16, 2015.

[10] Land, Island and Maritime Frontier (El Salvador/Honduras:

Nicaragua intervening），Judgement，I. C. J. Reports，1992.

[11] Maritime Delimitation and Territorial Questions between Qatar and Bahrain，Merits，Judgment，I. C. J. Reports 2001；Separate Opinion of Judge Oda.

三、中文论著

（一）著作

[1] 北京大学法律系国际法教研室编：《海洋法资料汇编》，人民出版社 1974 年版。

[2] 陈德恭：《现代国际海洋法》，海洋出版社 2009 年版。

[3] 陈致中编著：《国际法案例》，法律出版社 1998 年版。

[4] 傅崐成：《国际海洋法：衡平划界论》，台湾三民书局 1992 年版。

[5] 付琴雯：《〈联合国海洋法公约〉在法国的实施问题研究》，武汉大学出版社 2022 年版。

[6] 高健军：《中国与国际海洋法》，海洋出版社 2004 年版。

[7] 高伟浓：《国际海洋法与太平洋地区海洋管辖权》，广东高等教育出版社 1999 年版。

[8] 高之国、张海文主编：《海洋国策研究文集》，海洋出版社 2007 年版。

[9] 高之国等主编：《国际海洋法问题研究》，海洋出版社 2011 年版。

[10] 广东省地名委员会：《南海诸岛地名资料汇编》，广东省地图出版社 1987 年版。

[11] 华敬炘：《海洋法学教程》，中国海洋大学出版社 2009 年版。

[12] 黄伟：《单一海洋划界的法律问题研究》，社会科学文献出版社 2011 年版。

[13] 黄文博：《海上共同开发争端解决机制的国际法问题研究》，武汉大学出版社 2022 年版。

[14] 贾宇主编：《极地法律问题》，社会科学文献出版社 2014

年版。

[15] 贾宇主编：《极地周边国家海洋划界图文辑要》，社会科学文献出版社 2015 年版。

[16] 姜皇池：《国际海洋法》，学林文化事业有限公司 2004 年版。

[17] 姜世波：《习惯国际法的司法确定》，中国政法大学出版社 2010 年版。

[18] 梁西著，杨泽伟修订：《梁西国际组织法（第七版）》，武汉大学出版社 2022 年版。

[19] 梁西原著主编，曾令良修订主编：《国际法》，武汉大学出版社 2011 年版。

[20] 刘楠来等：《国际海洋法》，海洋出版社 1986 年版。

[21] 刘泽荣：《领海法概论》，世界知识出版社 1965 年版。

[22] 马得懿：《直线基线规则研究：成案实践与法理》，上海远东出版社 2021 年版。

[23] 农业部渔政监督管理局：《国外渔业法规选编（第二集）》，海洋出版社 1992 年版。

[24] 钱宏林等：《广东省海岛保护与开发管理》，海洋出版社 2016 年版。

[25] 屈广清、曲波：《海洋法》，中国人民大学出版社 2014 年版。

[26] 沈文周主编：《海域划界技术方法》，海洋出版社 2003 年版。

[27] 王铁崖：《中外旧约章汇编（第 1 册）》，三联书店 1982 年版。

[28] 王秀英：《海洋权益论：中日东海争议解决机制研究》，中国民主法制出版社 2012 年版。

[29] 王泽林：《北极航道法律地位研究》，上海交通大学出版社 2014 年版。

[30] 袁古洁：《国际海洋划界的理论与实践》，法律出版社 2001 年版。

[31] 杨泽伟主编：《海上共同开发国际法问题研究》，社会科学文献出版社 2016 年版。

[32] 杨泽伟主编：《海上共同开发国际法理论与实践研究》，武汉

大学出版社 2018 年版。

[33] 杨泽伟主编：《〈联合国海洋法公约〉若干制度评价与实施问题研究》，武汉大学出版社 2018 年版。

[34] 杨泽伟主编：《中国国家权益维护的国际法问题研究》，法律出版社 2019 年版。

[35] 梁西著，杨泽伟修订：《梁西国际组织法（第七版）》，武汉大学出版社 2022 年 8 月版。

[36] 杨泽伟：《国际法（第四版）》，高等教育出版社 2022 年版。

[37] 杨泽伟：《国际法析论（第五版）》，中国人民大学出版社 2022 年版。

[38] 杨泽伟等：《推动"一带一路"高质量发展的国际法问题研究》，武汉大学出版社 2023 年版。

[39] 曾皓：《国际法中有效控制规则研究》，武汉大学出版社 2022 年版。

[40] 张海文、李红云主编：《世界各国海洋立法汇编：非洲国家、拉美和加勒比国家卷》，法律出版社 2012 年版。

[41] 张海文、李红云主编：《世界各国海洋立法汇编：亚洲和大洋洲国家卷》，法律出版社 2012 年版。

[42] 张海文：《南海及南海诸岛》，五洲传播出版社 2014 年版。

[43] 张海文主编：《〈联合国海洋法公约〉释义集》，海洋出版社 2006 年版。

[44] 张宴瑢：《海洋法案例研习》，清华大学出版社 2015 年版。

[45]《中国海岛志》编纂委员会：《中国海岛志(广东卷第 1 册)》，海洋出版社 2013 年版。

[46]《中国海岛志》编纂委员会：《中国海图志(江苏上海卷)》，海洋出版社 2013 年版。

[47]《中国海岛志》编纂委员会：《中国海岛志(浙江卷第 1 册)》，海洋出版社 2013 年版。

[48] 周忠海：《国际海洋法》，中国政法大学出版社 1987 年版。

（二）译著

［1］［韩］朴椿浩著：《国际海洋边界——太平洋中部和东亚》，王丽玉等译；王铁崖编校，法律出版社 1994 年版。

［2］［美］路易斯·B. 宋恩等著：《海洋法精要》，傅崐成等译，上海交通大学出版社 2014 年版。

［3］［英］奥本海著，詹宁斯、瓦茨修订：《奥本海国际法（第 1 卷第 1 分册）》，王铁崖等译，中国大百科全书出版社 1995 年版

［4］［英］奥本海著，詹宁斯、瓦茨修订：《奥本海国际法（第 1 卷第 2 分册）》，王铁崖等译，中国大百科全书出版社 1998 年版。

［5］［英］M. 阿库斯特：《现代国际法概论》，中国社会科学出版社 1981 年版。

［6］［英］马尔科姆·N. 肖：《国际法（上）》，白桂梅等译，北京大学出版社 2011 年版。

（三）论文

［1］《"历史性水域"和"群岛制度"研讨会综述》，《中国海洋法学评论》2005 年第 1 期。

［2］卜凌嘉、黄靖文：《大陆国家在其远洋群岛适用直线基线问题》，《中山大学法律评论》2013 年第 2 期。

［3］曹英志、范晓婷：《论领海基点和基线问题的发展趋势》，《太平洋学报》2009 年第 1 期。

［4］戴瑛：《论我国洋中群岛适用直线基线的国际法基础》，《中国海洋法年刊》2017 年版。

［5］戴瑛：《群岛整体性法律地位溯源及南海实践》，《法学杂志》2017 年第 8 期。

［6］傅崐成、郑凡：《群岛的整体性与航行自由——关于中国在南海适用群岛制度的思考》，《上海交通大学学报（哲学社会科学版）》2015 年第 6 期。

［7］ 高圣惕：《论中菲南海仲裁案对台湾的影响》，《战略安全研析》2016 年第 138 期。

［8］ 郜周伟：《菲律宾"领海基线法"之剖析》，《温州大学学报（社会科学版）》2009 年第 6 期。

［9］ 郭静、刘丹：《论群岛制度与大陆国家远洋群岛的实践》，《南海法学》2016 年第 2 期。

［10］ 郭中元、邹立刚：《美国南海航行自由行动的国际法和国际政治视角剖析》，《海南大学学报（人文社会科学版）》2019 年第 6 期。

［11］ 何学武、李令华：《我国及周边海洋国家领海基点和基线的基本状况》，《中国海洋大学学报（社会科学版）》2008 年第 3 期。

［12］ 洪农等：《群岛国概念和南（中国）海——〈联合国海洋法公约〉、国家实践及其启示》，《中国海洋法评论》2013 年第 1 期。

［13］ 侯丽维：《〈联合国海洋法公约〉中直线基线的划定研究》，《海南广播电视大学学报》2016 年第 1 期。

［14］ 胡杰：《英国干涉中国在南海维权：前瞻与预防》，《太平洋学报》2019 年第 3 期。

［15］ 黄瑶、黄靖文：《无人居住岛屿主张专属经济区和大陆架的新近国家实践——兼论对我国主张南沙岛礁海域权利的启示》，《武大国际法评论》2014 年第 2 期。

［16］ 黄瑶：《中国在南海断续线内的合法权益——以南海仲裁案裁决评析为视角》，《人民论坛·学术前沿》2012 年第 23 期。

［17］ 贾楠：《论大陆国家远洋群岛的法律地位》，《中国海洋法学评论（中英文版）》2012 年第 1 期。

［18］ 贾宇：《中国在南海的历史性权利》，《中国法学》2015 年第 3 期，第 201 页.

［19］ 姜丽、张洁：《浅析群岛制度的适用及南海划界》，《中国海洋法学评论》2010 年第 1 期。

［20］蒋新宁：《有关领海基线的国际法规则》，《求实》2005 年第 S2 期。

［21］李洁宇：《基线研究及南海争端中的"基线"因素》，《海南师范大学学报（社会科学版）》2015 年第 5 期。

［22］李靓：《直线基线的划法及其对加拿大西北航道的历史性权利主张的影响》，《知识经济》2015 年第 7 期。

［23］李令华：《关于领海基点和基线的确定问题》，《中国海洋大学学报（社会科学版）》2007 年第 3 期。

［24］李令华：《领海基线，告别"私定终身"》，《南风窗》2010 年第 14 期。

［25］李鎏：《大陆国家领海划界中的直线基线问题研究》，南京大学硕士学位论文，2014 年。

［26］梁淑英：《我国南海诸岛领海基线的选择问题——以南沙群岛为例》，《中国国际法年刊》，2013 年。

［27］梁熙喆：《从国际海洋划界原则和实践论中国 EEZ 和大陆架划界问题——以黄海和东中国海划界问题为中心》，台湾大学博士学位论文，2006 年。

［28］梁小青：《国际法上的公平原则》，《中山大学研究生学刊》1994 年第 4 期。

［29］廖雪霞：《南海周边国家海洋划界协议研究》，《国际法研究》2015 年第 6 期。

［30］刘红霞：《南沙群岛领海基线划定的法律问题研究》，中国海洋大学硕士学位论文，2015 年。

［31］刘微：《国际法视角下对菲律宾〈领海基线法案〉的反驳》，《法制与社会》2009 年 26 期。

［32］刘新山、郑吉辉：《群岛水域制度与印度尼西亚的国家实践》，《中国海商法年刊》2011 年第 1 期。

［33］马得懿、夏雨：《直线基线规则的演进、适用及其限制：判例、立法与学说》，《中国海洋大学学报（社会科学版）》2022 年第 22 期。

［34］申钟秀：《我国邻国领海基线的实践及其对我国的启示》，

《河南财经政法大学学报》2018 年第 6 期。

[35] 项雪平：《我国与邻国海洋划界研究的动向及展望——基于中国知网的实证分析》，《法治研究》2013 年第 6 期。

[36] 谢昕：《远洋群岛领海基线制度探析——兼论南海地区群岛水域法律制度的构建》，华东政法大学硕士学位论文，2016 年。

[37] 徐芳勤：《沿海国海洋权利不断扩大的国际法分析》，华东政法大学硕士学位论文，2011 年。

[38] 许森安：《应准确理解〈联合国海洋法公约〉》，《中国海洋报》2010 年 11 月 5 日，第 4 版。

[39] 杨泽伟：《航行自由的法律边界与制度张力》，《边界与海洋研究》2019 年第 2 期。

[40] 杨泽伟：《全球治理区域转向背景下中国——东盟蓝色伙伴关系的构建：成就、问题与未来发展》，《边界与海洋研究》2023 年第 2 期。

[41] 杨泽伟《〈联合国海洋法公约〉的主要缺陷及其完善》，《法学评论》2012 年第 5 期。

[42] 叶强：《英国军舰"试水"南海，寓意并不简单》，《世界知识》2018 年第 20 期。

[43] 袁发强：《航行自由制度与中国的政策选择》，《国际问题研究》2016 年第 2 期。

[44] 张华：《中国洋中群岛适用直线基线的合法性：国际习惯法的视角》，《外交评论》2014 年第 2 期。

[45] 张卫彬：《海洋划界的趋势与相关情况规则——黑海划界案对我国海域划界的启示》，《华东政法大学学报》2010 年第 2 期。

[46] 张晏瑲：《防空识别区设置的法理依据与实践》，《比较法研究》2015 年第 3 期，第 180 页。

[47] 张正：《大陆国远洋群岛制度法律地位研究》，武汉大学博士学位论文，2019 年。

[48] 赵少群：《论领海基线和基点的划定》，《当代法学论坛》

2007 年第 4 辑。

［49］郑凡：《群岛水域国家实践研讨会综述》，《中国海洋法学评论》2013 年第 1 期。

［50］郑雨晨：《大陆国家的洋中群岛制度的演变及其对我国南海诸岛的影响》，外交学院硕士学位论文，2016 年。

［51］郑源：《直线基线在中国远洋群岛适用的探讨》，清华大学硕士学位论文，2015 年。

［52］周江：《论我国南海主权主张中的"附近海域"》，《重庆理工大学学报（社会科学）》2011 年第 9 期。

［53］周江：《论洋中群岛的领海基线划定》，《法商研究》2015 年第 4 期。

［54］邹立刚：《适用于南沙群岛的领海基线法律问题研究》，《河南财经政法大学学报》2013 年第 3 期。

四、英文论著

（一）著作

［1］ Alex G. Oude Elferink and Donald R. Rothwell（eds.），The Law of the Sea and Polar Maritime Delimitation and Jurisdiction, Martinus Nijhoff, 2001.

［2］ Barry Hart Dubner, The Law of Territorial Waters of Mid-Ocean Archipelagos and Archipelagic States, Martinus Nijhoff, 1976.

［3］ Birgit Schlütter, Developments in Customary International Law Theory and the Practice of the International Court of Justice and the International ad hoc Criminal Tribunals for Rwanda and Yugoslavia, Martinus Nijhoff Publishers, 2010.

［4］ Christian J. Tams and James Sloan（ed.），The Development of International Law by the International Court of Justice, Oxford University Press, 2013.

［5］ Clive Schofield etc., The Limits of Maritime Jurisdiction, Martinus Nijhoff Publishers, 2014.

[6] Coalter G. Lathrop (ed.), International Maritime Boundaries (Vol. VII), Martinus Nijhoff, 2016.

[7] Collected Courses of the Hague Academy of International Law, Vol. 272, 1998.

[8] D. P. O'Connell, The International Law of the Sea (Vol. I), Clarendon Press, 1992.

[9] David A. Colson and Robert W. Smith (ed.), International Maritime Boundaries (Vol. V), Martinus Nijhoff, 2005.

[10] David A. Colson and Robert W. Smith (ed.), International Maritime Boundaries (Vol. VI), Martinus Nijhoff, 2011.

[11] Davor Vidas and Willy Ostreng (ed.), Order for the Oceans at the Turn of the Century, Kluwer Law International, 1999;

[12] Derek W. Bowett, The Legal Regime of Island in International Law, Oceana Publications, 1979.

[13] Donald R. Rothwell and Tim Stephens, The International Law of the Sea, 2nd ed, Hart Publishing, 2016.

[14] Donat Pharand, Canada's Arctic waters in international law, Cambridge University Press, 2009.

[15] E. D. Brown and R. R. Churchill (ed.), The UN Convention on the Law of the Sea: Impact and Implementation, Law of the Sea Institute, University of Hawaii, 1987.

[16] Eleanor Freund, Freedom of Navigation in the South China Sea: A Practical Guide, Belfer Center for Science and International Affairs Harvard Kennedy School, Special Report, 2017.

[17] G. Francalanci and T. Scovazzi, Lines in the Sea, Martinus Nijhoff Publishers, 1994.

[18] Gayl S. Westerman, The Juridical Bay, Clarendon Press, 1987.

[19] Gerald H Blake (ed.), Maritime Boundaries and Ocean Resources, Croom Helm Press, 1987.

[20] Hiran W. Jayewardene, The Regime of Islands in International Law, Martinus Nijhoff Publishers, 1990.

［21］ ILA, Reports of the International Law Association Committee on Baselines under the International Law of the Sea, Brill, 2018.

［22］ ILC, Report of the International Law Commission Sixty-eighth session, 2016.

［23］ ILC, Yearbook of the International Law Commission 1956 (Vol. Ⅱ), UN, 1957.

［24］ J. Ashley Roach and Robert W. Smith, Excessive Maritime Claims, 3rd ed, Martinus Nijhoff Publishers, 2012.

［25］ J. M. Van Dyke, etc. (ed.), International Navigations: Rocks and Shoals Ahead? The Law of the Sea Institute, 1988.

［26］ J. R. V. Prescott, Political Frontiers and Boundaries, Allen & Unwin, 1987.

［27］ James Crawford and Donald R. Rothwell (ed.), Law of the Sea in the Asian Pacific Region Developments and Prospects, Martinus Nijhoff Publishers, 1995.

［28］ James Crawford, Brownlie's Principles of Public International Law, 8th ed, Oxford University Press, 2012.

［29］ James Kraska, International Maritime Security Law, Martinus Nijhoff, 2013.

［30］ James Kraska, Maritime Power and the Law of the Sea, Oxford University Press, 2011.

［31］ Jeanette Greenfield, China's Practice in the Law of the Sea. Oxford Clarendon Press, 1992.

［32］ Jonathan Charney and Lewis M. Alexander, International Maritime Boundaries (Vol. Ⅰ), Martinus Nijhoff, 1993.

［33］ Jonathan Charney and Lewis M. Alexander, International Maritime Boundaries (Vol. Ⅱ), Martinus Nijhoff, 1993.

［34］ Jonathan Charney and Lewis. M. Alexander (ed.), International Maritime Boundaries (Vol. Ⅰ), Martinus Nijhoff, 1993.

［35］ Jonathan Charney and Lewis. M. Alexander (ed.), International Maritime Boundaries (Vol. Ⅱ), Martinus Nijhoff, 1993.

[36] Jonathan Charney and Lewis. M. Alexander (ed.), International Maritime Boundaries (Vol. Ⅲ), Martinus Nijhoff, 1998.

[37] Jonathan Charney and Robert W. Smith (ed.), International Maritime Boundaries (Vol. Ⅳ), Martinus Nijhoff, 2002.

[38] Louis B. Sohn etc., Cases and Materials on the Law of the Sea, 2nd ed, Brill Nijhoff, 2014.

[39] Malcolm D. Evans, International Law, Oxford University Press, 2003.

[40] Mohamed Munavvar, Ocean States: Archipelagic Regime in the Law of the Sea, Martinus Nijhoff Publishers, 1995.

[41] Myron H. Nordquist and John Norton Moore (ed.), Maritime Border Diplomacy, 2012.

[42] Myron H. Nordquist etc. (ed.), Freedom of Navigation and Globalization, Brill Nijhoff, 2015.

[43] P. E. Beazley, Maritime Limits and Baselines: A Guide to Their Delineation, 3rd ed, The Hydrographic Society, 1987.

[44] Patricia Elaine Joan Rodgers, Midocean Archipelagos and International Law: A Study in the Progressive Development of International Law, Vantage Press, 1981.

[45] R. R. Churchill and A. V. Lowe, The Law of the Sea, 3rd ed, Manchester University Press, 1999.

[46] René-Jean Dupuy and Daniel Vignes, A Handbook on the New Law of the Sea (Vol. Ⅰ), Martinus Nijhoff Publishers, 1991.

[47] Robert D. Hodgson and Lewis M. Alexander, Towards an objective analysis of special circumstances: bays, rivers, coastal and oceanic archipelagos and atolls, Law of the Sea Institute University of Rhode Island, 1972.

[48] Satya N. Nandan and Shabtai Rosenne, United Nations Convention on the Law of the Sea 1982: A Commentary, Martinus Nijhoff, 1993.

[49] Sir Gerald Fitzmaurice, The Law and Procedure of the

International Court of Justice, Vol. 1, Cambridge, 1986.

[50] Sophia Kopela, Dependent Archipelagos in the Law of the Sea, Martinus Nijhoff Publishers, 2013.

[51] Stephen Fietta and Robin Cleverly, A Practitioner's Guide to Maritime Boundary Delimitation, Oxford University Press, 2016.

[52] Suk Kyoon Kim, Maritime Disputes in Northeast Asia: Regional Challenges and Cooperation, Brill Nijhoff, 2017.

[53] Sun Pyo Kim, Maritime Delimitation and Interim Arrangements in North East Asia, Martinus Nijhoff Publishers, 2004.

[54] Tullio Scovazzi etc. , Atlas of the Straight Baselines, 2nd ed, Giuffre Editore, 1989.

[55] U. S. Department of State, Law of the Sea Convention, Letters of Transmittal and Submittal and Commentary, Vol. 6, 1995.

[56] UN Office for Ocean Affairs and the Law of the Sea United Nations, Baselines: An Examination of the Relevant Provisions of the United Nations Convention on the Law of the Sea, UN, 1989.

[57] UN Office for Ocean Affairs and the Law of the Sea, Baselines: Baselines National Legislation With Illustrative Maps, UN, 1989.

[58] UN Office for Ocean Affairs and the Law of the Sea, Baselines: National Legislation With Illustrative Maps, UN, 1989.

[59] UN Office for Ocean Affairs and the Law of the Sea, Practice of Archipelagic States, UN, 1992.

[60] UN, The United Nations Conference on the Law of the Sea Official Records (Vol. II), UN, 1974.

[61] UN, The United Nations Conference on the Law of the Sea Official Records (Vol. IX), UN, 1978.

[62] UN, The United Nations Conference on the Law of the Sea Official Records (Vol. XVII), UN, 1982.

[63] US Department of Defense, Maritime Claims Reference Manual, US, 1987.

［64］ Victor Prescott and Clive Schofield, The Maritime Political Boundaries of the World, 2nd ed, Martinus Nijhoff Publishers, 2005.

［65］ W. Michael Reisman and Gayl S. Westerman, Straight Baselines in Maritime Boundary Delimitation, Palgrave Macmillan, 1992.

［66］ Yoshifumi Tanaka, The International Law of the Sea, 3rd ed, Cambridge University Press, 2019.

［67］ Zou Keyuan, Law of the Sea in East Asia: Issues and Prospects, Routledge, 2005.

（二）论文

［1］ Barbara Kwiatkowska, The Qatar v. Bahrain Maritime Delimitation and Territorial Questions Case, Ocean Development and International Law, Vol. 33, Issue 3-4, 2002.

［2］ C. F. Amerasinghe, The Problem of Archipelagoes in the International Law of the Sea, International and Comparative Law Quarterly, Vol. 23, No. 3, 1974.

［3］ Chris Carleton and Clive Schofield, Developments in the Technical Determination of Maritime Space: Charts, Datums, Baselines, Maritime Zones and Limits, International Boundaries Research Unit (ed.), Maritime Briefing, Vol. 3, No. 3, 2001.

［4］ Chris Whomersley, Offshore Archipelagos Enclosed By Straight Baselines: A Reply to J. Ashley Roach, Ocean Development & International Law, Vol. 49, No. 3, 2018.

［5］ Chris Whomersley, The Award on the Merits in the Case Brought by the Philippines against China Relating to the South China Sea: A Critique, Chinese Journal of International Law, Vol. 16, No. 3, 2017.

［6］ D. H. N. Johnson, The Anglo-Norwegian Fisheries Case, International and Comparative Law Quarterly, Vol. 1, No. 2, 1952.

［7］ D. P. O'Connell, Mid-Ocean Archipelagos in International Law,

British Year Book of International Law, Vol. 45, 1971.

[8] Donat Pharand, The Arctic Waters and the Northwest Passage: A Final Revisit, Ocean Development and International Law, Vol. 38, No. 1-2, 2007.

[9] Farhad Talaie, The Issue of Straight Baselines in the International Law of the Sea and State Practice, Maritime Studies, Vol. 1999, No. 105, 1999.

[10] Gerald Fitzmaurice, Some Results of the Geneva Conference on the Law of the Sea, The International and Comparative Law Quarterly, Vol. 8, No. 1, 1959.

[11] Gerald H. Blake. Coastal state sovereignty in the Mediterranean sea: the case of Malta, GeoJournal, Vol. 41, No. 2, 1997.

[12] Hyunsoo Kim, China's Basepoints and Baselines under the United Nations Convention on the Law of the Sea: A Critical Analysis, Journal of East Asia & International Law, Vol. 6, No. 1, 2013.

[13] J. A. Roach and Robert W. Smith, Straight Baselines: The Need for a Universally Applied Norm, Ocean Development & International Law, Vol. 31, No. 1-2, 2000.

[14] J. A. Roach, Offshore Archipelagos Enclosed by Straight Baselines: An Excessive Claim?, Ocean Development & International Law, Vol. 49, No. 2, 2018.

[15] J. Ashley Roach, China's Straight Baseline Claim: Senkaku (Diaoyu) Islands, American Society International Law Insights, Vol. 17, No. 7.

[16] J. Bruce McKinnon, Arctic Baselines: A Litore Usque Ad Litus, Canadian Bar Review, Vol. 66, 1987.

[17] Lewis M. Alexander, Baseline Delimitations and Maritime Boundaries, Virginia Journal of International Law, Vol. 23, No. 4, 1983.

[18] MacGibbon, The Scope of Acquiescence in International Law, British Year Book of International Law, Vol. 31, 1954.

[19] Mark Killas, The Legality of Canada's Claims to the Waters of its Arctic Archipelago, Ottawa Law Review, Vol. 19, No. 1, 1987.

[20] Nicholas C Howson, Breaking the Ice: The Canadian-American Dispute over the Arctic's Northwest Passage, Columbia Journal of Transnational Law, Vol. 26, No. 2, 1988.

[21] Nuno Sergio Marques Antunes, The 1999 Eritrea-Yemen Maritime Delimitation Award and the Development of International Law, The International and Comparative Law Quarterly, Vol. 50, No. 2, 2001.

[22] Nuno Sergio Marques Antunes, Towards the conceptualisation of maritime delimitation: legal and technical aspects of a political process, Durham thesis, Durham University, 2002.

[23] Patrick Armstrong and Vivian Forbes, The Falkland Islands and their Adjacent Maritime Area, International Boundaries Research Unit (ed.), Maritime Briefing, Vol. 2, No. 3, 1997.

[24] Paul Heinrich Neuhaus, Legal Certainty versus Equity in the Conflict of Laws, Law and Contemporary Problems, Vol. 28, No. 4, 1963;

[25] R. Douglas Brubaker, The Legal Status of the Russian Baselines in the Arctic, Ocean Development & International Law, Vol. 30, No. 3, 1999.

[26] Roy A. Perrin Ⅲ, Crashing through the Ice: legal control of the Northwest Passage or who shall be emperor of the North, Tulane Maritime Law Journal, Vol. 13, 1988-89.

[27] Shekhar Ghosh, Changing Law in a Changing World: Case of Mid-Ocean Archipelagos, Economic and Political Weekly, Vol. 22, No. 23, 1987.

[28] Suzanne Lalonde and Frdéric Lasserre, The Position of the United States on the Northwest Passage: Is the Fear of Creating a Precedent Warranted?, Ocean Development & International Law, Vol. 44, No. 1, 1999.

[29] Suzanne Lalonde, Increased Traffic through Canadian Arctic Waters: Canada's State of Readiness, Revue Juridique Themis, Vol. 38, No. 1, 200.

[30] Torsten Gihl, The Baseline of the Territorial Sea, Scandinavian Studies Law, Vol. 11, 1967.

[31] Victor Prescott, Indonesia's Maritime Claims and Outstanding Delimitation Problems, IBRU Boundary and Security Bulletin, Vol. 3, No. 4, 1996.

[32] W. Michael Reisman, Straight Baselines in International Law: A Call for Reconsideration, Proceedings of the Annual Meeting (American Society of International Law), Vol. 82, 1988.

[33] Walter G Reinhard, International law: Implications of the opening of the Northwest Passage, Dickinson Law Review, Vol. 74, No. 4, 1970.

[34] Waseem Ahmad Qureshi, State Practices of Straight Baselines Institute Excessive Maritime Claims, Southern Illinois University Law Journal, Vol. 42, 2018.

[35] William Burker, Customary Norms and Conventional Rules, America Proceedings of the Annual Meeting (American Society of International Law), Vol. 81, 1987.

[36] William Feeny Foster, Baselines and Freedom of the Seas, American University thesis, 1966.

[37] Zou Keyuan, The Sino-Vietnamese Agreement on Maritime Boundary Delimitation in37. the Gulf of Tonkin, Ocean Development & International Law, Vol. 36, No. 1, 2005.

后　记

　　本书是在本人博士毕业论文的基础上修订完成。博士学位论文的最后都写有后记，而后记的内容多是"感谢信"。我本想免去后记部分的写作：一是因为需要感谢的人太多，"纸短情长"，不能尽言，索性"大音希声"，将各种感恩不表，化作细水长流的情谊；二是由于心中有太多的歉疚，恩情越重，歉意越深，然而，我却不能将后记写成"忏悔录"，因为那样会过于沉重。

一、感谢我的父母亲人

　　感谢我的父亲！父亲是个特别老实的农民。博一第一学期，我把双亲带到学校做保安和清洁阿姨。父亲特别喜欢武大的校园，每天下班后，如果没有"家务"，父亲就会到处欣赏武大的湖光山色。父亲在武大打工的这段时间是全家人美好的回忆。博一第二学期，父亲母亲回家照顾祖母，临走那天正好樱花盛开。博二第二学期，我回家结婚。婚礼的前前后后，父亲和我都忙得厉害，全家充满了喜悦。无论如何都想不到这是我跟父亲相处的最后时光。婚后不久我即返校，等再回到家里已是阴阳两隔。现代媒体十分发达，对各种重大事故的报道几乎每天都能看到，可当事故发生在自己家人身上时才能深切地体会到什么是"难以置信"。父亲曾救过几个溺水的人，还曾帮助过失学的中学生重返校园。母亲和我曾经认为父亲一定会长寿，可谁曾想一场飞来横祸竟夺走了父亲！听母亲说，从我结婚后到父亲去世前的这段时间是父亲人生中最开心的一段时间，一跟人聊到儿子在武汉大学读博士而且已经结婚了他就会无比地开心和自豪。父亲，没有让您看到我博士毕业，没能报答您的养育之恩，这是儿子一生的歉疚！父亲，以我现在的成绩，还没

381

法向您交代！

　　感谢我的母亲！母亲是个特别勤劳的人。当年嫁给父亲时，家里一无所有。母亲和父亲终日勤劳不息，家里才盖起平房，后来又盖起楼房；而且还供姐姐读到大学，供我读到大学和研究生。母亲还是个很通情达理的人。父亲去世后，母亲主动承担起赡养祖母的重任，而且对祖母的照顾十分用心。后来祖母去世以后，母亲又一直在外打工。让您一个人在外漂，儿子对不起您！您没有读过太多的书也没有见过多大的世面，却一再叮嘱我"答辩不要紧张""抽空去看望一下老师"等。感谢您，母亲！

　　感谢我的祖母！在人生的最后几个月，祖母几次要求我把她转移到大伯家里居住：在大伯家里去世的话，大伯憨傻、不知道害怕；要是在我们家里去世的话，担心母亲、妻子和我会害怕。在人生的最后半个月，祖母瘫痪在床，连吃饭和说话也不会了，仅有一只手还会动。为了少连累家人，祖母经常把手放在身体下面接着自己的粪便。到人生的最后关头还一直想着周围的人，祖母是个高尚的人！祖母，您一直盼着我有出息，我却没能让您看到我博士毕业和工作！祖母，您在另一个世界一定要过得幸福！

　　感谢我的妻子！妻子家里条件较好，选择了我本来就是"下嫁"。跟我恋爱结婚的这些年以来，妻子还没有从我这儿得到过任何物质上的好处，相反还总在物质上帮助我。博士论文写作期间，妻子从方方面面上为我创造条件，尤其是还在整理资料等方面为我提供了重要帮助。你开玩笑说，跟着我这些年，虽然穷，但不觉得苦。有此贤妻，夫复何求？

　　感谢我的岳父母！读博期间没少让二老操心！二老一直将我当做自己的儿子一样看待，我也会将二老当做自己的父母一样看待。祝愿二老身体健康！

　　感谢一直关心我却在我读博期间去世的三叔和三婶！也感谢其他亲人们！

二、感谢我的师祖、导师和同门

　　感谢师祖梁西先生！博一博二阶段数次拜访梁先生，梁先生多次送我法学著作、法学杂志，以及他的相册等。在校园里遇见梁先生散步，也会跟着一起散步聊天，梁先生聊早年的经历，聊教过的学生，聊有趣的国际法选题。这个阶段，我受益良多。后来论文一再拖延，就不敢再主动拜访梁先生。两次在路上偶遇梁先生，也都是问候完就匆匆离开；梁先生说有空时可以约他一起去散步（可见他的厚爱），由于心中满是惶恐和羞愧，所以一直不敢约梁先生一起散步。终于答辩完了，寄希望于签了工作后再去拜访梁先生。谁曾想，这次匆匆离校竟成了永隔！梁先生和蔼可亲、淡泊洒脱，其为人为学值得我终生学习。感谢梁先生！

感谢导师杨泽伟教授！我跟一个同门说，加入杨门是人生的幸事，杨老师像家长一样关心和帮助我们，师兄师姐们亲如兄弟姐妹，杨门学习风气又好！同门深以为然。杨老师对国际法的研究已经十分精深，仍日复一日地勤勉于此，这本身就给我们这些杨门弟子很大的影响和鼓舞。杨老师和蔼可亲，有同门开玩笑说杨老师像一尊佛。杨老师对弟子们既严又慈：严在于学术研究方面，慈在于日常生活方面。今年夏天以来，论文写作几次陷入困境，我产生了放弃今年答辩的想法，杨老师一再鼓励我；交稿的时间快到了，杨老师又要求我"必须"按时交。如果没有杨老师的鼓励和督促，我是不可能在本学期完成论文的。感谢杨老师！尽管我已多次说明家庭情况并非想象得那么艰难，但是杨老师还是一再地从物质上帮助我。师恩难报！今忝列门墙，唯有将来努力做好工作，方能报师恩于万一！

感谢我的同门！感谢博士阶段给予我关心或帮助的黄伟、张长龙、钟继军、温树斌、曾皓、郭冉、杨珍华、谭民、张颖、黄文博、邓妮雅、董世杰、安寿志、张郭、汪翱、张光耀、付琴雯、王阳、洪宽、程时辉等同门！由于需要感谢的同门众多，不能一一列举，还请未被提及名字的同门海涵。

三、感谢其他老师和同学们

还要感谢其他一些老师和同学们！感谢胡德坤先生、余敏友老师、孔令杰老师、匡增军老师、李仁真老师、雷筱璐老师、方瑾老师、刘春明老师、谭卫元老师、牟沫英老师、赵伟老师、王华婕老师等边海院的老师们！感谢朱宝林、李想、王磊、王敏、钟燕慧、陈盼盼、薛志华等边海院的同学们！

感谢黄志雄老师、高圣惕老师、钱静老师、邓朝晖老师、张辉老师等武大法学院的老师们！感谢张正、蒋海波、李若瀚、杨瑛、郑锦墨、钱振球等武大法学院的同学们！感谢武大传统文化研究中心的余来明老师！感谢武大文学院的陈海波老师和赵小琪老师！感谢武大后备军官选培办主任帅永成老师！

感谢南京大学张华老师、厦门大学陈喜峰老师、国家海洋局张海文老师、上海社会科学院金永明老师、华东政法大学包毅楠老师等！

"譬如朝露，去日苦多！""寄蜉蝣于天地，渺沧海之一粟！"当努力践行"活在当下，全力以赴"！愿此生无愧于在武大读博期间老师们的教诲和同学们的帮助！